一本书读懂

中国史

司马千◎编著

中国文史出版社

图书在版编目（CIP）数据

一本书读懂中国史 / 司马千编著 . — 北京：中国
文史出版社 , 2012.11
ISBN 978-7-5034-3588-1

Ⅰ . ①一… Ⅱ . ①司… Ⅲ . ①中国历史 – 通俗读物
Ⅳ . ① K209

中国版本图书馆 CIP 数据核字 (2012) 第 250277 号

责任编辑：刘　夏
封面设计：王梦蛟

出版发行：中国文史出版社
网　　址：www.wenshipress.com
社　　址：北京市西城区太平桥大街 23 号　邮编：100811
电　　话：010 – 66173572 66168268 66192736（发行部）
传　　真：010 – 66192703
印　　装：北京俊峰印刷厂
经　　销：全国新华书店
开　　本：787 毫米 × 1092 毫米　1/16
印　　张：14.75
字　　数：250 千字
版　　次：2012 年 12 月北京第 1 版
印　　次：2017 年 3 月第 2 次印刷
定　　价：27.00 元

目 录

最初的梦想家

在中国古代的神话人物当中，有一个善于奔跑的人，他的名字叫做夸父。《山海经》里记载了夸父追日的故事，这也是我国古代最早的神话之一。

传说在远古时代，毒蛇猛兽横行，人们生活凄苦。有一年，天下大旱，太阳烤焦了庄稼，晒干了河流，人们无法生活下去。夸父国首领夸父为了部族的生存，决定追赶太阳并将其捉住，让太阳为人们所用。

一天，太阳从东海升起，夸父开始追赶着太阳不停奔跑，眼看太阳离自己越来越近，胜利在望。可是，太阳光实在太强烈，他热得焦渴难耐，不得不停下追赶的脚步。

口渴的夸父跑到黄河和渭水边，喝干了河流里的水，却仍旧无法止渴，他只得转身往北方的大湖边跑去，然而，在到达大湖之前，夸父体力不支倒在了路上，临死前，他将自己手中的拐杖扔出去，化作了一片五彩云霞一样的桃林。

夸父最终还是没有捉住太阳，但玉帝被他的勇敢打动，让夸父的部落年年风调雨顺，万物兴盛。夸父身体化作的大山，据说就在今天的河南省灵宝县西35里灵湖峪和池峪中间。

《山海经》里的故事只是一个神话传说，但是夸父并不是一个虚构的神话人物。目前较认同的说法是：夸父族是一个内陆部族，夸父是部族首领，远古时期，任何一个部族在一个地方生活较长时间后，因为原始的破坏性劳动，必定会使当地的物产资源枯竭，所获物资不够族人生存时，迁徙就成了唯一的选择。夸父追日是一次长距离的部族迁徙，他们选择向着阳光充足的地方而去，只是最终，却因缺乏对地势、环境等的正确判断，在到达目的地之前，夸父和族人因为水源不足，迁徙失败。尽管结果不理想，但是因为夸父的非凡胆略，夸父追日还是被记入了中华民族的历史中。

作为部族首领的夸父，对目标勇于进取，为了自己的族人不怕牺牲，在远古时代的众多英雄人物当中，他算是当之无愧的梦想实践家。

知识卡片 1

撑锅崖

今湖南省沅陵县境内，有一座夸父山，俗名"撑锅崖"。该山由三座崖石组成，岩高 500～700 米不等，在石峰群中最显眼，相传这崖石是夸父追日时留下的物品化石所致。石峰群中间还有三座高不过百米的小崖石，被称为"小撑锅崖"，当地流传的故事，说这三座崖石是秦始皇派来赶山填海的三位大将的化身。夸父山石峰群拔地而起，错落有致，形成多条峡谷，谷距狭窄，谷底深渊，峡谷外有层层瀑布美景，十分壮观。

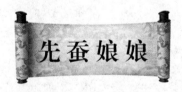

先蚕娘娘

在我国古代的社会发展史上，有一个重要时期被称为炎黄时代，这是以炎帝和黄帝为代表的历史阶段。这一时期，涌现出了许多杰出的人物，其中有一位女性代表被后人称作"先蚕娘娘"，她就是黄帝的正妃，嫘祖。

嫘祖，又称"累祖"，她首创了种桑养蚕的方法，是养蚕制衣的发明者，也是华夏文明的奠基人。作为黄帝的正妃，她辅佐黄帝，协和百族，统一中原，确立以农桑为立国之本，和黄帝一道带领子民开创了中华男耕女织的农耕文明，被后人奉为"先蚕"圣母，与炎帝、黄帝同为人文始祖。

相传黄帝战胜蚩尤之后，天下太平，人们开始发展生产，制作生活用品，黄帝的正妃嫘祖带领妇女上山剥树皮，织麻网，加工野兽毛皮，为人们制作衣服，因为过度劳累，嫘祖最终病倒了，她吃不下饭，渐渐消瘦下去。守护在嫘祖身边的几个女子看到这种情况，非常担心，她们决定上山寻找开胃的野果给嫘祖吃，可是找来找去，野果子不是苦就是涩，眼看着就要天黑，其中一人见到不远处的树上结满了白色小果，她以为这果子可口，叫上众人摘了许多带下山去。

白色的小果坚硬无比，根本无法下口，大家很沮丧，后来有人提议，生吃不行那就用水煮吧，煮熟的果子肯定能吃，可是，煮了许久以后，从锅里捞上来的白色果子还是咬不烂，一个心急的女子拿起一旁的棍子不停搅动锅中烹煮的白果，当她收起棍子时，竟发现上面缠满了白色细丝，众人很奇怪，将这情况告诉了嫘祖，嫘祖是个很聪明的人，她得知后，又向众人询问果子是结于什么树上，听到大家描述，嫘祖高兴地说道："这不是果子，不过，你们可为黄帝立了大功啊。"

自从见到了白色丝线，嫘祖的病情竟然奇迹般地好了，她带领大家上山，在结满白色果子的树下观察了数天，最终发现，这白色果子是一种虫子口吐细丝绕织而成，她立刻将情况报告给了黄帝，并要求黄帝下令保护山上所有结白果的树木。在嫘祖的倡导下，人们开始了种桑养蚕的历史，因为嫘祖的功绩，后世人尊称她为"先蚕娘娘"。

嫘祖这一发明创造，推动了当时社会的进步和发展，远古时代的人们渐渐告别以麻和树皮等蔽体的时代，进入蚕丝织物时期。今天的我们，穿着柔软的服装，可不要忘了我们的老祖母嫘祖，是她的发明创造，改变了历史。

知识卡片 2

嫘祖故乡

嫘祖文化是中华传统文化的宝贵遗产和精华，它属于上古华夏文化范畴，是炎黄文化的重要组成部分。

今河南省西平县和四川省盐亭县，都有关于嫘祖的传说和记载。"中华民间文化之乡"专家组曾专程赴西平县，对该县申报的"中国嫘祖文化之乡"进行评审验收。四川省盐亭县，有蚕神庙和先蚕坛，民间还有祭先蚕的活动，盐亭境内，有大量与嫘祖名称有关的景点和建筑，并且在该地出土了大量文物，如古桑树化石、陶茧、嫘祖轩辕石像等。

虽然无法确定嫘祖故乡所在地，但是根据出土的远古文物可以得知，在5000多年前的中华大地上，已经有农桑文明出现。

神农尝百草

神农氏，就是远古时代三皇五帝中的炎帝，也是远古传说中的太阳神。传说神农氏长着人身牛首，三岁时就懂得农耕生产，长大成人后的神农氏，身高八尺七寸，龙颜大唇，不仅是农业的发明者，还是医药的祖师。

远古时代的人们，过着采集和渔猎的生活，聪明的神农氏发明制作了木耒等掘土工具，教会大家进行农业生产。除发明农耕技术外，他还发明了医术，制定了历法，开创了九井相连的水利灌溉技术，等等。因为他发明农耕技术，所以被后人称为神农氏，还因为他以火得王，因此又被称为炎帝、赤帝。《水经注》中对神农氏的名称还有另一种说法，相传神农氏诞生在烈山的洞穴中，他也被称为烈山氏。

神农氏的功绩很多，流传于民间最有名的故事是神农尝百草，远古时代的人们，没有系统的医疗知识，所患疾病很多，并且因无法辨识药草，不能进行快速有效的治疗，神农氏为了帮助大家治病，便不停地品尝不同草木。尝百草是件辛苦的事，不仅要跋山涉水，还要冒着被毒死的生命危险，神农为了寻找药草，曾经一天中毒70多次，痛苦万分。但是，他凭着坚强的毅力，待毒性过后，一次次站起来，继续寻找。神农亲尝药草本性，是中药的重要起源，这一过程经历了漫长的历史时期和无数次反复实践，后来逐步以书籍的形式固定下来，这就是中国最早的中草药学的经典之作——《神农百草经》，该书对中医药的发展一直产生着积极的影响。

关于神农氏的故乡，目前有两种不同说法，一说在今陕西宝鸡一带，《国语·晋语》中记载：炎帝以姜水成。姜水在宝鸡地区，宝鸡市区渭河南有浴圣九龙泉，泉上有唐代修建的神农祠，祠南蒙峪口的常羊山有炎帝陵，都是百姓祭祀炎帝的活动场所。

还有一种说法，远古时期的三湘四水之地，是远古中华民族创始人——炎帝神农氏的领地。三湘四水即今天的湖南省，在湖南省株洲市炎陵县城西17公里处的鹿原镇境内，有座炎帝陵，晋代的《帝王世纪》一书中记载：炎帝在位120年而崩，葬于长沙茶乡之尾，是曰茶陵。

目前两种说法都有各自的支持者，不管炎帝究竟诞于何处，作为远古时期的部族首领，炎帝创造了我国的农业文化，耕种五谷，制作农业生产工具，教会人们从渔猎过渡到田耕，尝遍百草，帮助大家治疗疾病，用桐木制作乐器，开辟最早的市场，正是在炎帝神农氏的带领下，先民才能战胜饥荒和疾病，摆脱饥寒交迫、无医无药、颠沛流离，过上有饭吃、有衣穿、有医药、有音乐的日子。

作为一个对中华民族有颇多贡献的传奇人物，炎帝神农氏创造的农耕文明完成了先民由渔猎向农耕时代的转折，而神农氏顽强拼搏，创新奉献的伟大精神，也值得后代炎黄子孙景仰。

 知识卡片 3

阪泉之战

公元前26世纪，因黄帝治理有方，被天下人公举为新天子，另一部族首领炎帝与之较量，这就是有名的阪泉之战。与之前对蚩尤部落发起的涿鹿之战不同的是，这是一场没有暴力和血腥的战斗，双方采取的斗争形式不是兵戎相见，而是通过庙堂论战来决定输赢。阪是古时候一种饮水的木具，在庙堂上，炎帝和黄帝双方都有一个土池，每个论点赢了以后，就可以在自己面前的木具上放玉石雕刻，放上玉石的木具会倾斜，木具上的水也会流向倾斜的一方，谁的池水先满，谁就能成为最后的赢家。作为两个不同部族的首领，为什么会用这种文明的方式来定输赢呢？原因是，炎帝和黄帝都为一家，后来分家治理不同的区域，家族的第一原则不是杀得你死我活，而是合族，最后，炎帝的小宗归入黄帝的大宗。所以黄帝之后的华夏文明，并不强调血脉，只以人文判定。之前对蚩尤部落采取灭族的斗争形势，也是因为蚩尤是外来的夷狄，他们不在华夏血脉内。

世袭第一人

品德高尚的大禹，在治水成功后，得到了万民景仰，老首领帝舜为了早日让大禹树立威信，行使权力，便让新首领大禹接替了王位，自己则带着妻子开始云游四方，过起普通人的生活。

大禹继位后，为了治理天下，经常外出巡游，了解民情，各处的部族首领都对大禹非常尊敬，大禹也因此开始在部落联盟中拥有了无上的权力。

许多年过去，大禹到了挑选新首领继任己位的时候，原本，他也想效仿尧舜二帝，在部落中挑选一个贤能的人来接替自己，可是，随着王权的巩固，大禹的想法渐渐改变，他希望自己的儿子夏启，能成为新首领，接替自己的一切。

大禹的儿子夏启，是大禹和涂山氏的后代，大禹在晚年时，沿用尧舜的选贤方式，将自己的治水助手伯益定为继承人，但同时，他给予了儿子夏启许多机会，甚至让他直接参加治理国事。大禹过世后，夏启开始真正地行使起王权，因为前几年他治国有方，做了很多对大家有利的事情，大家很拥护他，对他继任大禹的位置，表示支持，真正的继承人贤能伯益，却因为几年中没有机会做出政绩，渐渐被人们淡忘。

夏启继承了父亲大禹的位子，与王位失之交臂的伯益自然大怒，作为东夷的部落首领，他带领族人攻击夏启，而夏启早有防备，一场大战后，打败了伯益的军队，为了庆祝战斗胜利，夏启在钧台举行了大规模宴会，宣布自己为夏朝第二代国君。从此，父死子继的家天下制度取代了任人唯贤的公天下制度。

尽管夏启打败了伯益，但是还是有许多部族对他改变禅让传统的做法表示强烈的反对，其中一个部族首领叫有扈氏，就站出来反对了夏启，并要求夏启按照

部落会议的决定，还位于伯益。两人政见不合，在甘泽一带发生了战斗，夏启打败有扈氏后，坐稳了王位，家天下制度正式开始。

夏启建立了新的统治秩序，统治前期，还能像父亲大禹一样，严格要求自己，每顿饭菜只吃普通的蔬菜，睡觉只用粗糙的旧褥子，除祭神和祭祖的其他时候，不许演奏音乐来娱乐，有本领的人，他都亲自请来加以重用。但是在统治后期，他一反以往的作风，生活变得腐化起来，整日饮酒作乐，歌舞升平。当夏启年老的时候，他的儿子们开始激烈地争夺继承权，小儿子武观（一说幼弟）聚众反叛，夏启出兵打败了武观，但是，这场内战导致夏朝国力大为削弱，不久，夏启郁郁而终。

夏启实行王位世袭，其实说明当时原始社会的氏族公社制度已经彻底瓦解，奴隶社会时期到来。尽管后人对夏启的功过说法不一，但是夏启建国初期的治国策略，对有扈氏发动的战争等，都说明他在中国历史上还是一位有作为的君主。

奴隶社会取代原始社会，是人类历史上一次划时代的进步。在原始社会时期，因为生产力水平低下，人们生活极其艰苦，进入奴隶社会后，农业和手工业有了分工，社会生产力得到大大提高，人们的生活得到很大改善。所以，夏启建立奴隶王朝，是历史的一次向前发展。

知识卡片 4

太康墓冢

夏启病故后，其长子太康继位，太康在洛水附近建立了新的都城，这座夏都如今已经得到考古证实，地点在今堰师市二里头村，该地环境优越，交通便利，周围形势险固，说明新都选址是经过太康周密考虑决定的。太康要建设一个规模庞大的都城，使臣民敬畏。

为了建设新都，太康役使了大量民力，在城内修建宏大的宫殿、宗庙以及完善的服务设施。作为一个守成之君，太康承袭了祖父、父亲的王位，却未具备大禹、夏启的雄才大略，他没有尝过创业之苦，因此生活作风也像其父晚年一样，甚是腐化。新都城建立后，太康不再过问朝政，每天四处游玩，民众渐渐对自己的君主失去了忠心。夏王朝的敌人开始寻找机会，太康对即将到来的灭国之灾毫无察觉，也没有人告诉他，有穷部落的首领后羿正在策划夺国之谋。

狩猎季节来到，太康外出狩猎，而后羿趁此进入夏都，夏朝王族仓皇而逃。大势已去的太康，带着自己少数的部众开始漫长的流亡。据有关史料记载，现存的太康墓冢在一个叫阳夏的小县城西南处，冢高4米，周长84米，冢前有石碑。从父亲手中接过继承大权的太康，可能从未想到，自己会成为一个没有王国的君主，最终在流亡地被一座孤零零的墓冢埋葬。

殷墟甲骨

公元前14世纪，即奴隶社会商朝后期，统治者将商朝都城从"奄"（今山东曲阜）迁移至"殷"地（今安阳小屯村一带），几千年后，闻名世界的甲骨文，就从小屯村的土壤中被发现发掘。甲骨文是中国的一种古老文字，被认为是现代汉字的早期形式，也被认为是汉字的一种书体，是现存中国最古老的成熟文字。甲骨文还被叫做契文、龟甲文或者龟甲兽骨文，它是一种很重要的古汉字资料，因为大多发现于殷墟，所以也被称为殷墟甲骨文。

商朝的统治者非常迷信，笃信鬼神，无论做什么事情都要先占卜一番，近期有没有灾祸、天会不会下雨、农作物有没有好收成、打仗会不会胜利，甚至疾病、做梦、生育等等，无论事情大小，都要进行占卜，以便了解鬼神的意愿和事件的吉凶。占卜用的材料主要是乌龟的腹甲、背甲和牛的肩胛骨等。占卜前，通常会先在甲骨背面挖出或钻出小孔，占卜时对甲骨进行加热，使其表面产生裂痕，这种裂痕被叫做"兆"，甲骨文里占卜的"卜"字，就是我们今天汉字中兆字的样子。从事占卜的人根据"兆"的形状来判断事件吉凶。

从殷商的甲骨文看来，当时的汉字已经发展成为能够完整记载汉语的文字体系。在已经发现的殷墟甲骨文中，出现的单字数量已有4000个左右，其中既有大量指事字、象形字、会意字，也有很多形声字。这些文字和我们现在使用的文字有比较大的区别，但是在构字方法上，二者其实基本上是一致的。这珍贵的4000多个单字，记载的内容十分丰富，涉及了商朝社会生活的诸多方面，从这一点上来讲，我们应该感谢商朝时期对鬼神的笃信和遇事即占卜的习惯。

甲骨上的文字不仅包括政治、军事、文化、社会习俗等内容，还涉及天文、历法、医药等科学技术。

目前，在发现的4000多个甲骨单字中，已被识别的约有1500个，尽管数量不多，却足以展现中国文字的独特魅力。

殷墟甲骨文被确认是商代文字，是19世纪末到20世纪初中国考古三大发现之一，它的发现过程，具有非常传奇的色彩。清朝末年，一个叫做王懿荣的人患了疟疾，派人去宣武门外的药店买中药治病，在买来的一味叫龙骨的中药上，他发现了一些刻画的符号，这引起了他的好奇。

对古代文字素有研究的王懿荣，仔细端详着中药材中的龙骨，越看越觉得上面的划痕不是一般的印迹，倒很像古代的文字。为了找到更多龙骨做深入研究，他再次派人去药店，买下了所有刻画着符号的龙骨，后来还通过古董商人进行搜购，累计收集了1500多片。经过仔细研究分析，王懿荣发现，这所谓的龙骨并不是真正的龙骨，而是几千年前的龟甲和兽骨，不仅如此，他还在甲骨上发现了"雨"、"日"、"月"等字，后来又在甲骨上找到了商代几位君主的名字，由此肯定这是刻画在甲骨上的商代文字，这些刻有古代文字的甲骨，在社会各界引起了轰动，人们争相购买，而王懿荣也因此获得了"甲骨文之父"的称号。

对刻画着商代文字甲骨的发现和认定，不仅肯定了一个距今3000多年的朝代，还将一些学者认为中国的可信历史始于西周的"疑古"思潮彻底否定，这是非常了不起的发现。如今，甲骨学已经成为一门世界性的学科，甲骨文对历史学、文学、考古学等方面都具有极其重要的意义。

知识卡片5

妇好墓

1976年春天，曾经发现了无数殷墟甲骨的安阳小屯村北偏西100米处，中国历史上第一位女将军妇好的墓被发掘。甲骨文记载，妇好是商王武丁的第一位王后。在安阳殷墟甲骨穴中出土的一万多片甲骨上，妇好的名字就出现了200多次，而且武丁在这些占卜中向上天祷告的内容，包括妇好的各个生活侧面：征战、生育、疾病，甚至包括她去世后的状况等等，可见，在商王武丁的心目中，王后妇好有着独一无二的地位。

妇好聪慧勇敢，武艺超群，她所用的一件铜兵器就重达9公斤。某年夏天，北方边境发生外敌入侵，妇好主动请缨前去征讨，并大胜而归，据说妇好出兵必胜，武丁时期，出兵规模最大的一次战斗就是由妇好统领的，可以说，武丁时代开拓疆土的赫赫战功中，有很大一部分功劳都是妻子妇好的。

武丁盛世

商王武丁，姓子，名昭。是中国商朝第23位国王，也是商朝著名的军事统帅。他是商王盘庚的侄子，商王小乙的儿子。武丁在位期间，曾经攻打鬼方，并任用贤臣傅说为相，妻子妇好为将军，使得商朝再度强盛，这就是历史上有名的"武丁中兴"。

据说，在武丁年少的时候，父王小乙为了锻炼儿子，将他培养成一个称职的国王，就将他派到外地去增长见识。武丁来到黄河两岸，观察当地人民的生活，接触了大量的平民和奴隶。有时候，他还和这些人一起参加农业劳动，在外地的生活体验，使武丁了解到了生活的艰险和劳动的不易。

武丁善于选拔人才，任用人才，所以在他身边，聚集了众多的名臣，他的宰相傅说，从前是一个修建工程的奴隶，掌管工程的百工发现此人有才，向武丁推荐，武丁亲自去面见这位贤人，发现他果然谈吐不凡，是一个经世济民的奇才。武丁为了任用傅说为相，三年不管事，自称梦见了圣人，并画出傅说的相貌，让百官去寻找，商朝时，人们笃信鬼神，武丁用这种方法安排傅说做宰相，大臣便不会反对。事实证明，武丁慧眼识英雄，傅说确实是一个贤能的人，他一心一意辅佐君王，帮助武丁振兴政治、经济、文化，还缓和了奴隶的对抗，商朝因此再次复兴起来。

武丁时期，因为政权稳定，人们得以发展生产，代表当时社会生产力发展水平的青铜业，有了突破性的进展，铜、铅、锡三元合金出现，青铜器生产数量大增，此外，在纺织、医学、交通、天文等方面，也都取得了不小的成就。

这一时期，武丁对周围侵扰的诸侯国、方国也展开了一系列的征讨，在对外的战斗中，他的王后妇好起到了关键的作用。妇好多次带兵出征，征服了20多个小国，是武丁时代开拓疆土的头号功臣。经过许多年对外的战争，到武丁末年，商朝已经成为西起甘肃，东到海滨，北及大漠，南逾江汉，包含众多部族的泱泱大国，实际上就是奠定了秦始皇之前华夏族大体上的疆域。

为了控制广大被征服的地区，武丁建立了一套成型的官僚机构和一支稳定的军队，又把自己的妻子、儿女、大臣以及臣服的部族首领都分封到外地，完善了分封制度，也进一步巩固了自己的政权。

数年的战事虽然为国家带来了稳定，给人们带来了比较安定的生活空间，但同时，也带来了许多负面的影响，比如，浪费了大量人力、物力、财力，加重了百姓的负担，激化了阶级矛盾等等。所以，武丁中兴既是商朝兴盛的起点，也是商由兴盛转向衰败的开始。武丁死后，他开创的武丁盛世，并没有长久延续下去，到帝辛（纣王）时代，商王朝最终唱响了悲凉的亡国曲。

知识卡片6

方国

　　根据近年来学者们的研究，商王国时期的国家，是一种方国与方国的联合体，有学者把这种联合体称为"方国联盟"，也有学者称为"部族国家"或"早期国家"。所谓"部族"，是指原始时代的部落组织演变而来的、以血缘联系为基础的社会集团，它是中国国家的早期形式。商王国时代的部族很多，卜辞中大多称之为"方"，所以我们称为方国。中国五千年文明史从黄帝开始，之后黄帝擒杀蚩尤，打败炎帝，在河洛建都立国，国家的性质实际上是一种"联邦制"，是由众多首邦王国组成。无论是中原地区，还是四夷之地，都是方国林立的局面，这种局面一直延续到战国时期。周灭亡后，秦朝以河洛地区为三川郡，并废除封国制度，实行郡县制和中央集权制，到此，方国灰飞烟灭。

七窍玲珑心

　　《封神演义》中有个关于七窍玲珑心的故事，讲述了商朝国君纣王宠幸狐狸精妲己，因臣相比干忠言直谏，昏庸的纣王听信妲己谗言，命比干剖出自己的心脏，害死了比干。演义中的故事带有太多神话色彩，历史上的比干，究竟是个什么样的人呢?

　　比干，子姓，沫邑人。殷商帝丁的次子，帝乙的弟弟，帝辛（纣王）的亲叔叔，官至少师（丞相）。他受哥哥帝乙的嘱托，忠心辅佐侄儿——幼主纣王。但在从政40多年后，却因进谏被纣王剖心残杀。比干是中国古代著名的忠臣，也是第一个以死进谏的人，被誉为"亘古第一忠臣"。

　　比干年幼时聪慧无比，勤奋好学，20岁时就以太师的高职位辅佐帝乙，帝乙过世后，又被托孤辅佐帝辛，比干从政40多年，主张减轻赋税徭役，鼓励发展农业生产，提倡冶炼铸造，富国强兵，为帝辛时期的殷商作出了巨大贡献。

　　帝乙在位的时间较短，临终时，他与两个弟弟比干和箕子商量王位继承一事。箕子建议立贤能善良的大儿子微子，而比干则主张让小儿子帝辛继承王位。其实比干力争帝辛继承，并非完全为了维护商朝统治，更重要的是他偏爱这个侄子，据太史公的记载，纣王年少时就才思敏捷，力气过人，无论是头脑和四肢，都十分发达。他统治前期，倒是没有辜负他叔叔的期望，甚至算得上是位英明君主。纣王数次亲率大军征讨，在战场上往来冲杀，骁勇无比。他战胜东夷部落，凯旋而归时，比干带着文武大臣，步行几十里前往迎接，当时的比干没有想到，数年后，这个让自己忠心辅佐的侄儿，竟会亲手剜掉他的亘古忠心。

　　纣王统治后期，大兴土木，强迫奴隶修建奢华的宫殿，他整日与美女、美酒相伴。对于纣王的腐化，叔叔箕子前往劝说，却被他剪掉头发囚禁起来，他的哥哥微子进谏，纣王依旧不听，无奈之下，微子选择离开都城远走他乡，许多大臣看到君主无药可救，纷纷弃商投周。

忠心的比干见此情景，坦率地直谏，他给纣王讲历代先王的故事，带纣王去太庙祭祀祖宗，并说远走他乡的微子，如何在自己的领地上造福百姓受人爱戴。纣王表面同意，却不真正改过，甚至还变本加厉，更加荒淫暴虐。"主过不谏非忠也，畏死不言非勇也，即谏不从且死，忠之至也。"比干冒着灭族的危险，连续三天进宫抨击纣王的过错，纣王大怒，说："吾闻圣人之心有七窍，信有诸？"说罢，命人剖胸取心，比干面无惧色，慷慨就戮。

周武王时，封比干为国神，赐后代林姓。魏孝文帝为其立庙宇，唐太宗下诏封谥"忠烈公"，清高宗祭文题诗等等。3000多年前，比干就为后人创造了一个难以逾越的"死忠"标准，对于比干的故事，后人这样评价："自古拒谏之君莫甚于纣，自古死忠之臣莫甚于比干"。

知识卡片 7

天下第一碑

比干庙里有一尊石碑，碑上书"殷比干莫"几个字，据说这是孔子用剑所刻，也是孔圣人留在世上的唯一真迹，所以被称为"天下第一碑"。公元前497年的春天，55岁的孔子从鲁国来到卫国，本想施展才能，却没有得到国君卫灵公的重用，孔圣人很失望，决定带着徒弟去匡城。经过牧野时，车子突然坏了，孔子便问弟子，这附近是什么地方？弟子回答：卫地。孔子很激动，说：此处是仁人之墓。他带着弟子恭敬地祭奠后，在墓前石碑上刻下殷比干莫四个字。在古代，"莫"与"墓"通假，还有一种说法：孔子借地为土，故意把墓写成莫字。不过，千百年来，后人对此意见不一，谁都不能肯定这是孔子所留，直到清乾隆时，因乾隆对金石玉玩甚有研究，他一挥大笔，以官方权威人士对碑上内容作鉴定，从此后再无争议。

一
本
书
读
懂
中
国
史

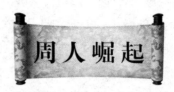

周人崛起

公元前 11 世纪，经历了 17 代 31 个君主的商朝，因末代君王商纣在牧野之战中被周武王姬发击败而亡国。一个由姬姓君主建立的新王朝——周，取代商朝开始了自己长达 791 年的统治。

周人的祖先是黄帝的后代，叫做后稷。商朝时，因遭到戎、狄等外族侵扰，后稷的后代率族人几次迁移，一直迁到岐山南边的周原，才停下脚步，"周"这个称谓也正是来源于他们定居的地点。周部落的兴盛得益于他们的首领姬昌，在姬昌统治时期，统治者重视农业，人们努力发展生产，部落势力日渐强盛，这也为之后的武王伐纣创造了条件。

姬昌在商纣时期被封为西伯，即西部诸侯之长，所以也叫西伯昌，在《封神演义》中他被尊称为西伯侯。西伯昌在位 50 年，实行仁政，敬老爱幼，礼贤下士，治理有方，受到百姓的爱戴。他颁布了许多新的政策，对内奉行德治，提倡"怀保小民"，大力发展农业生产，划分田地，让农民助耕公田，只纳九分之一的税，对商人则不收关税，家中有犯罪者，其家属也不需连坐等。对外则招贤纳士，许多部落的人才以及从商纣朝中投奔来的贤士，西伯昌都以礼相待，予以任用。同时，他对自己也是要求严格，西伯昌生活简朴，不仅穿普通人的衣服，还到田间劳动，兢兢业业治理自己的国家。

周日益强大，引起了商朝的不安，商纣听信谗言，将西伯昌囚禁起来，在被囚禁时期，西伯昌专心研究伏羲氏留下的原始的易，将其演绎成规范有条理的《周易》，至今仍为后人所用。西伯昌被商纣囚禁后，他的大臣为营救国君，向商纣献上美女、宝马和珠宝，纣王大喜，赦免西伯昌出狱。获得自由的西伯昌，决心灭商。他一面向纣王献地，取得纣王信任，一面访贤任能，壮大国力。在西伯昌临死前，实际上周已经控制了大半个天下，殷商已处于极端孤立的境地，可惜，就在大功即将告成之际，西伯昌不幸死去，伐纣的大旗交到了他的儿子姬发手中。

即位后的姬发自然是继承父亲遗志，遵循之前的战略方案，并加紧落实，不久，姬发在孟津与诸侯结盟，向商都城朝歌派遣间谍，伺机兴师。就在姬发寻找时机，准备政变之时，东夷部落反叛，商纣两面受敌，在对东夷的征讨中，尽管商纣最终获得了胜利，但是这场持久的征战几乎拖垮了大商王朝。此刻的姬发，韬光养晦、励精图治，在商朝大军尽出征讨东夷的时候，奇兵突袭，因为商都城内的军队都非正规军，而是临时武装起来的奴隶和囚徒，战斗力可想而知，姬发因此在牧野之战中获得了绝对性的胜利。

约公元前1087年，姬发定都镐京，建立了中国历史上最长的一个朝代——西周，这也是中国历史上第三个奴隶制王朝。武王为了巩固自己的统治，采纳了周公的建议，对商民进行安抚以稳定天下形势，减少了商朝遗民的敌对情绪。同时，他释放囚犯，赈济灾民，发展生产，促进了西周初期经济政治的稳定和繁荣，周朝从此崛起。

 知识卡片8

牧野之战

公元前1046年1月，周武王亲率战车300乘，带着3000精锐武士，以及数万步兵，出兵东征。同年2月，周军抵达孟津，与其余部落会合，不久，周武王联军与商朝军队在牧野进行决战，史称"牧野之战"，也叫做"武王伐纣"。战斗时，商军中的奴隶和战俘全无斗志，纷纷倒戈，商军迅速崩溃。帝辛见大势已去，返回朝歌，登上鹿台自焚而死。

牧野之战周武王大获全胜，击毙商军18万人，俘虏33万人，掠夺了大量珠宝财物。这是一场以少胜多，以弱胜强，先发制人的战例，也是中国古代车战时期的著名战例。它终止600年的商王朝，确立了西周王朝的统治。战斗中体现的谋略和作战艺术，也对中国古代军事思想的发展起到了重要作用。

但是牧野之战并没有完全消灭商朝，周武王死后，帝辛之子武庚联合周室诸侯发动战争，最终被周成王及周公旦平定，至此，商朝的残余势力才被完全消灭。

汉水之滨的悲剧

西周建立后，天子为了巩固政权，册封了许多王室家臣为诸侯，并各自分封了领地。周朝天子到了第四代，即周昭王时期，昭王想继续先帝的事业，扩大版图，从周昭王十六年开始，天子就亲率大军南征荆楚之地，经由唐、厉、曾、夔，一直到江汉地区，战斗的胜利让周昭王聚敛了不少财富，他铸器铭功，洋洋自得。

如此过了三年，周昭王十九年，天子再次率军出征，攻打楚国，根据《竹书纪年》的记载，周昭王伐楚，共有三次，当然，若是昭王没有溺毙在汉江中，对楚的战争可能会一直继续，为什么周昭王要数次伐楚呢？这就得先了解楚国的历史了。

楚国是西周统治下的"南国"之一，属于南部的少数民族政权。楚国首领熊绎的曾祖，曾是周文王的老师，以文王的贤能仁德，对老师自然是十分尊敬，熊绎的祖辈们在周天子的心目中也有着很重要的地位，因此，周朝建立后，周天子对王室诸臣进行分封时，将老师的后代分封到楚地，异姓封国，好歹也算是无上的荣耀呢。

周康王时，楚国与周朝依旧保持着良好的关系，并不像别的诸侯国那样，抗周叛周。楚国对周天子的臣服有三个原因：一是周楚同源，楚国君主的先祖是周天子的大臣，君臣之间奠定了亲善关系的基础。二是周朝刚刚建立时，不少殷商残余与东方方国部落叛周抗周，周王朝全力东向，重点打击东方方国部落，与地处南部的楚国没有战事上的纠纷，自然能和睦相处。三是楚地在蛮荒之处，势孤力单，因此，楚国君主对周天子很恭敬，而周王室也未引起重视，弱小谦卑的楚国哪里会反叛自己呢？周天子没料到的是，弱小者用谦卑遮住了自己日益强大的外皮，一旦有能力抗衡，自然不会再甘心臣服。

楚是周王朝的异姓国，早在分封初期就受到了周天子的歧视，甚至在诸侯盟会上，都没有参加的资格。对于自己的诸侯国，如齐、晋等，周王室时常有封赐奖赏，但是这些好处楚国从来都享受不到。这些不平等对待让楚人在500多年后，都还耿耿于怀。

在春秋中后期，楚灵王就说先王熊绎与齐、鲁、晋等国君一样为周康王做事，为何其他几国能得到珍宝赏赐，楚国却什么都没有？他希望周王室能平等对待楚国。右尹子革这样告诉楚灵王："齐，王舅也；晋及鲁，王母弟也。楚是以无分，而彼皆有。"意思很明显，其他几国都是天子的亲戚啊，封赏自然都能得到，你楚国是异姓，所以，什么赏赐都没有。这样的做法极大地伤害了楚国君主的自尊，先亲后尊，有血缘就有好处，这种建立在"亲亲"、"尊尊"的宗法等级基础上的主从关系，产生了深刻的矛盾，从而导致了征服和反征服战争。

另外，不仅仅是楚国为争夺荣誉意图反抗，事实上，周王室虽然将楚地分封给了有功绩的异姓大臣，但实际上，对这些异姓封主一直心存戒备。早在周朝初期，周王室为了加强对楚地和荆楚地区一些方国势力的控制，在汉东分封了一些姬姓国，在南阳也分封了一些姻亲国，异姓领地周围，布满了周王室的眼线。当时的楚国还比较弱小，慑于周王室的强大，一直忍气吞声，进贡物品以示臣服。

周成王、周康王时期，东都洛邑建成，东西连成一片，"东土"的统治基本上巩固，统治者有了多余的精力环顾四周，而此时，楚国一方面臣服周王室，一方面辛勤开发，励精图治，国家呈现勃兴之势，周、楚的关系开始紧张。因此，才有了周昭王的南下伐楚。

天子为了巩固政权，遏制封国的发展，这本不是一件坏事，可惜，周天子错误地估计了自己与对方的能力。周昭王历时三年，对楚国进行三次征讨，前两次无功而返，不死心的周昭王开始第三次南征，这一次，并没有发生血腥的战斗，楚人用了一招不算高明却极有成效的法子彻底地击败了周天子。当周昭王第三次伐楚时，没有遭遇任何抵抗，楚人对天子表现出了十二万分的热情，他们造了豪华的大船，请周天子登船一游，好好欣赏自己属国的风景。周昭王对此表示满意，他兴高采烈地登船，或许还在自问，慑于周王室的威严，楚国对天子向来谦卑，怎么会有反叛之心？看来是自己多虑了。楚国的景色固然很美，周天子游览得也很开心，只是，陪同前往的王公大臣们，谁都没想到，船至江心，粘住船板的胶竟然溶解，豪华大船散成了一堆木板，不识水性的周天子，狼狈地掉入江中，成了鱼儿的美食。

这是除了楚人之外，谁都没有料到的结局，但是，历史就是这样，意欲大展宏图，继承祖志的周昭王，在汉江之中写下了自己和周王室的悲剧。周昭王南征失败，不仅是周王朝由盛转衰的转折点，也是楚国强大到足以与周王朝抗衡的一个标志。后来，楚国成为春秋五霸之一，雄踞南方，问鼎周疆。

知识卡片 9

分封制

分封制也称"分封制度"或者"封建制"，是一种由中央王朝给王室成员、贵族和功臣分封领地的政策，属于政治制度范畴，该制度开始于周朝。周灭商和东征以后，分封同姓和功臣为诸侯，诸侯的君位可以世袭，君主在其国内拥有统治权，但是对天子必须定期朝贡，还要提供军赋以及力役，等等。

通过分封制，周天子加强了对地方的统治，并得以延续百年。被分封的诸侯在自己的封地上对卿大夫再进行下一等级的分封，而卿大夫又将自己的土地和人民分赐给士，层层分封下去，在统治阶级内部形成了森严的等级制度。

周天子最初的目的，是通过分封制巩固王权，不过到了春秋时期，周王室日益衰微，大诸侯国为了争夺土地、人口及对其他诸侯国的支配权，不断进行兼并战争。葵丘会盟，齐桓公的霸主地位被承认，分封制就此崩溃。秦朝统一后，建立郡县制，分封制结束。

管夷吾命悬一线

春秋时期，齐国颍上有一位叫做管仲的人，他年少丧父，只有一个年迈的母亲，家里生活贫苦，管仲年少即挑起了家庭重担，为了维持生计，他与朋友鲍

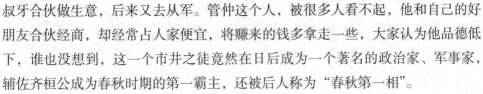

叔牙合伙做生意，后来又去从军。管仲这个人，被很多人看不起，他和自己的好朋友合伙经商，却经常占人家便宜，将赚来的钱多拿走一些，大家认为他品德低下，谁也没想到，这一个市井之徒竟然在日后成为一个著名的政治家、军事家，辅佐齐桓公成为春秋时期的第一霸主，还被后人称为"春秋第一相"。

管仲，又名夷吾，也称敬仲，他的祖先是姬姓的后代，所以，他与周王室同宗。管仲的父亲管庄曾是齐国的大夫，因为去世得早，家道中落，到管仲少年时，家里已经很贫困。为了生计，他去做当时被人们认为是很微贱的商人，经商过程中，他去了很多地方，结识了不同的人，积累了丰富的社会实践经验。管仲曾经想过走和父亲一样的路，入仕途为官，可惜努力多次均未成功。

公元前698年，齐僖公驾崩，留下三个儿子，太子诸儿、公子纠和公子小白。诸儿顺理成章继承王位，是为齐襄公。这个君主品质不佳，做了很多不容理法的事情，这让齐国大臣颇为忧虑。当时，另两位王子公子纠和公子小白分别由管仲及其好友鲍叔牙辅佐，公子纠很聪明，公子小白较有远见，两兄弟各有长处，辅佐公子小白的鲍叔牙对先王的安排不太满意，他认为公子小白早早就失去了母亲，没有可倚仗的人，加之不如公子纠聪明，便无继承大统的可能，而自己辅佐小白，自然也不会有做齐国重臣的机会。他将自己的忧虑告诉好友管仲，管仲安慰他，将公子纠与公子小白的情况仔细分析，并预测将来助国君安定国家的一定是鲍叔牙。

不久，齐襄公乱伦事件发生，齐国大乱，公孙无知杀死齐襄公，夺得王位。具有政治远见的管仲与鲍叔牙早早就替各自的主子找到了出路，在齐国大乱时带着公子纠与小白逃亡外地。一年后，公孙无知被齐国贵族杀死，齐国没了国君，一片混乱。两个逃亡在外的公子，见到时机成熟，都赶紧设法回国，想要夺取君主之位。

齐国拥立新君的势力中，有个正卿高溪，他的势力最大，因为与公子小白自幼相好，他赶紧派人去请小白回国继位。公子小白接到高溪的密信后，和鲍叔牙仔细分析国内形势，日夜兼程赶回齐国。另一边，逃至鲁国的公子纠自然不甘落后，可是公子小白已经先行出发，若是自己带着亲信浩浩荡荡往回赶，不仅目标过大，时间上也肯定来不及。于是，管仲决定先行回齐，截击小白。回齐国的路途中，管仲与小白相遇，尽管小白有大队人马，但是管仲非常沉着，待公子小白的车马靠近，他操起箭对准小白射去，一箭中的，小白应声倒下。

见公子小白被自己射死，管仲便率人马回去，接未来的国君公子纠，可惜，

一
本
书
读
懂
中国史

管仲计算失误，以为已经被射死的小白其实只伤了衣带上的铜钩，公子小白的智慧在被管仲伏击时发挥到了极致，他咬破舌头装死倒地，骗过了老谋深算的管仲。管仲离开后，公子小白与鲍叔牙更加警惕，他们飞速赶回齐国，鲍叔牙先入城内，与高溪等会合，重臣的拥护扫清了一切障碍，公子小白进城，顺利登上君位，这就是历史上有名的齐桓公。

齐桓公即位后，急需有才干的人来辅佐自己，他首先想到的自然是鲍叔牙，可是，鲍叔牙却谢绝了齐相之位，他言辞恳切地向齐桓公推荐了管仲。齐桓公听了很不高兴，管仲曾经想置自己于死地，任是谁也不会请仇人来做臣相呀，没准哪天，又被他送上一箭呢。但是鲍叔牙动之以情晓之以理，并说自己只是平庸之辈，真正的能人是管仲，只有管仲才能富强齐国。之前管仲射杀小白，也是因为各为其主，主意都是公子纠出的，若齐桓公能赦免管仲的重罪，他自然会效忠国君。鲍叔牙不仅指出管仲的过人之处，还请齐桓公尽释前嫌，以得贤能。

齐国新立国君的事不仅惹恼了公子纠，还得罪了鲁国国君鲁庄公，趁着君之新立，鲁庄公派兵进攻齐国，企图武装干涉，帮助公子纠夺取君位，同时也为自己捞到好处。鲁庄公没想到，自己遇到了对手，新上位的齐桓公并不示弱，双方在乾时会战，结果鲁军大败，公子纠和管仲随鲁军逃回鲁国。齐军乘胜追击，进入鲁国境内，齐桓公为绝后患，叫鲁庄公杀掉公子纠，并交出管仲和召忽，否则齐军将全面进攻鲁国。

鲁国大夫施伯向鲁庄公进言，说管仲绝对不能回到齐国，管仲的才能世间少有，齐桓公此番前来，绝不是要杀掉管仲报仇雪恨，而是要任用他为政，若有了管仲的辅佐，齐国定能迅速强大起来。可是，战败的鲁庄公害怕都来不及，哪敢与齐桓公对抗，他乖乖交出了管仲与召忽。此时的管仲，战战兢兢，命悬一线，回到齐国会是怎样的结果呢？

管仲心中惶恐着，平安到达了齐国，受到老友鲍叔牙的热情接待。鲍叔牙命人打开囚车，去掉刑具，让管仲洗浴更衣，并表示希望管仲能辅佐齐桓公治理国家。管仲觉得自己没有为公子纠死节尽忠，现在又去辅佐仇人，会让天下人耻笑。鲍叔牙诚恳劝解，说做大事的人应不拘小节，管仲是治国奇才，桓公又有做霸主的宏愿，若能辅佐桓公成大业，日后定能功高天下，德扬四海。管仲思前想后，最终答应了鲍叔牙的要求。

在鲍叔牙的建议下，齐桓公选了吉祥日子，以非常隆重的礼节，亲自前往迎接管仲，既表示了对管仲的重视和信任，也让天下人都知道了自己的贤达大度。

管仲做了齐国的宰相，受到齐桓公的重用。两人经常商谈国家大事，在很多问题上达成一致，甚有惺惺相惜之感。管仲尽心辅佐齐桓公，进行一系列经济改革，使得齐国势力迅速壮大，为齐桓公称霸奠定了坚实的基础。

知识卡片10

管鲍之交

管鲍之交的故事，最初见于《列子·力命》，"生我者父母，知我者鲍子也。此事称管鲍善交也。"这个故事说的是两个情谊深厚的好朋友管仲与鲍叔牙。

管仲有位好朋友叫鲍叔牙，两个人友情很深。管仲年少家贫，为了家中生计，就和鲍叔牙一起做生意。两人赚了钱，管仲总是给自己多分一些，但是鲍叔牙对此从来不计较。可是，别人就开始议论管仲的人品，认为他连好朋友的便宜都占，不讲朋友情谊。鲍叔牙知道后就替管仲解释说：管仲不是不讲情谊，贪图金钱，实在是因为他家中贫苦，需要多些钱财来养家，多分钱给他，是我自愿的。后来管仲弃商从军，可是三次参加战斗，都当了逃兵，从战场上跑了回来。人们又讥笑他，说他贪生怕死。鲍叔牙深知朋友的为人，又向人们解释说，自己的朋友管仲并不是怕死，只是因为家中有年迈的母亲，全靠他一人供养，若是管仲战死，母亲怎么活呢，管仲是不得不做逃兵的啊。可以说，鲍叔牙对管仲，是有知遇之恩的，无论别人怎么议论，两人的感情一直非常诚挚，为了感谢鲍叔牙，管仲很多次都想要为好友做点事情，以报答对方，可是每次不但没办好，还给鲍叔牙带来麻烦。鲍叔牙没有像别人那样，认为朋友不中用，反而说管仲没有将事情办好只是因为时机不成熟。

齐桓公继位后，鲍叔牙极力说服桓公尽释前嫌，任用管仲为齐相，不仅让管仲射杀齐桓公的重罪被赦免，还得到施展拳脚的大好机会，最终成为"春秋第一相"。

强国缔造者（上）

　　春秋时期，在晋国的曲沃宫中，诞生了一个长相奇怪的婴儿，这孩子天生重瞳，并且肋骨紧密相连如一个整体，他就是晋武公的长孙，因为重瞳，孩子的家长给孩子取名为"重耳"。

　　当公子重耳长成翩翩少年时，他的爷爷晋武公去世，父亲晋献公登上王位。在世人看来，接下来的国君应该是非重耳莫属了，可是，没想到，爷爷新丧过后，父亲竟然从贾国给重耳接回来一个同父异母的弟弟申生。申生是齐桓公之女齐姜的儿子，齐姜原本是晋武公的妻子，只是嫁入晋国时，晋武公已经年老，没了生育能力，齐姜便和继子晋献公私通，生下了儿子申生。回晋国后，齐姜被立为夫人，按照论嫡庶不论长幼的规矩，申生理所当然成了世子。

　　重耳虽然也很贤德，但是自己的外公不如人家申生的外公，重耳的母亲是晋国大夫狐突的女儿，狐突将自己的两个女儿都嫁给了晋献公，长女生重耳，次女生夷吾，本来两兄弟都极有希望成为下一任国君，谁知，半路杀出来的申生，尽管比两兄弟都年幼，却轻而易举得到了世子之位。

　　申生也是一位贤德的君子，加上有外公做强大的后盾，他获得了很高的政治待遇，回晋国不久就被立为太子。申生比重耳更有威望，最得国人的爱戴，拥护他的人中甚至还包括了重耳的外公狐突，狐突也认为申生比自己外孙更优秀，更适合做接班人。在申生的周围，聚集了很多重臣，不过，年轻且胸怀大志的重耳身边，也聚集了不少人才，其中最为优秀的"五贤"就为重耳夺得君位做出了贡献，值得说明的是，"五贤"当中第一位就是重耳的舅舅狐偃。有贤能的世子，有贤能的世子兄弟，晋献公的下一代，人才辈出，如果他的后宫到此时不再更新，可能历史上也便没有了晋文公的大名。让晋国人没有想到的是，两名年轻貌美的骊戎女子到来，改写了晋国的命运。

　　公元前 672 年，晋献公讨伐骊戎，骊戎首领献上了自己的两个女儿，以此求

和。晋献公欣然接纳，率领大军带着美人归晋。英雄美人，本是一段佳话，但晋献公回国后，宠幸二女，不顾大臣反对，立骊戎首领的长女骊姬为夫人，次女少姬为次妃，两女祸晋的好戏就此拉开帷幕。

相传骊姬奸诈狡猾，被献公专宠后，生下儿子奚齐，她的妹妹少姬也生下了一个儿子卓子。子以母贵，两个孩子都深得献公的喜爱，或许骊姬枕头风的功力较强，献公竟慢慢生出废申生而立奚齐的意思。骊姬为了让儿子夺得世子之位，勾结大夫梁五等人，想要分化申生、重耳和夷吾。梁五向献公进言，称应当派申生去镇守宗庙所在地曲沃，让重耳和夷吾保卫蒲城等边防要塞。在分封制的时代里，被分封领地后得另立宗庙，就成了旁支，也就基本丧失了对大宗的继承权。献公是个聪明人，明白了大臣的意思，然后，一口答应了。

三兄弟道别后去各自的领地上任，后妈嫉恨继子，自然不会就此罢手，不过此时的重耳，因为不是储君，所以没有成为骊姬的第一目标，在骊姬心中，申生就是奚齐登上宝座的绊脚石。公元前661年，献公派申生率军出征，其实意图明显，春秋时期，非卿不将兵，既然立申生为卿，废立之心昭然若揭。不过此次出师战果辉煌，第二年，申生又单独率军攻破皋落氏，这样优秀的公子，国人怎么不称赞呢，大家支持申生的同时，对骊姬一党不满的声音也多了起来。

五年后，骊姬找到机会，借口申生之母托梦，在申生供奉的肉中下毒，这样蹩脚的陷害却让献公认定申生有杀父之心，申生无奈，逃亡曲沃。献公召回三个儿子问罪，申生百口莫辩，畏罪自杀，重耳、夷吾听到申生被害的消息，前去询问原因，骊姬竟向献公谗言，这两兄弟也是申生的同谋，父亲对自己的不信任，让重耳、夷吾很失望，他们担心后妈再次陷害，干脆不辞而别，悄悄返回了封地。

不久，献公举兵，攻打的对象是自己的两个儿子。夷吾反抗，但寡不敌众，重耳比弟弟干脆，他直接放弃了抵抗。不久，重耳的领地蒲城陷落，重耳越墙逃脱，无处可去的重耳，只得投奔其母亲的故乡——翟。不久，他在翟与"五贤"中的狐偃、赵衰等人会合。

翟是狐偃的故乡，在自家的地盘上，狐偃为重耳做了精心的安排，加上献公并未赶尽杀绝，重耳得到了喘息的机会，翟国的君主对重耳很厚待，或许是厌倦了战争和逃亡，能够在翟过着安居乐业的平淡生活，重耳十分满意。不久，翟国攻打戎族，俘虏了两个美貌的少女，送来给重耳，重耳也欣然接受，他将其中一女赐给臣子赵衰，开始心满意足地过起了小日子，这一呆，就是12年。

晋文公守信得原卫

晋文公出兵攻打原国时，只带了十天的粮食，于是，他和大臣约定，攻打期限为十天，若是十天后还不能攻下原国，就收兵回晋。到原国十天后，晋文公的军队没能攻下原国，他下令敲锣退兵，准备回去。此时，有士兵前来报告，说只要再攻打三天就能将原国攻下。这可是千载难逢的好机会，只要再等三天就能取得胜利，而此时退兵，先前的努力也就白费了。随行的王公大臣们也都纷纷劝说晋文公，说原国的粮食已经吃完了，兵力也差不多用尽了，请国君再等待几天。晋文公听后，对大臣语重心长地说道："我向大家约定的期限是十天，若是十天不能回国，是失信于人。为了得到原国而失去信用，我办不到。"说完，下令撤兵回国。原国的百姓听说这件事后，都说晋文公这样讲信义，我们怎能不归附啊？原国百姓纷纷归顺了晋国。不久，卫国的人也听到了这个消息，他们也决定跟随有信义的晋文公，于是向晋文公投降。因为自己讲信义，原本没有打下的原国自行归顺，未与之发生战斗的卫国也来依附，可见，晋文公能得霸主之位，与他品格的高尚是分不开的。

强国缔造者（下）

重耳在翟国过得有滋有味，此时的晋国，已是乱作一团。晋献公年迈，临终前，打算将王位传给儿子奚齐，尊骊姬为国母，可是献公尸骨未寒，重臣里克等人就聚众作乱，杀死了公子奚齐和卓子，打算立献公的其他子嗣为君主。可是，在晋国的公子们，不是死了就是逃了，能想到的贤能者也只有重耳和夷

吾两人。里克派狐毛去翟国见重耳，得知狐毛来意，重耳有些犹豫，这些年习惯了安定，又要投入到未知的危险中，若是为了王位，开始一番新的争夺，丢了性命可不值得。再者，重耳这些年见识了父亲的残忍，他也担心里克请贤是个陷阱，便没有接受里克的善意，里克得不到重耳回应，转身向栖身在梁国的夷吾抛出了幸运枝。

夷吾在晋国国内有几个谋士，其实早将国内的情况弄了个一清二楚，他们积极劝说夷吾回国，夷吾以河东五城为代价换取秦穆公的援助后，兴高采烈地回到晋国登基做了新国君，是为晋惠公。即位后的晋惠公，有点过河拆桥、忘恩负义的味道，他一得势，立马杀掉了权臣里克等人，将国政委任于自己的亲信，加剧了晋国高层的矛盾。

晋惠公铲除异己，首要目标人物其实还是自己的异母兄长重耳，他担心重耳的贤能会让国人去投奔依附，打算杀掉重耳以绝后患。为躲避晋惠公的刺杀，重耳与狐偃等人商量后，决定去其他诸侯国寻求帮助。刺客临近，重耳仓皇离开翟国，一路上颠沛流离，吃尽苦头。寻求支持复国的道路很是艰辛，重耳一站站走过，无论是对自己毫无兴趣的卫国、曹国、郑国，还是以女嫁之的齐国、秦国，又或是厚礼待之的宋国、楚国。重耳在复国路上见到了不同的面孔，他将恩情一一记住，也将仇恨刻入心中。

公元前 637 年，晋惠公病重，他的儿子原本在秦国做人质，得知消息后偷偷回到晋国继承王位，是为晋怀公。怀公的才能比不上自己的父亲，不过对重耳的戒备却同其父一样。为了打击叔叔重耳，逼迫追随重耳的狐偃等人回晋国，晋怀公甚至逼死了曾外公狐突。对于晋怀公的政策，朝野上下怨声载道，人们更加希望贤君重耳能回国取代晋怀公治理晋国。

公元前 636 年，在秦穆公军队的护送下，重耳渡过黄河，回到了阔别 19 年之久的祖国。他一到晋国，就联络早已埋伏于国内的亲信前来接应，晋国强族积极响应重耳的号召，投奔者很多。在众人的拥戴下，重耳被立为国君，是为晋文公。而众叛亲离的晋怀公则在逃亡高梁时被杀，不久，他的亲信权臣也被晋文公处死。

逃亡十九载归国，年过甲子登基，晋文公的天下来得实在艰辛，为了巩固统治，他找来舅舅狐偃与姐夫赵衰，让两人制定国策，建立制度。《国语》中记载了晋文公即位后的一系列措施，在生产上，改进工具，奖励垦殖；在贸易上，降低税收，互通有无；同时，封邑尊爵，拨乱反正，大量起用惠公、怀公时代受迫害的旧臣；选拔人才，笼络新旧贵族，使统治阶级和谐相处；在军事上，文公接受狐偃建议，信赏严罚，不避亲贵，政纪、军令严明。晋文公回国仅仅两三年，晋国的国力就实现了质的飞跃。

晋国已是强国，但晋文公的志向远不止于此，称霸中原才是他的目标。从前齐桓公尊王攘夷，晋国自然也能效仿。某一天，机会来了，周天子的胞弟叛乱，并大败天子军队，周天子请求诸侯支援，晋文公抓住时机，起兵勤王，杀叛党，迎回天子。

周天子大为感动，亲自接见晋文公，为了让晋国更加方便效忠周王室，周天子将四个农业发达的城池赐给文公，晋国疆域大幅扩展，为日后逐鹿中原提供了有利条件。从此，晋国开始为周王室维护其乱世中的统治。

在晋文公的治理下，晋国又经历了数次对其他诸侯国的战斗，国力愈加强盛，在诸侯国中树立了极高的威信。公元前632年，城濮一战，晋国解决了自己最强大的对手楚国，晋国霸业日趋稳固。三年后，晋文公已是风烛残年的老人，自感时日无多的他，将大权交予赵衰，并让赵衰尽心辅佐下一任国君。功成名就的晋文公，在公元前628年与世长辞，这个在60多岁高龄时缔造了强国神话的贤能君主，相较于他的岳父齐桓公更有过人之处，晋国的强国姿态几乎延续了整个春秋时期。

知识卡片12

寒食节

　　唐代诗人卢象有一首《寒食》诗，"子推言避世，山火遂焚身。四海同寒食，千秋为一人。"说的是"子推绵山焚身"的故事。相传寒食这个习俗源于纪念春秋时晋国大臣介子推（姓介名推，子为敬称，后世称为介子推）。关于寒食节的具体时间，民间有几种说法，一说是在冬至节后的105天，另一说是在清明节前一天，现在山西大部分地区都在这天过寒食节。寒食节的习俗有很多，上坟、郊游、斗鸡，等等。以往，中国的春祭都在寒食节进行，直到后来改为清明节，但是韩国目前仍是在寒食节这天进行

春祭。寒食节是一个很古老的节日，比五月初五纪念屈原的端午节还要早300多年。晋文公重耳登上君位前，曾流亡各国达19年之久。流亡路上颠沛流离，有一次经过卫国的领地，卫国国君对重耳很冷淡，拒绝接待，饥饿的重耳狼狈上路，一直跟随重耳的大臣介子推见此情况，躲到一边用刀割下了自己大腿上的肉，烹煮后给重耳吃，重耳得以活命。重耳登基后，介子推不求名利，带着老母亲隐居深山，晋文公为了请他出山，不惜放火烧山逼他出来，介子推坚决不出，和母亲一起被烧死在一棵柳树下。晋文公很悲痛，厚葬其尸首于绵山，并修祠立庙，还下令将介子推被烧死的这天定为寒食节，全国不能生火，只吃冷食，以寄哀思。

廉颇老矣

　　说到廉颇，最让人熟悉的历史故事就是负荆请罪，廉颇居功自傲的姿态让人印象深刻，但是，背着荆条请罪的一幕，让人们改变了印象，在认识自身错误并努力改正错误上，廉颇是个典范。

　　战国末期的赵国，将军廉颇算是中流砥柱，他历经三代，与白起、王翦、李牧并称"战国四大名将"。赵惠文王初期，齐国与秦国各为东西方强国，为了扩展疆域，秦国向东扩大版图，首要攻击的目标就是赵国。大将廉颇统领赵军数次败退秦军，迫使秦国改变扩张策略，与赵国讲和。不久，秦、赵与韩、燕、魏五国联盟讨伐齐国，大败齐军。廉颇率军深入齐境，攻取阳晋，威旗诸侯，赵国因此跃居六国之首。班师回朝的廉颇被赵惠文王拜为上卿，慑于廉颇的威力，秦国即使虎视眈眈，也不敢再贸然进攻赵国。此后，廉颇率军征战，守必固，攻必胜，威名远播。

　　赵惠文王十六年，宦官缪贤门下的舍人蔺相如出使秦国，完璧归赵，使强秦借机宣战的计划流产，不久秦国伐赵，占领了石城，赵惠文王十九年，又再次讨伐并杀了两万赵军，之后，秦国提出与赵国在渑池会盟言和，赵王很害怕，不愿前去。蔺相如与廉颇进行了周密部署，陪同赵王前往的蔺相如面对秦国君臣毫不示弱，赵国挽回声誉，赵王也得以平安归来。

渑池会盟后，蔺相如功大拜为上卿，位置在廉颇之上，这让廉颇很不满。他认为自己血战百次，立有大功，而蔺相如不过是动动嘴皮子，如今竟然爬到了自己头上，实在难以容忍。在公开场合两人会面，廉颇伺机羞辱相如，但相如总是忍让，甚至称病不早朝。蔺相如的舍人韩勃对此很不平，相如解释说，廉颇与强秦谁厉害？我连秦都不怕，怎会怕廉颇呢，只是我们同朝为官，若是相斗必定两败俱伤，现在秦国不敢出兵攻打赵国，是因为有我和廉颇在，国家危难为重，我只是把个人恩怨放到一边罢了。廉颇得知了相如的本意，深受感动，他赤膊露体背着长长的荆条，来到蔺相如家中请罪，后来两人成为生死之交。

蔺相如的大义被载入史册，而廉颇的知错就改也在历史上写下了重要的一页。将相和使得赵国日益强盛，直到赵孝成王时期，与秦军长平一战，孝成王起用赵括为将替代廉颇，结果赵军大败，死伤45万人，元气大伤；孝成王死后，悼襄王继位，听信奸臣郭开的谗言，让乐乘取代廉颇，再次解除廉颇的军职，廉颇一怒之下，打跑了乐乘，自己也离开赵国投奔了魏国。

廉颇离开后，赵国的形势很不好，秦国数次围困赵国，悼襄王希望廉颇能回来继续率领赵军，而对祖国忠心不二的廉颇也无时无刻不在期盼着赵王能召回自己。不久，赵王派遣使者带着名贵的盔甲和快马前去魏国慰问廉颇，为了让使者看到自己仍旧英勇，廉颇在使者面前吃了一斗米和十斤肉，表示自己身体状况很好，仍能带兵打仗，为祖国效力。可是廉颇的仇人郭开害怕廉颇回国后会对自己不利，就贿赂使者，让他在赵王面前说廉颇的坏话。使者回到赵国，对赵王说，廉颇将军年纪大了，吃饭还行，不过一顿饭就去了三次厕所。赵王很失望，这样老迈的廉颇哪里还有气力带兵打仗呀？远在魏国翘首盼望的廉颇，就这样失去了回国效力的机会。

离国数年，一直到死，廉颇都在等待回国带兵的机会，可是，赵国终究未能再次起用他，一代名将，就这样郁郁不乐，最终死在了楚国。十几年后，赵国被秦国灭亡。廉颇的一生，如司马光所言："廉颇一身用与不用，时为赵国存亡之系。此真可以为后代用人殷鉴矣。"

知识卡片13

和氏璧

　　和氏璧是一块宝玉的名字，它的来历很不平凡。相传春秋时期的楚国，有个叫卞和的人，在山中拾到一块玉璞，把它献给了楚厉王。厉王让懂玉的人来鉴定，但鉴定结果说这玉璞只是一块石头。厉王很生气，认为卞和戏弄自己，就砍掉了卞和的左脚。不久，楚厉王死了，武王即位，卞和又把这块玉璞献给武王，武王也请人鉴定，结果显示这还是一块石头，武王自然也很生气，又砍掉了卞和的右脚。武王死了以后，文王即位。卞和抱着玉璞在山下不停痛哭，眼泪哭干以后，都哭出了血。文王听说后就很疑惑，派人问卞和，说天底下被砍掉脚的人很多，都没有像你这样哭得死去活来的，为什么这样悲伤啊？卞和回答说，我哭不是因为自己失去了脚，而是因为大家把玉说成是石头，忠贞的人反而得到欺骗的罪名。文王就派人对玉璞进行加工，结果发现真的是一块罕见的宝玉，于是将宝玉命名为"和氏璧"。和氏璧来历不凡，加之宝玉本身就很珍奇，因此，便成了世间公认的至宝，价值连城。战国末年，秦国就曾以十五座城池为"诱饵"来骗取赵王的"和氏璧"。

百家争鸣

　　在中国历史上，有一个时代的思想文化最为辉煌灿烂，并且涌现出了很多著名的思想家、文学家和政治家，这就是春秋战国时期。这一时期诸子百家相互争鸣，许多伟大的思想家诞生，极大地促进了中国思想史的向前发展。

　　春秋末期到战国初期，社会上的政治斗争十分复杂，新兴的地主阶级和没落奴隶主之间进行着激烈的阶级斗争。代表着本阶级、本阶层、本派政治力量的学者或者思想家们，都企图按照本阶层的利益和要求，对社会以及万事万物作出解释或提出主张。他们著书立说，广收门徒，互相辩难，导致思想领域出现"百家争鸣"的局面。

百家流派中影响力较大的有儒家、道家、墨家和法家。儒家创始人孔子，被后人尊为"万世师表"。他的理论核心是"仁"，要求人与人之间要相互爱护，融洽相处，"己所不欲，勿施于人"，对待别人要宽容。孔子首创私人教学，认为不分贫富，人人都有受教育的权利打破了贵族垄断文化教育的局面。同时，孔子还主张"为政以德"，"节用爱人"，这些思想就是他所提倡的道德观和伦理观。孔子整理的教本，被后人称为"六经"，不过后来六经中的《乐》失传，现存的《诗》、《书》、《礼》、《易》、《春秋》被称为"五经"。

孔子之后，儒家学派的代表人物有孟子和荀子。孟子主张"仁政"，进一步提出"民为贵，社稷次之，君为轻"的观点，他认为人性本善，孟子被后世称为"亚圣"。儒家另一个代表人物荀子，在政治方面主张"仁义"和"王道"、"以德服人"。荀子改造儒家思想，综合了法家和道家思想的积极合理成分，使儒家思想更能适应社会需要。战国后期，儒学发展成为诸子百家中的大宗！

道家学派创始人老子，与孔子大约是同一个时期，老子是楚国的没落贵族，他的哲学里包含着丰富的辩证法思想，他认为任何事物都有矛盾对立的两个方面，矛盾双方可以互相转化。反映老子思想的书籍为《道德经》，老子在政治上主张"无为而治"，不妄为，不胡作非为，不为所欲为。

道家在战国时期的代表人物是庄周，他和门人编写了《庄子》一书，又名《逍遥游》，是与《道德经》齐名的道家经典。道家思想讲究一切自然，不可强求，这一点与儒家思想相反。

墨家思想的创始人墨翟，他的主张与儒家是针锋相对的，墨子主张"兼爱"、"非攻"，认为应该消除贵贱的分别，人人平等，谴责不正义的战争，主张任人唯贤，反对王公贵族任人唯亲。墨家的思想代表了平民百姓的愿望，维护的是平民的利益，特别是手工业者的利益。墨家思想一度成为战国时期的显学，并被其他学派吸收征用，他的弟子根据墨子的授课笔记编撰了《墨子》一书，但是，到战国后期，墨家思想渐渐不受重视。

法家学派的思想代表着新兴地主阶级的利益，早期的代表人物有吴起、商鞅、申不害等人，后期法家代表韩非子是专制主义中央集权理论集大成者。韩非子是荀子的大弟子，和秦国的宰相李斯是同学，《韩非子》一书是韩非总结前期法家思想的成果，他注重吸收法家不同学派的长处，提出了"法"、"术"、"势"相结合的法治理论。

韩非子认为历史是向前发展的，当代必然胜过古代，人们应该按照现实情况进行政治改革，而没有必要遵循古代的传统。他还提出了系统的法治理论，主张君主要利用权术驾驭大臣，以绝对的权威来震慑臣民百姓。韩非子主张建立君主专制的中央集权的封建国家，大权应掌握在君主一人手中，迎合了建立大一统专制国家的历史发展趋势。

除以上四个学派之外，较有名的还有兵家、名家、阴阳家、纵横家、杂家、农家、小说家等学派。"百家争鸣"是历史上的一次文化繁荣，它反映了当时社会的激烈斗争，也奠定了整个封建时代的文化基础，对中国古代文化有着非常深远的影响。

知识卡片14

小说家

《汉书·艺文志》将战国主要思想学派分为十家，其中有一个学派称为小说家，《汉书·艺文志》云："小说家者流，盖出于稗官。街谈巷语，道听途说者之造也。"小说家，乃采集民间传说议论，借以考察民情风俗。在中国古代春秋战国时期，有一类人专记录民间的街谈巷语，然后呈报给上级，小说家虽然自成一家，却被视为不入流者，西汉人刘歆认为小说家影响甚小，在《七略·诸子略》中将小说家去掉，十家学派只剩下九个，称为"九流"。不过，小说家反映了古代平民思想的侧面，却是其他九流学派都无法代替的。

信陵君窃符救赵

历史上的信陵君魏无忌，是战国时期魏国著名的军事家，他出生和生长于国家走向衰落的时期，为了挽救国家的危局，信陵君效仿齐国孟尝君田文、赵国平原君赵胜等人的做法，延揽食客，养士数千，并曾在军事上两度击败强秦军队，与春申君黄歇、孟尝君田文、平原君赵胜并称"战国四公子"。

魏无忌是魏国第六代国君的异母弟弟，因封地在信陵，所以，后世都称他为信陵君。他为人仁爱宽厚，能礼贤下士，不管对方身份有多卑微，他都能谦恭有礼地同他们交往，从来不因为自己是贵族就怠慢别人。因为信陵君贤德，方圆几千里的士人都争相来依附他，一时间竟有食客三千。当时，诸侯各国因为信陵君的名声，见他宾客众多，连续十几年都不敢动兵谋犯魏国。

信陵君受人尊敬，在魏国也有很高的威望，但是魏王担心他太过贤能，食客众多，一旦有二心，自己的处境会很危险，所以，对信陵君心存戒备，不敢让他帮忙处理国家大事，以防信陵君掌握大权。信陵君礼贤下士，平民百姓中若有贤能者，他会亲自去拜请。魏国有个看门的老头侯嬴，已经70多岁，家里很贫苦，信陵君得知此人后，派人送上厚礼，但是侯嬴不肯接受，于是，信陵君大摆筵席，然后亲自上门迎接侯嬴，他将尊贵的车位让给侯嬴，自己赶着马车，应侯嬴的要求经过街市，对侯嬴的无礼非但没有生气，还和颜悦色等待对方。回到家中后，信陵君将侯嬴介绍给大家，并向侯嬴敬酒，侯嬴这才说，自己在街市上故意让公子驾车等候，其实是让市井之人都知道公子的贤能，大家知道信陵君品格高尚，能礼贤下士，有才能的人自然会前来投奔。

公元前257年，秦昭王在长平大败赵军，信陵君的姐姐是赵国平原君的夫人，她多次给魏王和信陵君送来急信，请求魏国出兵救赵。魏王派了大将晋鄙率十万军队前去解围，却被秦昭王威胁，魏王很害怕，就将军队留在邺城扎营，说是救赵国，实际上只在一旁观望形势。平原君遣人来找信陵君，说赵魏联姻是因

为看到信陵君道义高尚，如今赵国有难，信陵君怎么能袖手旁观呢？信陵君得知情况后数次请魏王出兵救赵，却被拒绝。于是，带了自己的宾客，打算去战场上和秦国拼个你死我活。

几千宾客上战场对战秦国军队，无疑是将肉扔进老虎口中，侯嬴得知信陵君的打算，就给他出了个主意，大将晋鄙的兵符一直放在魏王的寝宫中，魏王有个很宠爱的妃子如姬，能随意进出魏王寝宫，信陵君曾替如姬报过杀父之仇，若能请如姬盗出兵符，就能统率晋鄙麾下的十万军队，若是能统率军队去对抗秦国，定能解赵国之困。信陵君依计行事，将如姬盗来的兵符拿到晋鄙军帐中，晋鄙有所怀疑，不肯交出军队，信陵君无奈，宾客朱亥只得锤杀晋鄙。信陵君统率了军队，整顿军令，带着精兵八万人前去迎战。秦军解围撤离而去，赵国得以保住，赵王和平原君亲自迎接信陵君去赵国，并封赏他五座城池。

信陵君知道自己盗兵符假传军令杀晋鄙，魏王肯定饶不了他，所以让部将带着军队返回魏国，自己和门客则留在了赵国，但是，信陵君没有接受赵王的封赏，他谦卑地称自己有罪，对不起魏国，也无功于赵国，最终，信陵君还是留在了赵国，生活了十年之久。秦国得知信陵君留在赵国，就不断起兵攻打魏国，魏王焦虑万分，派使臣去请信陵君回国，信陵君担心魏王仍在恼怒自己之前的行为，有些犹豫，他的门客劝说他，如果魏国被攻破，先祖宗庙被毁，就没有面目活在世上，再者，他们在赵国能受到尊重，也是因为有魏国的存在。信陵君听完，赶紧套车回去救魏国。

魏王将上将军大印交给信陵君，这是统率军队的最高职务。信陵君将自己担任上将军的事通报给其他诸侯国，诸侯们得知他担任要职，都调兵遣将赶来救援魏国。信陵君率领五个诸侯国在黄河以南大败秦军。信陵君的声威震动天下，各诸侯国的宾客还前来进献兵法。秦王担心信陵君的强大会进一步威胁到秦国，就用黄金万两贿赂晋鄙以前的门客，让他们散布谣言，称各国诸侯打算拥立信陵君为王。魏王一开始不相信，但是秦王的离间计不停上演，不久，魏王信以为真，夺了信陵君的兵权。再一次被夺权，让信陵君很失望，他称病不上朝，整日在家中饮酒作乐，不久因饮酒过度患病而死。

信陵君一死，秦王就派兵进攻魏国，逐渐侵占魏国领土，18年以后，俘虏了魏王，屠杀大梁军民，毁掉了这座魏国都城，魏国自此而亡。

在战国四公子中，信陵君是得到后代史学家评价最高的一位，所以，历史上将信陵君排在战国四公子之首。汉高祖刘邦当皇帝后，每次经过大梁，都要祭祀信陵君，还为其墓冢安排了五家守墓人，足见其对信陵君的敬仰。

知识卡片15

战国四公子

　　战国末期，秦国的势力越来越强大，各个诸侯国的贵族为了对付秦朝的入侵，避免自己国家灭亡，竭力网罗人才。他们礼贤下士，广招门客，以扩大自己的势力，养"士"之风盛行。当时，以养士著称的有魏国的信陵君、齐国的孟尝君、赵国的平原君、楚国的春申君。因为他们四个人都是王公贵族，人们就称之为"战国四公子"。四人养有门客数千，有贤能的人都从各处前来投奔，其中尤以信陵君为甚，因其贤德，历史上将其排在战国四公子之首。尽管四公子都在自己的时代，为自己的国家作出了贡献，但是晚景并不好，信陵君因秦国的反间计被兄长魏王猜忌，郁郁而死；孟尝君得以善终，但是死后被灭九族，子孙尽无；春申君在宫门外被前任小舅子砍了脑袋；相比之下，平原君最是命好，历经两朝为相，病死后，其位代代相传，直到赵国被秦国所灭。

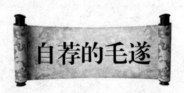

自荐的毛遂

　　战国末期，在平原君赵胜门下，有数千食客，其中有个叫毛遂的人，毛遂是薛国人，年轻的时候就去往赵国，投奔平原君，不过毛遂待了三年，也没有机会让人知晓他的名气。

　　公元前257年，秦昭王派兵围攻赵国都城邯郸，赵孝成王派平原君前往楚国求援，出发前，赵胜在门客中挑选20人一同前往，已经选了19个人，还差一个。这时候，毛遂站了出来，请求同往。平原君心存疑惑，就问毛遂到赵国有了多长时间，得知已有三年，平原君就不打算带毛遂同往，他的理由是，毛遂三年中没有任何成绩，自然算不上贤能之辈，这次去楚国，任重道远，带个无能的门客帮不上任何忙，只是增加负担罢了。毛遂立即表示，这三年自己相当于被装进口袋的锥子，有袋子罩着，自然不会露出锋芒，今天得到机会才能脱颖而出啊。平原君仍旧质疑，说若是尖锥子，又怎会不刺破袋子露出锋芒呢？毛遂回答，我这把锥子可是从未被放进袋子中啊。平原君遂带着毛遂等20人前往楚国。

平原君一行到达楚国后，谈判拖了很长时间，但是一直没有结果。于是毛遂带剑走上堂去，大声说道："合纵发兵，不过是三言两语的事，为何决议后迟迟不做决定。"楚王见到毛遂无礼很是生气，斥责平原君管教不严，怎能让一个门客如此放肆。毛遂怒目按剑逼近楚王，说："楚国地域广阔，兵力充足，明明是可以称霸的大国，却一再打败仗，连国君也做了秦国俘虏，客死他国，我们联合伐秦也是帮助楚国报仇雪恨，为何楚王您还犹豫不决，难道不觉得内疚惭愧？"这话说中了楚王的要害，楚王决定出兵，并同平原君歃血为盟，共同抗秦。从此毛遂声名大振，"毛遂自荐"、"脱颖而出"便成为千古流传的佳话。

平原君回到赵国后，曾经感叹说，我一向认为自己结识了天下贤士豪杰，不可能看错或者怠慢一人，可是毛先生在我门下做客三年，我竟然不知道他的才能。此次毛先生在楚国的朝堂上，以三寸不烂之舌，强过百万之师。今后我可不敢再以能相天下士而自居了。从此，平原君待毛遂为上宾。不久，毛遂因为帮助平原君联楚有功，被赵王授予谏议大夫之职。平原君的宾客众多，人才济济，当时还是无名氏的毛遂向平原君自荐，勇气可嘉。作为一个默默无闻的门客，三年未得出头机会，毛遂依旧沉得住气，若没有这份沉稳，怕也没有日后自荐的毛先生。

知识卡片16

毛遂墓

在今天的山东省枣庄市北部，有毛遂的墓冢，现存的墓地和周遭建筑都是在1991年以后，由当地政府重新修整建立的。

毛遂是薛国人，他的墓地原址在从前薛国的北门外，就是官桥镇火车站票房下，1909年，清宣统元年修建津浦铁路，建官桥火车站，将毛遂墓冢往道西迁移了50米。1957年，该墓地还有明朝和民国二年的碑碣，但是"文革"时期被毁。1991年官桥政府重修的毛遂墓，为穹隆顶式，墓前方立有著名书法家所题"毛遂之墓"碑，两侧有侧碑。1991年动工修建墓地，同年秋完工，1992年完成了青砖小瓦的围墙和大门建设。1997年被滕州市人民政府公布为市级重点文物保护单位，1998年夏又在墓前建了冒尖碑，四面书有"毛遂自荐"。2005年，山东省旅游局公布毛遂墓地为"名胜古迹"，毛遂墓遂成为对外开放的景点。

嬴政发迹史

如果没有吕不韦，或许后来的秦庄襄王到死都在赵国做质子；如果没有华阳夫人，即便庄襄王能逃回赵国，也只是一个不得宠的妃嫔之子；如果庄襄王没有遇到赵姬，嬴政自然也就没有成为秦国继承者的可能。这一连串的如果，缺失其一，中国古代的历史上就不会出现嬴政的身影，也就没有后来一统天下的秦始皇。都说无巧不成书，历史，又何尝不是如此呢？

嬴政的母亲赵姬原是吕不韦的姬妾，后来吕不韦与在赵国做质子的秦异人交好，异人看上了赵姬，吕不韦就将赵姬送给了对方，后来赵姬怀胎生下一个儿子，就是嬴政，因为孩子出生在赵国的都城邯郸，所以也叫他赵政。年幼时的嬴政，和母亲一起被父亲秦异人留在赵国做人质。相传赵姬被送给秦异人时，就怀了身孕，从小听到"两个父亲"的传言，加上被赵国人唾弃、鄙视，年幼的嬴政，对母亲是既爱又恨。

父亲秦异人原本在赵国做质子，成功的商人吕不韦在赵国遇见对方，因为当时商人地位很低，吕不韦即便有再多财富，还是无法得到尊重，见到秦异人，吕不韦心中开始盘算另一桩买卖，他决定去秦国从政。计划的第一步，就是利用自己的财富帮助秦异人回秦国继位。秦异人的母亲只是秦国太子安国君众多妾侍中的一人，而且不受宠（若是受宠，自然不会让秦异人去赵国做人质），怎样才能让他得到继承权呢？吕不韦想到了一个人，就是秦太子的宠妃华阳夫人。

华阳夫人虽受宠，却一直没有生养，吕不韦花重金买通华阳夫人的家眷，劝说华阳夫人过继一个孩子，以免将来年长色衰，又没有依靠。又说远在赵国的秦异人死也思念着父亲和华阳夫人，若夫人能将异人收养立为嫡嗣，日后异人必定感恩戴德，夫人也就有了依靠，这是一举两得的好事。华阳夫人思前想后，觉得有点道理，吕不韦回到赵国，帮助秦异人逃回秦国，此时赵姬已经生下了嬴政，秦异人逃走时连妻子儿子都没顾得上，可见既狼狈又匆忙。

异人回国后，得到华阳夫人的喜爱，不久，安国君继位，在华阳夫人的努力下，秦异人成为秦国太子。安国君做了50多年太子，终于熬到成为国君，或许是乐极生悲，登基三天后便一命呜呼，秦异人就这样，快速由太子成了新的秦国国君，是为秦庄襄王。庄襄王即位后，拜吕不韦为相，吕不韦花费了大量精力与金钱接回了在赵国的赵姬母子，秦嬴政得以开始自己在秦王宫里的政治生涯。

秦庄襄王三年，庄襄王去世，年仅13岁的秦嬴政即位做了秦王，因为年幼，便由相国吕不韦代为执政，嬴政尊吕不韦为仲父。吕不韦把持朝政，与太后赵姬有染，嬴政日渐年长，吕不韦担心会被嬴政发现自己与太后的苟且之事，想要离开赵姬，但是又担心赵姬怨恨，于是向太后进献了一个假宦官嫪毐，太后带着嫪毐搬迁至秦国故都雍城，与嫪毐私通生下两个儿子，因为得到太后的宠幸，嫪毐不久被封为长信侯，在雍城建立了庞大的势力。嬴政年幼不知，以为太后搬迁是原居住风水不好，就这样过了几年，小人得志的嫪毐又一次喝醉酒后斥责大臣，说了自己是秦王的继父，若是惹恼自己就得小心点一类的话。这个大臣听后很生气，将此事偷偷报告给嬴政。嫪毐得知后很慌乱，决定发动叛乱。

公元前238年，22岁的秦王嬴政在雍城蕲年宫举行行冠礼，嫪毐先下手为强，动用秦王御玺和太后玺发动叛乱，攻向蕲年宫。嬴政早已在宫内布置了3000精兵，最终打败了叛军。嫪毐被逮后，嬴政将其车裂，暴尸示众，将太后赵姬关进雍城的宫殿，断绝母子关系，嫪毐与太后的私生子也被摔死。随后，嬴政免除了吕不韦的相职，将其放逐到巴蜀一带，这才算泄了心头之愤。

不久，嬴政用一杯毒酒赐死了仲父吕不韦，秦国大权完全掌握在了年轻的秦王嬴政手中，秦夺九鼎，扫灭六国，为秦始皇嬴政所书写的辉煌历史，从这里，渐渐拉开了帷幕。

知识卡片17

九鼎

　　大禹建立夏朝后，将天下划分为九州，夏启令九州州牧贡献青铜，铸造九鼎，并将全国的名山大川、奇异之物都镌刻在九鼎上，用一鼎来代表一州，将九鼎集中在夏王朝的都城。正所谓："普天之下，莫非王土，率土之滨，莫非王臣。"从此以后，九州就成了中国的代名词，九鼎就成了王权至高无上、国家统一昌盛的象征。传说，得九鼎者就是天子。商汤打败夏桀后，将九鼎迁到自己的都城，盘庚定都后，九鼎再次迁入新都城。周武王灭商，得到九鼎后还曾公开展示。到了东周时期，周王室开始衰落，诸侯国开始觊觎王权，都想夺得九鼎，但是没有成功，知道秦王嬴政攻打西周，夺得九鼎，将九鼎置于咸阳，九鼎迁秦，意味着秦王将可以名正言顺地讨伐各诸侯国。

奢华阿房宫

　　唐朝杜牧写过一篇《阿房宫赋》，后人从他的描绘中，想象着阿房宫的壮观与奢华。"覆压三百余里，隔离天日"，阿房宫的规模之大可见一斑，"五步一楼，十步一阁"、"一日之内，一宫之间，而气候不同"。这说明阿房宫不仅占地面积大，建筑物的精美也是无与伦比的，通过杜牧的这篇赋，想到如今能见的只有遗址上的黄土，没有人不会觉得惋惜。

　　说到阿房宫这个名字的来历，说法也有好几种，有一说认为阿房一名是由于宫殿地址靠近咸阳而得名，"阿，近也，以其去咸阳近，且号阿房"。另一说为阿房之名根据此宫"四阿房广"的形状来命名，阿房宫"盘结旋转、廊腰缦回、屈

曲簇拥"的建筑结构体现了"四阿房广"的风格和特点。还有一种观点则说是因为上宫宫殿高峻，若于阿上为房，"阿者，大陵也，取名阿房，是言其高若干阿上为房。"民间有种说法较离奇，但是传说甚广。相传秦王嬴政爱上了一个叫阿房的女子，本想一统天下后立她为王后，却遭到大臣反对，因为这女子是赵国人，后来，阿房为了不让嬴政为难，上吊自杀，为了纪念自己的爱人，嬴政将宫殿取名阿房宫。这几种说法都言之有理，但是以阿房命名的真正原因，直到现在还是没有确切结果。

阿房宫修建于秦惠文王时期，不过宫殿还未建好，惠文王就死了，到秦始皇三十五年的时候，始皇帝认为都城咸阳的人太多，而先王的皇宫又小，所以下令在渭河以南的皇家园林上林苑中，集天下建筑之精华，修建一座新皇宫。公元前212年，也就是秦始皇三十五年，阿房宫开始营造，不过，因为工程浩大，直到秦始皇死去，阿房宫才只建好了一座前殿而已。据《史记》中记载，阿房宫前殿东西五百步，南北五十丈，上可以坐万人，下可以建五丈旗。其规模之大，劳民伤财之巨，可以想见。秦始皇死后，秦二世胡亥继续修建，可是各地纷纷起义，不久项羽入关，将阿房宫付之一炬，化为灰烬。汉代的时候阿房宫旧址属上林苑，南北朝时又在此处建了佛寺，宋代时此处成为农田。

我们无法见到当时阿房宫的盛景，只能通过杜牧的《阿房宫赋》来了解情况，"六王毕，四海一，蜀山兀，阿房出。覆压三百余里，隔离天日，骊山北构而西折，直走咸阳。二川溶溶，流入宫墙。五步一楼，十步一阁；廊腰缦回，檐牙高啄；各抱地势，钩心斗角。盘盘焉，囷囷焉，蜂房水涡，蠢不知其几千万落。长桥卧波，未云何龙？复道行空，不霁何虹？高低冥迷，不知东西。歌台暖响，春光融融；舞殿冷袖，风雨凄凄。一日之内，一宫之间，而气候不同。"这样壮观的阿房宫内，据说六国的珍奇宝物都被秦始皇收纳来放置宫中。后世人一直遗憾，劳民伤财建起的阿房宫，最后却在西楚霸王的一把火里化成焦土。

实际上，根据2006年以来对阿房宫原址的发掘发现，阿房宫从来就没有被烧毁的痕迹，根据历史资料和记录时间来看，得出了一个可信度很大的结论，阿房宫不是诗词中杜撰出来的奢侈产物，它的实际规模也很浩大，只是，秦始皇征集70万苦力，耗时四年修建的，并不是宏伟的宫殿，而是坚如磐石的土夯，秦二世时期继续修建宫殿，但因为各地起义，来不及修建完就等来了项羽入关。依据现有的考古证据，阿房宫并未建成，杜牧的《阿房宫赋》只是他的想象，后世大臣劝谏时提到的阿房宫的奢华，也只是为了规劝君王，避免像秦朝一样二世而亡。

不管是为了爱人而建，还是为了尽享奢华而建，这个被形容得辉煌壮观的地方，并未让始皇帝得偿所愿，苦力们被迫工作时，就已经用怨恨和愤怒将宫殿的夯土与秦朝暴政一起埋进了土壤。

知识卡片18

阿房宫遗址

阿房宫遗址在今天陕西省西安市西郊15千米的阿房村一带，是全国重点文物保护单位。该遗址1956年由陕西省人民委员会公布为第一批省级重点文物保护单位；1961年由国务院公布为第一批全国重点文物保护单位。对于阿房宫是否真实存在，它的奢华程度等，一直以来都没有确切的结论，2006年，考古队经过漫长的考察，在阿房宫遗址上，并没有发现被焚烧的痕迹，倒是咸阳宫旧址，有焚烧痕迹留存。《史记》中只说"烧秦宫室，火三月不灭。"却并未说所烧宫室是阿房宫，考古人员花费一年多时间勘察阿房宫，范围超过20万平方米，只发现数片烧过的土地，若照史料所记载，阿房宫被烧毁，应有大量草木灰，以及建筑时使用的木料等地烧毁痕迹，因此考古人员推断，项羽焚烧的秦宫室是咸阳宫，因为当时阿房宫并未建成。

儒生的噩梦

公元前213年，担任太子老师的博士淳于越，在秦国的朝堂上发表了一番让秦始皇和丞相李斯都甚为不满的"演说"。淳于越的思想属于儒家学派，主张仁政，他在朝堂上反对当时实行的"郡县制"，要求根据古制，对王室和有功劳的

大臣等进行分封。淳于越的观点被丞相大加驳斥，李斯清楚秦始皇内心的真实想法，实行郡县制，就是为了将王权掌握在皇帝一人手中，建立起君主专制的中央集权制国家。淳于越一句遵守古制，进行分封，是彻底地反对了君主专制。这一次演说，淳于越给秦始皇留下了很不好的印象。

身居相位的李斯，为了迎合秦始皇统一言论的需要，上表请求焚书，他作为淳于越的好友，在政治斗争中却没有顾及任何朋友之情，不仅故意扩大事态，还把矛头直接指向了所有的"诸生"和私学。李斯针对淳于越的言论，表明自己的观点，他说每个时代不同，治理方法自然也要变化，不能按照古制来治理现在的国家。这番言论代表个人政治立场，其实也没有什么不对，但是为了个人得失，李斯接下来做的事情，就很是过分，他指责当朝的儒生们"不师今而学古"，以"私学"诋毁"法教"，四处造谣毁谤。这种现象如果不阻止，只怕会越来越严重，到时候，肯定会削弱皇帝的权威，臣子们也会结成对立的派别。

李斯建议，统一之前的列国史记，除了秦朝历史其余都烧掉，百姓私藏《诗》《书》和百家语的也必须全部收缴烧毁。秦始皇不顾淳于越及其他大臣的反对，同意了李斯的建议。秦国都城咸阳，燃起了焚书烈火，据说一个月都没有熄灭过。在这场学术灾难中，秦朝以前的中国古典文献，除自然科学及神学外，其他的几乎都成了黑炭。焚书任务完成，但是在秦国的朝堂上，还有反对的声音，性格耿直的博士淳于越再次直谏，触犯律令。看在多年老友的份上，这次李斯倒没有落井下石，他袒护了淳于越，让其免掉死罪，被革职回乡。到这个时候为止，执著地坚持自己观点的淳于越，还能将自己的一条命抓在手中。可是，与他保持同样观点的太子扶苏，也有心底的声音需要倾吐，淳于越替太子代言，谏阻焚书，这一回，李斯也保不了他，秦始皇的决心让淳于越最终上了刑场，在"焚书坑儒"事件发生前，这个耿直的老儒生替后来命运悲惨的儒生们开了个凄凉的头。

焚书事件发生之后，紧接着，秦始皇最信任的两个方士又因炼不出长生不老的仙丹，在对外四处宣扬秦始皇的暴政后，弃官逃跑。秦始皇很生气，下令严查此事，本来这只是两个方士与秦始皇之间的纠葛，却在不久后，因为得知咸阳内有儒生也四处散播关于秦始皇暴戾、刚愎自用、贪于权势的内容，让秦始皇怒不可遏，进而变成两个方士引起的坑儒血案。秦始皇的残暴人尽皆知，但是儒生们在被逮捕前并未真正见识到，当秦始皇下令逮捕与之有关的儒生后，对他们严刑拷问，儒生大多细皮嫩肉，斯斯文文，哪里受过这种苦，有的屈打成招，有的不仅招了自己，还牵连出别人，最后，有460余人被定罪。秦始皇亲自下令，将这些人活埋于咸阳。

当头顶上黑压压的灰土和石头砸落下来时，那些儒生的惊恐绝望自不用说，他们渐渐看不清天空以及耀眼的太阳，其实，中国的文化之光在这一天也变得黯淡。先秦古籍的付之一炬，百家思想的发展传承，都在这个时刻被狠狠地摧毁。秦始皇以为这样做能巩固自己的统治，去掉不同的政治见解，让秦国不会再有与统治者不一样的声音，但是他没有想到，无论是死去的或者仍旧活着的儒生们，自由思索的精神永远不会在严酷的精神统治下被磨灭，而见识了他的残暴仍旧活着的人，已经开始遥望远处那条抗秦的道路。

知识卡片 19

沙丘宫平台遗址

沙丘宫平台遗址在今天河北省广宗县大平台村南，历史上许多著名事件都发生在这个地方。商代时，纣王大兴土木在商丘建苑台，设酒池肉林。战国时期，赵王在属地沙丘设立离宫，公元前295年，赵武灵王北游沙丘，他的长子公子章与惠文王争夺王位，兴兵作乱，惠文王派兵将公子章杀死于沙丘宫。公元前210年，秦始皇出巡至沙丘时，在沙丘宫的平台病死。胡亥与赵高、李斯密谋，秘不发丧，更改皇诏，废太子扶苏，胡亥即位，秦朝历史就此改写。秦汉以后，沙丘宫遗址成为当地名胜，到现代，沙丘宫遗址只剩几个高出地面的土台，昔日的辉煌不复存在。近几十年来，遗址处出土了商代陶罐、战国陶壶和青铜器残片等。这些古物与历史一起，记录下了在沙丘曾经发生的一切。

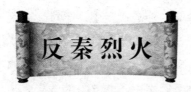

反秦烈火

秦始皇统一六国后，大兴土木，修建宫殿和陵寝，修筑长城，对匈奴和南越出兵，耗费了大量的人力和物力，这些沉重的经济负担并不是由秦王室承担，而是通过徭役和赋税分摊在了人民头上。老百姓的生活本来就困苦，家中壮年多数又被役为苦力，加上秦朝的律法极严苛，人们动不动就会触犯刑法。做苦力的一般有去无回，为了活命逃跑又会受酷刑，除了老弱病残忍饥挨饿，青壮年也几乎没了活路。

秦二世继位以后，较之其父有过之而无不及，公元前 209 年，一队被征发到渔阳去的贫苦农民队伍，在蕲县大泽乡遭遇连日大雨，因为道路不通，无法按期到达目的地。按照秦法中苛刻的规定，误期当斩。不能按期到达是死，起来造反大不了也就是一死，可是至少能死得壮烈些。这支队伍的屯长陈胜和吴广思前想后，最终决定起义。为了扩大影响力，两人经过密谋后，利用"鱼腹丹书"、"篝火狐鸣"等计策发动戍卒起义，提出"大楚兴，陈胜王"的口号。

这两个起义者虽然出身戍卒，思想却很不简单，首先，他们利用人们对神灵的崇拜，让大家相信他们的起义是顺天命，有点替天行道的意思。另外，他们不忘打出已故废太子扶苏和楚将项燕的名义号召群众前来投奔依附。废太子扶苏生前因仁爱得名，他的惨死本来就让天下人扼腕，如今秦二世实施暴政，人们更加不满。如此一来，陈胜吴广的队伍更加壮大。起义军迅速攻占蕲县，接着向西进发，又攻占了秦朝重镇。此时起义军的队伍，已不是先前戍守农民们组成的那支，起义军拥有了兵车六七百辆，骑兵千余，步兵数万人。不久，起义军在陈建立了"张楚"政权，陈胜被推举为王。

革命政权的影响力越来越大，陈胜以陈为中心，分兵数路，最终逼近咸阳。农民起义军都打到秦都来了，皇帝位子还没坐稳的胡亥，大为惊慌，他本来就是个纨绔子弟，整日只知吃喝玩乐，相比其兄长扶苏，那是差得远，要不是赵高和李斯为掌大权，改了皇诏，废了扶苏，江山哪里有给胡亥坐的份？到了关键时刻，荒淫无道的秦二世只得赦免在骊山修墓的几十万刑徒，仓促组成一支军队，向农民军反扑。这个场面有点熟悉，还记得牧野之战的时候，商纣也是组织了一支由战俘和奴隶组成的军队，迎战周武王。不过，周武王的军队训练有素，让商纣大败而归，最终选择鹿台自焚，可陈胜吴广麾下的队伍中，大多是临时起义的贫苦农民，因为缺乏训练和战斗经验，几次苦战后，起义军被迫撤出函谷关，不久，渑池失利，秦将章邯乘胜东下，起义军的首领之一吴广被部将杀死，陈胜率军迎战秦军不幸失利，后败退至下城父时，被叛徒杀害，这场轰轰烈烈的农民起义，坚持了六个月，最终失败。

陈胜吴广起义是中国历史上第一次全国规模的农民起义，虽然最终失败，但是从某种意义上来说，它又是成功的。起义沉重打击了秦王朝的腐朽统治，之后，各地农民起义军开始了反秦斗争，最终将秦王朝推翻。如果陈胜吴广在渔阳等死，他们的名字不会在历史长河中留存，是他们举起了第一把反秦烈火，火光照亮了黑暗的秦统治时期，也鼓舞了后世千千万万农民反抗封建统治的斗争。

知识卡片20

陈胜墓

作为一个英勇的秦朝农民，后世对陈胜的评价是很高的，司马迁写《史记》时将陈胜列入"世家"，把他的功绩和商汤征讨夏桀、武王伐纣相提并论，世家是记载诸侯国之事的，诸侯开国承家、子孙世袭，关于他们的传记叫做世家。因为陈胜是首先起义抗秦的领导者，而且是以平民起兵反秦的第一人，所以，司马迁将其列入"世家"。陈胜的墓地在永城市东北芒砀山主峰的西南麓，现在仅存的墓冢高5米，周围筑有青石围墙，高顶，下有须弥座，正中镌刻着郭沫若书写的"秦末农民起义领袖陈胜之墓"。西汉时，高祖刘邦派30户守护陈胜墓冢，东汉后渐渐废除。1975年，国家拨专款整修，砌石围墓，栽植松柏，现陈胜墓为省级文物重点保护单位。

举世无双的葬礼

自古以来，没有哪一位帝王能"享受"到秦始皇的待遇，除了自己的心爱之物，如珠宝、妃嫔，还将整个军队埋进了自己的坟墓中。虽然到现在为止，没有人确切地知道秦始皇陵地宫中究竟埋葬了多少奇珍异宝，但是有一点可以肯定，那个陪葬的军队已经成为让世界瞩目的奇迹。

根据《史记》的记载，秦始皇嬴政13岁继位后，就开始营建陵园，为自己在另一个世界建造安乐窝。始皇帝的陵园由丞相李斯规划设计，大将章邯监工，修筑时间长达38年，其实，这个时候的陵墓，或许还未完工，只是皇帝亡了得葬进去啊，所以皇上活多少年，陵墓就修多少年，皇上一死，就立刻完工，派上用场。

史料中有一段关于秦始皇地宫深度的描述，说丞相李斯向秦始皇报告，自己带72万人修筑骊山陵墓，已经挖得很深，好像看到了地底一样，秦始皇听后，下令"再旁行三百丈乃至"。民间传说中讲到，秦陵地宫在骊山里，骊山和秦陵之间还有地下通道，每到阴雨天，通道里就会过"阴兵"，人欢马叫，当然，这只是传说，带着浓郁的神话色彩。所以也不能为地宫的具体位置提供可靠证据。

根据史书的记载，秦始皇在墓室中修建了楼阁和百官相见的位次，放满奇珍异宝。为了防止被盗，室内还安装了一触即发的暗箭。陵墓周围布置了巨型的兵马俑阵。陵墓的设计，处处体现着这位始皇帝至高无上的权力和威严。

秦始皇陵园的整个工程，耗费了大量人力物力和财力，皇陵使用的大量石材都是从百里之外渭北的山上运来，耗费的数十万立方米木材全靠人工砍伐，又凭人力从湖北、四川等地运来骊山脚下。陵园建设初期，因为秦朝与他国的战争，所以并无多少人力投入建设中，但是当秦始皇完成统一大业后，其陵园的修建就成了秦国的重点工程。根据记载，全国各地有72万人被征发来修建秦陵，这样的数量在中国历史上是绝无仅有的。如果秦始皇没有病死沙丘，或许他的陵寝会更奢华，秦二世胡亥在父亲病死后，继续为其修建陵寝，但因陈胜吴广起义，各地纷纷纷举起反秦大旗，不得不终止这项工程，但是即便如此，秦始皇陵的施工前后历时将近40年，耗费的时间和工程的浩大在我国陵寝修建史上还是名列榜首的。

公元前210年，秦始皇病死沙丘平台，两个月后，其尸体被运回咸阳举行丧葬仪式。秦二世胡亥下令，将秦始皇的宫女一律殉葬，修建陵墓的工匠也一律殉葬墓中，这是一件很残酷的事，不仅是对当时那些无辜的人们，对后世也造成了无可估量的损失。

这样一个隆重的葬礼，其中埋葬的除了秦始皇和殉葬的人们，还有很多珍宝，而奇珍异宝是最让人垂涎的，特别是在战乱中，一些起义的首领们需要这些贵重物品来帮助自己组建军队，充足粮草。同时，在兵荒马乱的时代，无政府状态下，想借机发横财的盗墓者们也趁机开始大肆活动。根据《水经注》中的记载，项羽进入咸阳后，就大肆搬运秦宫物品，不久，盗墓贼又前来洗劫。据说后来，一个牧羊的人寻找走失的羊，误入墓中，不慎失火，将陵墓彻底烧毁。这样使得秦始皇陵的地面建筑荡然无存，地下陪葬也受到一定程度的破坏。这些记录在后来都被考古学家证实，在秦始皇陵中发现的陪葬坑和陪葬墓几乎都有被盗和被焚烧的痕迹，只是究竟是被谁人所盗、所毁，我们不得而知。

秦始皇陵工程之浩大、用工人数之多，持续时间之久都是前所未有的，作为一个统治者，当天下经历数百年战争后，没有在自己建立政权的初期，促进生产发展，为百姓提供安居乐业的稳定环境，而是大肆搜刮财富，奴役人民为自己修筑陵墓，陷国家于水深火热之中，二世而亡就没有什么奇怪。

秦始皇陵是当时劳动人民的智慧结晶，无论是被埋葬被盗走或者被焚毁的奇珍异宝，还是宏伟的陵墓建筑，都代表着当时发达的手工业和建筑业等行业的水平。为了给残暴的统治者一个举世无双的葬礼，人们被迫奉献自己的智慧及生命，然而最终的结果，就是一切都化为了历史的尘埃。

知识卡片21

秦朝青铜剑

在秦始皇陵兵马俑的二号坑中出土的青铜剑，历经2000多年，从地下出土时却没有腐蚀没有生锈，锋利无比。通过现代的科学方法检测分析，

这些青铜剑的无锈之谜竟是因为其表面涂有一层约 10 微米厚的氧化膜，其中含 2% 的铬。这个发现立即震动了世界，因为这种铬盐氧化处理技术是近代才被掌握的先进工艺。德国在 1937 年，美国在 1950 年，才先后发明并申请了该项专利，并且铬盐氧化处理只有在一套比较复杂的设备和工艺流程下才能实现。秦朝时期就拥有这样的技艺，足以想见秦人的铸造水平之高。另外还让人称道的是，这些青铜剑的韧性异常惊人，有资料记载，有一口青铜剑，被一具 150 公斤重的陶俑压弯，弯曲度超过 45 度，但是当陶俑被移开的一瞬间，这口青铜剑反弹平直，自然还原。这样精湛的铸剑技艺，令人瞠目结石，但因为技艺并未流传，我们也就无从得知 2000 多年前，那些聪明的工匠们究竟是用了什么方法。

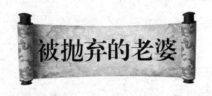

被抛弃的老婆

有人说：吕雉是封建社会女性的一个神话。作为汉高祖刘邦的原配妻子，吕雉从民妇到皇后再到太后，一路走来并不容易。她的艰辛不仅是因为战乱中自己的特殊身份，更因为丈夫刘邦的所作所为。许多年以后，已经位高权重的吕太后，坐在朝堂上，或许从来都没有忘记过，自己曾经是个被抛弃的妻子。

吕雉的父亲吕文，被人们称为吕公，为了躲避仇人，带着家小离开家乡暂住在好友沛县县令家中。后来觉得沛县不错，就将新家安顿于此。吕公是个很迷信的人，善于识面相，他刚到沛县的时候，县里的官员听说县令家来了贵客，就凑了钱来喝酒拜见。当时任泗水亭长的刘邦，高喊"贺钱万"走进堂中。一个小小的亭长不可能有那么多钱，并且刘邦也确实没拿出一个子儿。吕公见刘邦这样放肆，原本想将他赶出去，却不料，见了刘邦的长相后，甚为惊奇。他对刘邦说，自己平生为许多人相面，却从未见过刘邦这样的面相，自己有一个女儿想要许给刘邦为妻，希望不要嫌弃。

对于家境并不好的刘邦来说，这是件美事，他自然满口答应，可是吕雉的母亲不同意，因为女儿年少时，丈夫就替其相过面，说女儿是大富大贵之人，如今要许给这个家境一般的中年亭长，哪里还有富贵的可能呢。可是吕公执意如此，加上女儿吕雉也未反对，这件事情就拍了板，不久，吕雉成了刘夫人。

婚后的吕雉，不仅打理家务，还得下地种田，如普通农妇一般，此时的生活境况似乎与父亲吕公预测的相去甚远，不知吕雉心中是否有埋怨，但是，在当时看来，吕雉勤俭持家，似乎毫无怨言，这也充分说明，年轻的吕雉是温顺善良的。新婚的吕雉要面对的，不仅是生活的困窘，更有婚姻上的问题。她的丈夫刘邦，在与她结婚前，就和一个寡妇生下了长子刘肥，此时的吕雉对这个非婚生子并未有过多苛刻，但是在后来的历史中，吕雉毒死赵王如意，残害戚夫人，不久又将毒手伸向庶子刘肥，从这里，我们也能看到吕雉性格的转变。

在旁人看来，吕公似乎预测有误，为女儿相中的丈夫游手好闲，无所作为，吕雉可算是遇人不淑。但是吕雉并没有表现出不满，她好像已经忘了自己大富大贵的命运，在家中孝敬父母，养育儿女，干农活，当刘邦亡命芒砀山时，还不远千里给丈夫送去衣食物品。不知上天是否眷顾吕雉，不久，刘邦率众起义，吕雉的命运也开始转折，但是，她并未由农妇变成贵妇，而是成了阶下囚。因为被丈夫连累，吕雉被关进沛县的牢房中，并受尽虐待，后来经过萧何的帮助，才得以逃脱牢狱。此时，吕雉的性格由先前的温顺变得坚毅果敢，经历的苦难让她变得顽强。战争让这个平凡人家的女子一次次直面冷血与残酷。

吕雉真正的改变来自于公元前205年的彭城之战，她在这场战役中被项羽俘虏，再一次成为阶下囚。伤害自然免不了，但是，最让吕雉寒心的是，此次伤害自己最狠的，不是敌人项羽，而是丈夫刘邦。两军阵前，项羽意图烹杀吕雉，来威胁刘邦，刘邦对此没有表现出丝毫惊慌，他笑嘻嘻地看着对面的敌人和亲人，说自己无所谓，若项羽想杀就杀吧。即便是战争需要，即便是大丈夫意图成就伟业，但是丈夫的答案还是让吕雉心寒如冰。自己任劳任怨，体贴奉献，到最后竟能被无谓地牺牲。虽然最终，项羽没有烹杀吕雉，鸿沟议和时，刘邦也设骗局带回了吕雉和家人，但是，多疑和阴狠的性格特征，从这个时候起开始成为吕雉的特色。

劫后余生的吕雉，终于得以回到刘邦的身边，尽管没有多少安全感，但是自刘邦成为汉王之后，吕雉的封号不断上升，这或许能作为一种安慰，暂时让吕雉安下心来。可是，成为王妃的吕雉，在汉王尚未成形的后宫中，遇到了一个最可

怕的敌人，这个人的出现，让她比见到项羽时更为紧张恐惧。后者能夺走的，只有自己的生命，而前者能拿去的，却是吕雉的一切，包括她儿女的命运，这个人，就是后来成为人彘的戚夫人。

刘邦的感情世界很精彩，在娶吕雉之前，有个寡妇相好，两人未婚却育有一子，与吕雉结婚后，又在妻子成为人质时，遇上了挚爱戚夫人，再加上后来的薄夫人等，就更不用说了。从刘邦反秦开始，吕雉长达七年不能见到丈夫，被作为人质放回来以后，她与刘邦也是两地分居。十年夫妻，相聚时间不过婚后三年而已。自己望眼欲穿盼能重逢，终于得偿所愿，但实际情况如何呢？《史记》中有这样一句话："吕后年长，常留守，希见上，益疏。"多年不见，还有什么感情呢，何况身边已有恩恩爱爱的戚夫人，不如，就这样分居着吧。这应该是刘邦内心最真实的想法，不到三十的吕雉，从此就要做一个"留守太太"。不仅如此，自己儿子的帝位，也要被夺了去。温顺没有用，退让也没有用，命运最终是掌握在自己手中的，有了这个认知，吕雉的人生也开始发生变化。

她不再做默默无闻的农家妇女，整日忙碌着蚕桑农耕，现在的吕雉，有更多的事情要做。首先，就是以汉高祖皇后的身份，在朝堂上替刘邦出谋划策，用计杀死异姓王韩信、彭越，此举得到刘邦的赏识，吕雉在其心目中的地位也得以提升。吕雉的下一步，就是铲除对自己有威胁的人，她请商山四皓出山，替儿子刘盈稳固太子之位，让刘邦的废长立幼计划破产，当刘邦死后，吕雉得以放肆复仇，毒死刘如意，残害戚夫人，这个在患难时期被刘邦抛弃的原配，终于凭着自己的坚忍与顽强，笑着看敌人一个个倒下，成为最后的胜利者。

刘邦顺民意

陈胜吴广率领起义军攻占陈（今河南淮阳）以后，陈胜建立了"张楚"政权，和秦朝公开对立。此时，沛县的县令也想响应，以便自己能继续掌握沛县的政权，在县令底下做官吏的萧何与曹参，劝县令将本县流亡在外的人召集回来，增加力量。县令觉得有道理，便找了刘邦的好朋友樊哙，让其将刘邦找回来，但当刘邦带人往回赶的时候，县令担心其不好控制，又反悔了，他让人将城门关闭，还要捉拿萧何与曹参。萧何与曹参赶紧逃到城外，帮助刘邦一起，鼓动城内百姓杀掉县令，大家一起保卫家乡。老百姓平时就对县令不满，就这样响应号召，杀了县令迎刘邦进城，并推举他为沛公。刘邦顺应民意，设祭坛，称自己是赤帝的儿子，领导民众开始反秦。

英雄成就悲剧

当刘邦在沛县举起反秦大旗时，另一支反秦力量也正开始冲击秦王朝的统治，这支队伍由楚国贵族后代项羽及其叔叔项梁领导。

项羽，名籍，字羽，通常被称为项羽，祖父项燕，是楚国大将。公元前224年，秦将王翦大破楚军，次年，项燕兵败被杀。楚国灭亡后，项羽与其弟弟项庄跟随叔父项梁流亡到吴县。项羽年少的时候，项梁曾教他读书，但是项羽学习没多久就厌倦了，后来项梁教他武艺，没多久项羽又不愿学，项梁很生气，责备项羽，项羽向叔叔解释说，读书能够用来记住自己的名字就行，学武只是要打得过一个人罢了，我要学就学兵法，将来能敌万人。项梁于是教侄子兵法，但是，没过多久，项羽兵法也不爱学了，项梁无奈，也就懒得再管教侄子。

项羽力气很大，年轻时志向也极远大。相传一次秦始皇出巡，项羽见到始皇的车马仪仗威风凛凛，便对叔叔项梁说："彼可取而代也"，就是说自己也能取代他。公元前209年，陈胜吴广起义后，项羽随叔叔在吴中刺杀了太守，举兵响应，这一战，项羽斩杀了太守的卫兵近百人，尽管没有得到叔叔的教诲，项羽还是展现了自己无双的武艺，24岁的项羽，从此开始踏上历史舞台。

初露锋芒的项羽，真正的成名作是巨鹿之战。在定陶之战以后，秦军北渡黄河，攻打起义抗秦的赵王歇和张耳，秦军将其围困于巨鹿。楚怀王任命宋义为上将，项羽为副将，率兵救援。宋义率军到达安阳后，便畏缩不前。但是，阴雨连

绵，楚军衣食皆不充足，处于困境之中。项羽当机立断，杀了宋义，迫使楚怀王任命他为上将军，立刻挥师北上救援。项羽带着部众通过漳河，由于寡不敌众，士气低落。于是，项羽命令军士凿沉渡江用的船只，打破吃饭用的锅子，身上只带三天的干粮，军士们个个以命相抵，士气大振，大破秦军。这次战役是项羽的天才之作，但是也从另一方面反映出项羽的性格特征。不成功便成仁，在某些时刻，这并不是英雄的豪迈，试想，如果项羽没有因为无颜见江东父老而渡过乌江，重整旗鼓，这个历史或许会有另一页篇章。

年轻气盛的项羽，在对秦作战时英勇无比，他善于在战场上杀敌，却不善于和人玩心机，因此，接下来，他遇到的敌人，并不如秦强大，却比秦可怕，这个人就是泗水亭长刘邦。秦二世二年六月，项羽与刘邦率军攻占城阳，略地至雍丘，与秦三川郡守李由激战，项羽于万军中斩杀李由，秦军大败。当项羽和刘邦还是盟友时，两人并肩作战，惺惺相惜，然而，当抗秦的硝烟散去，项羽居功称霸诸侯，刘邦被分到偏远的巴蜀之地，这个结果，成为刘邦伐楚最充分的理由。

彭城一战，刘邦集结五个诸侯，汉中将领和谋士几乎倾巢而出，联军共 56 万多人出战，不久攻下彭城，眼看此时的刘邦就要吃到胜利的果实。项羽得知彭城失陷，亲率 3 万精兵回师，在楚军的突然袭击下，刘邦的 56 万联军一败涂地。兵败后，萧何发出"发关中老弱未傅悉诣荥阳"的哀叹，足见汉军损失惨重。彭城之战后，楚汉开始了长达两年零四个月的相持阶段。西楚霸王项羽的人生就从这里开始转折。

相持阶段一开始，刘邦就组建了骑兵部队，有效地阻挡了楚军的进攻，同时，汉军在楚军的背后以及侧翼开辟新战场，这正是项羽的弱点，局势又慢慢发生改变。公元前 203 年，楚汉两军相持到最后阶段，楚军粮草将尽，刘邦的汉军没有等到韩信、彭越的援军，双方都没有多少胜算，最后决定议和，以鸿沟为界。不久，项羽率军东归，原本该西返的刘邦，却背弃盟约，单方面撕毁协定，以 20 万汉军追击 10 万楚军。

项羽得知大怒，率军斩杀两万汉军，刘邦慌忙退至陈下，筑起堡垒坚守不出，他等待前来救援的韩信与彭越，却迟迟未到，眼见刘邦即将兵败于此，谋士张良献计，将韩信与彭越的封地增加，终于搬动两人挥师南下，对楚军发动最后的包围。垓下之战随之开始。

此时的情况，楚军尽处劣势，楚军缺粮几个月，没有粮食补给，饥饿的士兵根本没有战斗力，再加上楚军离江东距离遥远，即便能冲破包围圈，也很难逃脱追击并回到自己的领地，汉军联军兵分五路，步步为营，项羽擅长的突击战无法发挥作用，就这样，汉军一步步逼近，最终包围楚军。

营地内，粮草不足，兵力无多；营地外，数重围困，四面楚歌。在汉军的心理战术下，项羽最终选择突围，逃至乌江边上。能成功突围已属不易，如果不是因为超强的自尊心，不是因为深深的负罪感，此时项羽若渡过乌江，他日东山再起并非不可能，但是因无颜见江东父老，项羽最终选择了自刎。一代西楚霸王，就这样结束了自己辉煌的一生！

从战事上来讲，项羽可算一个英雄人物，年纪轻轻即开始抗秦大业，他所向披靡，能以 3 万精兵败退汉军 56 万联军，是当之无愧的英雄豪杰；但是从政事上来讲，他只是一个悲剧人物，尽管自己英勇无比，麾下却无多少可用之人，比不上刘邦，有众多谋士为其献计赢得江山。综观项羽短暂的一生，这个性情中人，能慷慨赴死以报江东父老，能钟情虞姬为其死流下热泪，宁可愧而死，不可愧而生，至今想来，仍让人感叹欷歔。

知识卡片23

四面楚歌

公元前202年，西楚霸王项羽与汉王刘邦约定于鸿沟为界，互不侵犯，但是刘邦毁约，追击项羽的部队，后来，刘邦用韩信十面埋伏的计策，包围了项羽。项羽夜晚在营帐中，听到四面有人唱起楚歌，大惊失色，以为楚地都被汉军攻陷，其实，这只是刘邦的心理战术，他让汉军装作楚人唱歌，击溃项羽的心理防线。丧失斗志的项羽，以酒解愁，自己吟诵了一首诗："力拔山兮气盖世，时不利兮骓不逝，骓不逝兮可奈何，虞兮虞兮奈若何。"并和自己最宠爱的妃子虞姬一起唱和，两人边唱边掉眼泪，周围的士兵也跟着哭泣。唱完后，虞姬拔剑为项羽舞蹈，之后自刎于项羽面前。项羽英雄末路，带了800余名骑兵突围，最后至乌江边时只剩下28人，因感到无颜见江东父老，最后，项羽谢绝乌江亭长接其过河的好意，自刎乌江，刘邦称王天下。

乘龙快婿

公元前 256 年，在楚国泗水郡一个刘姓夫妇家中，诞生了他们的第四个孩子，这是一个男孩儿，在这之前，家中已有两儿一女，夫妇俩生完这个孩子后，感觉不会再生了，就将孩子取名为季，人称刘季。35 年后，这个叫刘季的人成了泗水郡的泗水亭长，职务相当于现在的乡长，不过那时秦朝刚刚统一六国，战乱夺走了不少人的生命，因此刘季管辖区内的人口比现在乡镇人口要少许多。

30 来岁的泗水亭长刘季，也就是后来的汉高祖刘邦，此时在泗水郡生活得逍遥自在，作为一个比九品芝麻官还小的官，他平日倒也不用忙活，没事儿就戴着自编的竹帽，在街上游来荡去，和乡邻扯扯淡，被县令安排去催催税，到了30 来岁还没成家。

有一次，县令家来了位贵客，刘邦跟着凑钱喝酒，他是浪荡子的性格，因此不仅没凑份子钱，还大声吆喝"贺钱万"，换做别人，肯定要将这个吃霸王餐的人打出门去，没想到，贵客吕公出来见了刘邦，不仅将其让于上座，还要将女儿嫁给他。有了一位家境不错通情达理的丈人，还结束了光棍生活，刘邦这一年可谓是喜上加喜。婚后，妻子吕雉为他生下一双儿女，家中事务全由吕雉打点。刘邦的日子该是越过越美，没想到乐极生悲，突然，一件苦差事派到了刘邦身上。秦末时期，统治者征集平民去修筑军事工程以及自己的奢华陵墓，刘邦作为亭长，自然有责任去替朝廷找寻劳动力。秦朝律法严厉，稍有不慎就会被定罪，加上这差使很严苛，要是劳动力不够，就得自己去顶数，或是进大牢。刘邦平日生性豪爽，街上来来去去都是熟识的人，哪好将人抓去修陵墓？摆明就是让人家去送死啊。眼看任务完成不了，自己也会人头不保，此时，陈胜、吴广起义，流亡在芒砀山正不知何去何从的刘邦，就这样在家乡响应起义，参与了推翻暴秦的行动。

从此以后，刘邦转战多处，妻子儿女和老父亲等都留在家乡，因被他连累吃尽苦头，还好，大家算是有盼头，这个被自己老丈人看面相嫁女儿的乘龙快婿成了响当当的汉王，年近半百的时候，还统一中国，建立汉朝，成为汉高祖。后世对刘邦的评价很高，他是汉朝的开国皇帝，是汉民族和汉文化伟大的开拓者之一，更是中国历史上杰出的政治家、军事家和指挥家。

刘邦在位12年，登基以后，他一面平定诸侯王的叛乱，巩固统一局面，一面建章立制并采用休养生息的宽松政策来治理天下，迅速恢复生产，发展经济，不仅给了老百姓宽松的生存环境，也促成了汉代雍容大度的文化基础。秦始皇统一六国，只是在军事上进行了统一，但是在民心上，还是涣散的，刘邦则是将四分五裂的中国真正统一起来，分崩离析的民心也得以凝聚起来。并且作为一介布衣，刘邦这个平民登上帝位，结束了"血统贵贱论"，激励了下层劳动人民积极奋斗不断走向成功。

不管是在战争期间，还是在国家稳定以后，刘邦在一系列政策的实施上，也值得后人学习和敬仰。他将南北方文化进行大融合，形成兼容并包的汉文化；消除分裂纷争状态、结束横征暴敛的历史，由统一到马下治理而达到天下大治，开创了良好的政治局面；实施休养生息政策，为百姓提供发展生产的空间；结束秦朝摧残文化打压言论的暴政；知人善任，用人不疑。这一系列政策的实施，使汉王朝得以延续400余年，汉成为整个中华民族的代称，汉朝也成为当时世界上最强大最发达的国家之一。

知识卡片24

季布与丁公

刘邦和项羽争夺天下的时候，项羽手下有两名大将。一名叫季布，他领兵几次将刘邦打败，另一名大将叫丁公，曾经在追击刘邦时，因刘邦说情，放了刘邦一马。刘邦做皇帝以后，嫉恨季布打败过自己，就要把他抓起来，但是因为季布为人仗义，以信守诺言、讲信用而著称。因此他在逃避刘邦追捕时四处流亡，被很多人搭救。后来，季布躲藏到一个朱姓人家做奴才，朱家向汝阴侯说明情况，并说季布是个有才能的人，若是高祖追逼太紧，季布逃到匈奴或是南越，高祖不就等于因记恨勇士而帮助了敌国吗，汝阴侯便奏明刘邦，为季布说情，刘邦于是赦免了季布，还让他做了

官职。丁公听说这件事后，心想季布与刘邦有仇，反而被赦免还做了官，自己曾经有恩于刘邦，刘邦自然不会亏待自己，于是前去拜见刘邦，没想到，刘邦捉住丁公，将他捆到军营中示众，还说作为项羽的部下，丁公不能尽忠，使项羽失去天下的就是丁公这种人。于是，斩了丁公，并让后代臣子不要效仿丁公。可怜楚汉之争时，若没有丁公的手下留情，刘邦自是不能成大业，可是，天下平定后，丁公的拜见却让自己丢了性命。

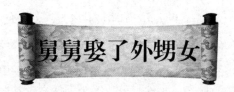

舅舅娶了外甥女

在刘邦之后，汉朝的第二任皇帝是汉惠帝刘盈，他是刘邦与吕雉的儿子，刘盈16岁就坐上王位，尽管这位置来得有些艰辛，但是在他母亲的帮助下，继承帝位总算是有惊无险，只不过，在宝座上坐了七年之后，刘盈就因惊惧落下病根，最终郁郁而死。

刘盈年幼时，只是一个普通的农家少年，他和母亲以及姐姐要经常去地里干活，这种苦对于刘盈来说，只是一个前奏。刘邦起兵反秦，连累家人，刘盈和母亲以及家人开始颠沛流离的逃亡生涯，在母亲和爷爷被楚军抓走时，他和姐姐侥幸逃脱，遇到父亲的车马，此刻的刘盈，肯定有种绝处逢生的感觉，但好不容易得到的安全感却在父亲的举动中消失殆尽，为了让自己更快逃命，刘邦一次次将两个亲生儿女推下车去，只为了不让他们拖累自己。父亲的冷漠让年少的刘盈产生的，肯定不是血脉亲情，不是许久未见的浓浓的思念，而是不解、不信以及不爱。当时兵荒马乱，若不是夏侯婴一次次将他们抱上车，刘盈的小命早就休矣。

这番惊险之后，刘盈与姐姐被送到关中，开始过了一段时间的安定生活。等到刘邦消灭项羽的势力，取得楚汉之争的胜利，刘盈作为刘邦与正妻吕雉的嫡长子，终于被立为太子，童年的苦算是有了回报，九岁的刘盈成了未来的君主。然而，这种安定也没能持续太久，刘盈性格内向，显得很文静，外表也不算英武。刘邦觉得这个儿子不像自己，所以不太喜欢。其实说白了，老年的刘邦爱屋及乌，因宠爱戚夫人，就有废长立幼的打算。

吕雉已经失宠多年，在情感上早对刘邦没了期待，只是希望在政治上，不要损害自己的利益，她关心的事就是，刘盈的太子之位能否稳固。戚夫人专宠多年，为刘邦生下爱子如意，刘邦喜爱如意，并认为幼子与自己很像，这让恃宠而骄的戚夫人产生了别的念头，为什么自己的孩子就只能去封地做王侯呢，既然皇帝父亲钟爱，不如就趁此换了爱子做太子呀。刘邦自然没意见，但是在朝堂上，却被大臣们反对，一来是因为祖宗规矩，二来是因为皇后吕雉的努力。吕雉不是一般人，丈夫已经让出去了，自己的权势可不能再拱手让人，若是自己不坚持，失去的可不是荣华富贵，而是儿子的天下，所以，她绝不会向戚夫人让步。

吕雉向张良询问计策，帮助儿子稳固太子之位，刘盈的太子宝座在高处不胜寒的地方摇曳了许久，终于还是稳稳地矗立在原地。这次是吕雉大获全胜，但刘盈没有什么成就感，关系到自己的帝王之位，刘盈却不需自己出面，只要母亲在，事情就能办妥。有个强势的母亲，是件好事，因为即便自己软弱，也不用担心被人欺负，但同时，也是件很不好的事，凡事没了做主的机会，一切都是母亲说了算。

在刘盈短暂的23年生命中，吕雉为其做了多少决定我们不得而知，但是，在历史记载的几件大事上，能清楚地看到，刘盈被专制的母亲控制了一生。

最让刘盈接受不了的，来自于吕雉的安排，就是娶亲。刘盈做太子时，因为年幼没有册立太子妃，16岁登基做了皇帝，吕雉便为其决定了皇后人选，这个人让刘盈倍感尴尬和羞耻，她是鲁元公主的女儿，也正是刘盈的亲外甥女张嫣。尽管那时亲上加亲不是什么了不得的事，但是换做一个普通人，也接受不了这样的安排，何况是皇帝。鲁元公主长惠帝七岁，自幼代母照顾其弟，逃亡时两人相依为命，如今弟弟却要成为姐姐的女婿，想来关系也很别扭。吕雉的安排在她看来很是合理，却因此害惨了儿子与外孙女。刘盈生来就是个文人的坯子，对这种关系自然很排斥，张嫣为后时还是个十来岁的小女孩，也不懂这些男女情感，舅甥俩就在汉宫中这样相敬如宾，一直到惠帝病死，而张嫣自十来岁入宫，到文帝登基将其从幽暗的宫室中放出，最后在未央宫后一处极为僻静的院落中死去，30多年，就因为外祖母的巩固皇权，成了最无辜的牺牲品。

情感上被母亲控制的刘盈，对政治似乎也没有多少兴趣，他的善良让他继续坐在皇帝的宝座上，不是为了拥有权势，而是为了保护亲人。戚夫人在刘邦死后，自知吕雉不会放过自己，惊恐无比，在刘邦过世前，已经将爱子如意送到了封地做赵王，但是此刻的如意，没了刘邦的保护，还能生存多久呢？戚夫人在宫中受尽吕雉虐待，尽管贵为夫人，却被吕雉安排做奴仆的事情，戚夫人悲苦无比，整日唱着悲伤的歌。终于有一天，吕雉将赵王如意召进宫中，刘盈得知后，将弟弟带进自己寝宫，同吃同睡，让母亲的阴谋无法得逞，但是，善良在狠毒面前，显得苍白无力。吕雉趁刘盈外出之机，毒死年仅15岁的如意，离去不过片刻的刘盈，回到宫中却见到弟弟七窍流血早已气绝，这件事对刘盈打击不小，他因此大病一场。让刘盈害怕的不仅是生命的逝去，还有母亲的残忍。

不久，吕雉对情敌戚夫人进行了最后的制裁，没了儿子的戚夫人，被吕雉用残忍的刑罚处置。双手双脚被砍掉，眼珠子被挖出来，又被强迫灌了哑药，然后丢进厕所。为了显示出自己的能耐，吕雉将儿子刘盈叫来观看自己一手制造的"艺术品"，以此来教育儿子，对敌人不能心慈手软，但是善良的刘盈一见到就惊恐倒地，又得知厕所中的怪物是曾经漂亮的戚夫人，他惊惧地悲泣，说自己奈何不了太后，已经没有能力做皇帝了，不久，刘盈病重，23岁时忧愤死去。

其实，汉惠帝算是一个有作为的皇帝，在惠帝时期，经济、文化都得到了较好的发展。经济上继续推行与民休息政策，平定内乱时期增加的赋税也被取消；鼓励农民耕种，有成绩的还免除徭役，促进了生产发展；为了促使人口增加，还督促民间女子及早出嫁；对原先限制商人的政策，惠帝大大放松，促进商业发展。在文化方面，惠帝将"挟书律"废除，使得长期受到压抑的儒家思想和其他思想都开始活跃。惠帝在很短的皇帝生涯中，还对长安城进行了全面整修。如果没有吕雉，汉惠帝或许能平静地做着他的帝王，继承父亲的霸业，成为与文帝景帝一样有作为的汉朝皇帝，可惜，因为母亲的专制，他得到一切，又失去一切，正可谓：成也吕后，亡也吕后。

 **知识卡片25**

鸿鹄歌

鸿鹄高飞，一举千里。羽翮已就，横绝四海。

横绝四海，又可奈何？虽有缯缴，尚安所施？

这首歌是汉高祖刘邦所做。刘邦晚年时宠爱戚夫人，想立戚夫人生的儿子如意为太子。但是吕后向张良讨得计策，请商山四皓出马，辅佐太子刘盈。刘邦只得作罢。到了汉高祖十二年，刘邦病重，临死前又想改立太子，以便保证在自己死后，戚夫人与如意不被吕雉毒害。但是，在一次宴会中，太子请来商山四皓相随，陪同太子左右。刘邦见太子有四皓辅佐，知道太子羽翼已经丰满，若这时再重立太子，只怕会引发内乱，无奈，只得打消念头。后来，刘邦召来戚夫人，将此事告诉她，并说：我本来打算改立太子，但是他有商山四皓辅佐，羽翼丰满，势难更动了。说罢，长叹一声，戚夫人凄楚不已，刘邦也很难过，借着酒意，他让戚夫人跳起楚国舞蹈，自己则高歌唱和，所唱内容就是这首鸿鹄歌。

其实，刘邦所叹息的羽翼丰满，不仅仅指太子，更是表明对吕氏势力日益壮大的担忧。太子刘盈死后，吕后辅佐幼帝专权，刘氏皇族多数被诛杀，而吕后死去不久，刘氏就对吕氏一门进行了反扑，一系列的争权夺势，让两族都损失惨重。

麻雀变凤凰

在汉朝历史上，有许多平民家的女子成为一人之下万人之上的皇后，除去在高祖争天下时与之共患难的结发妻子、中国历史上第一位皇后吕雉不谈，汉朝初期，还有一位民间女子登上后位，她就是文帝皇后窦氏。

汉文帝皇后姓窦，名漪房，清河郡人。吕后专政时被选入后宫，后来，吕后从后宫中挑选宫女送给各个诸侯王，每人五名。当时，窦漪房家离赵国近，就花钱买通分派宫女的宦官，让他将自己分到赵国，谁知，宦官忘了此事，将窦漪房分到代国，代王刘恒很喜欢她，与她生了一个女儿，两个儿子。

代王原来有位王后，生了四个儿子，但是在代王成为汉文帝前后，王后和四个孩子相继病死，当文帝即位后，于公元前180年封窦漪房为皇后，长子刘启为太子。

窦皇后年幼时父母双亡，有两个弟弟，因家贫，后姐弟失散，直到窦漪房做了皇后，才找到弟弟并将他们安置在京师居住，请有德行的长者教导两人，后来，窦皇后的两个弟弟都成了谦谦君子，从来不以地位显贵而盛气凌人。

公元前157年，汉文帝驾崩，景帝即位。窦皇后被尊为太后，此时的窦太后因为生病，已经失明。她很宠爱自己的幼子刘武，给了他很多赏赐，还恨不得让刘武坐上皇帝的宝座。起初，景帝对自己的弟弟也很照顾，两人感情颇深，在一次家宴中，景帝甚至夸下海口，要将江山托付给刘武。刘武与窦太后听到景帝的话都很高兴，不久，太后提出让景帝立梁王刘武为嗣。其实，景帝当时所说并非真心，只是说说而已，但是母亲与弟弟已经当真，若不立弟弟为嗣又会违背母亲意愿，就在景帝左右为难时，大臣以古制、祖训为由，加以阻止立梁王为嗣，景帝趁机立了长子刘荣为太子，窦太后希望落空。一年之后，刘荣含冤被废黜，窦太后再次提起立嗣之事，大臣袁盎又上书说此事不妥，景帝再次立了胶东王刘彻为太子，窦太后的希望再次破灭，梁王刘武得知自己未能被立为储君是因袁盎等人阻挠，派刺客杀了袁盎等数十个大臣，景帝得知后大怒，命人严查，一定要找出凶手。事情败露后，刺客自杀，窦太后出面干预，刘武才没有被责罚，但是，从此，景帝心中已经容不下弟弟刘武。

公元前144年，刘武病死，夺位的事情终究还是没有发生，但是窦太后因此怨恨儿子，认为是景帝杀死了弟弟，景帝不知如何是好，后来还是姐姐馆陶长公主给他出主意，让他将刘武的封地一分为五，刘武的五个儿子全都封王。窦太后这才转悲为喜。

年幼即入宫的窦太后，因家贫并未熟读诗书，她进宫后，得到文帝之母薄太后的喜爱，亲自教导她写字，这使得窦太后渐渐成为一个有主见，有政治谋略的女性。

当文帝还是代王时，作为代王后的窦漪房，与丈夫同节俭，减轻百姓的负担。太后喜欢黄老之术，主张无为而治，宽政待民。其实，窦太后这一时期的主张，对当时的汉朝发展是有利的。汉朝虽然实行了休养生息的政策，但是因为之前数百年的战争造成生灵涂炭，如今汉朝统一中国后，才安定数十年，百姓的生活刚刚稳定，国力并不强盛，应该继续给百姓宽松的生产环境，政治上也尽量以无为为治。武帝时，有匈奴进犯，大臣主张开战，但是窦太后没有同意，她认为此时开战，不仅不会取得胜利，还会将文景以来积累下来的成果毁于一旦。有大臣不解，认为此时国民经济大增，包括汉武帝本人，也要求开战，但是窦太后详细分析，虽然经济发展，但是根基尚浅，容易被大规模战争动摇，当时汉朝军队为了发展生产的需要，训练等也多有懈怠，匈奴实力很强，战斗力强悍，再加上出击匈奴需要大量骑兵，当时汉朝的养马业并不发达，战斗力和耐力都比不上匈奴的马匹，最重要的是，当时汉朝与西域地区并无多少联系，一旦出击必定孤军深入，诸多因素综合，大汉可说无多少胜算，大家由此心悦诚服。

在窦太后的影响下，汉朝继续实行"与民休息"、"无为而治"的精神，把汉王朝推上了强盛的高峰。公元前135年，太皇太后窦氏在未央宫薨，时年约71岁，与汉文帝合葬霸陵。

知识卡片26

窦太后认亲

窦太后年幼时，父母双亡，因家境贫困，小弟窦少君被人贩卖到外地，与亲人失去联系，后来又被辗转贩卖了十几次，最后到了宜阳，替人家进山挖石炭。一天黄昏，山崖边有100多工人在睡觉，山崖突然崩塌，睡在崖边的人都被压死了，只有窦少君活了下来。不久，他的主人逃难去长安，将窦少君一起带去，恰好此时窦氏被封为皇后，籍贯也是在清河郡观津，窦皇后派人寻找亲人，窦少君就把自己记得的事情记下来，托人转交给窦皇后。窦皇后与窦少君相见，因为时隔多年，记不清弟弟的长相，便问窦少君年幼时的事情。窦少君回忆说，与姐姐分别时，姐姐为我讨来米汤洗头，临走又给我喂了饭。窦皇后听后泣不成声，确定窦少君就是自己年幼失散的幼弟。当时在场的人，包括文帝都因为姐弟俩的事伤感得掉下眼泪。后来长弟窦长君也被找到，窦皇后将兄弟二人安排在京师居住，原本是要对兄弟俩加官晋爵，但是大臣灌婴等人反对，认为此举会像前朝吕氏一样，为国家招来祸患，再者，窦氏兄弟出身贫苦，没有知识才能。窦皇后便为弟弟们请来有德行的长者同住，对他们进行教育。后来，两人都成了谦谦君子，从来不因为自己显贵的地位而盛气凌人。

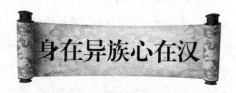

身在异族心在汉

　　汉朝年轻的将领李陵，是飞将军李广的孙子。作为国之栋梁的后代，李陵继承了先祖的英勇与斗志，如果没有之后出征匈奴的战役，历史上的李陵或许能成为汉武帝时期和爷爷一样功勋卓著的重臣。

　　李陵人生的转折来自于一场讨伐匈奴的战争。当时，汉武帝派自己的宠妃李夫人的哥哥李广利领兵讨伐匈奴，李陵则作为别将随从李广利为其押运辎重。李陵带着步兵5000人孤军深入浚稽山，与单于大军遭遇。匈奴以八万骑兵围攻李陵。经过八个昼夜的战斗，李陵斩杀了一万多匈奴，但由于未得到主力部队的后援，结果弹尽粮绝，不幸被俘。

　　李陵兵败的消息传到长安后，武帝本来希望他能为国尽忠，战死沙场，但是后来听说李陵向匈奴投降，十分愤怒。朝堂上的文武百官不问事实真相，纷纷指责李陵的罪过。太史令司马迁为李陵辩护，认为他平时孝顺父母，对朋友也讲信义，对大家谦让有理，常常不顾自身安危为国家效力。这样的人绝不会做出对不起国家的事，即便现在投诚，也是为了能保住性命以便将来能回到汉朝，继续为国家效力。司马迁的意思很清楚，就是希望武帝不要相信那些趋炎附势的大臣的话，以免冤枉一位忠臣，李陵绝不可能背叛国家，目前臣服匈奴只是权宜之计。同时，司马迁的话也表现出对李广利的不满，李陵以五千敌八万，杀了一万多匈奴，相较于自古以来的勇将，已经算是很优秀的了，若不是援军不至，怎会身陷囹圄呢。

　　司马迁的直言触怒了武帝，刘彻此刻无法将李陵治罪，就将为之辩护的司马迁投入大牢中。其实，单单将李陵投降的原因尽归于他贪生怕死，似乎不太近人情。作为从小牢记"虽忠不烈，视死如归"之道理的名将的后代，既然能以五千步兵抵挡匈奴八万大军，又怎么会将生死与否当成严重的问题呢。李陵在匈奴生活几十年后，见到被匈奴扣押十九载的苏武，他说，我并不是贪生怕死的人，但如果我死了，就再没有报效国家的机会。留着一条命，是为了等待机会报效皇帝。

李陵并不是个莽夫，他不想糊里糊涂战死，这样做不仅愧对国家，也愧对祖先和与自己同生死的将士。或许他被俘的那天就开始想着计策，但是这是李陵的想法，远在长安的汉武帝，为李陵的苟且偷生愤怒，但是他还是保持了理智，天汉四年，武帝北征，遣公孙敖迎李陵。武帝认为这是自己给李陵一个解释的绝好机会，却没想到公孙敖无功而返，不仅如此，还带来一个惊人的消息，李陵替匈奴人练兵攻打汉朝。武帝大怒，灭李陵三族，又将大牢中的司马迁处以宫刑。因为公孙敖的信息，李陵再也回不去故里。

汉朝灭李陵三族，致使李陵与汉朝彻底断绝关系，他的一生充满着国仇家恨的矛盾。本想伺机回汉，却被人误传自己替匈奴练兵，进而灭族。对于此事，李陵也是愤恨不已，其实，为匈奴练兵的是投靠匈奴的李绪，李陵痛恨李绪，连累自己家人被诛杀，不久，派人刺杀李绪以泄心头之恨。然而，即便杀了李绪又能怎样，三族皆亡，武帝对自己不信任，被国家抛弃，被国人唾骂，李陵最终选择接受匈奴单于的安排，娶了匈奴的女儿，不过没有带兵对抗汉朝，而是住到了偏远的地方，采取了基本不合作的态度。

武帝死后，辅政大臣霍光等都是李陵的旧时好友，派人前去接回李陵，但是被李陵拒绝，他说归去容易，但是大丈夫不能再受辱，最后终死匈奴。

知识卡片 27

汉武帝讨伐匈奴

公元前 133 年，武帝听取大臣意见，一改从前对匈奴和亲的政策，设计攻打匈奴，但是计谋失败，汉朝与匈奴断绝和亲，从此开始了激烈的对抗。对匈奴的战争中，涌现出了卫青、霍去病、李广等名将，同时，由卫青和霍去病率领的三击匈奴的战役，也让汉朝取得了完全的胜利。在中国历史上，边患尤其是北方边患成为国家政权的头号难题，部分中原政权如北宋、南宋、明都为北方外族如西夏、辽、金、蒙古和清朝所毁。历史上，汉民族主动出击北方边患的次数并不多，大多数都是被动防御，汉武帝讨

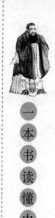

伐匈奴的胜利，为汉王朝的北部边境赢得了数百年的安定。但大规模的战争也消耗了文景时代休养生息积攒下的财富，战争也使大批青壮劳动力脱离生产，从这一方面来说，加剧了社会矛盾，不利于社会稳定。

被迫造反的太子

　　汉武帝的太子刘据，是一个戏剧性的人物。他的前半生，受尽荣宠，7岁就被封为太子，母亲贵为皇后，但是后半生，随着年龄的增长，许多不稳定因素出现，他继承帝位遥遥无期，连太子之位也受到威胁。刘据感觉到压力，思量着如何解决现有矛盾，但是，还没等他弄清来龙去脉，就因为老父亲的多疑、猜忌，使得一家老小除了刚出生的孙子都丢了性命，这是刘据做梦都没有想到的。

　　45岁的刘据，已经做了爷爷，可是自己的父亲，汉武帝刘彻，依旧以72岁高龄，稳稳当当坐在皇帝宝座上，丝毫没有让贤的意思。刘据是个孝顺孩子，个性与母亲卫子夫有些相似，温顺、隐忍，在他刚出生的时候，父亲刘彻是极疼爱他的，年近29岁的刘彻，没有一个儿子，卫子夫享尽荣宠，却一连生下三个女儿。就在刘彻29岁那年，卫子夫再次怀孕，不久，生下了长子刘据，这让武帝欣喜不已。

　　刘据出生时的历史背景，与他后来有些相呼应的味道。他出生在母亲卫子夫的黄金岁月，但是，此时的卫子夫，还不是刘彻的皇后，在皇宫内的某个宫殿中，还有一位不得宠的皇后陈阿娇。长子的诞生让卫子夫在刘彻心中的地位更加稳固，这一年，刘彻追究皇后陈阿娇行巫蛊的罪行，将楚服等女巫300余人斩杀，废陈阿娇于长门宫，立卫子夫为皇后。可以说，是刘据的出生，为母亲快速取得了后位，也可以说，是刘据的出生，让刘彻找到了废后重立的理由。这场宫廷政变，阴谋杀戮，似乎也预兆了太子刘据的人生，他将要面对的是无数的腥风血雨，还有身处帝王家的悲哀。

刘据的出生带来了普天同庆，他的母亲卫子夫被册立为皇后，继前朝窦太后之后又一次完成灰姑娘变公主的华丽转身。他的舅舅卫青带兵出击匈奴，直捣匈奴的祭天之地龙城。从这个时候开始，卫家开始飞黄腾达，天下甚至流传起这样一句话："生男无喜，生女无怒，独不见卫子夫霸天下。"可以说，卫家的发迹最主要的原因还是在于卫子夫生下了太子刘据。刘据7岁时，毫无悬念地成为皇太子，武帝对这个儿子很宠爱，让东方朔等名臣辅佐刘据，待太子加冠后，又为其建立博望苑，让太子在此和宾客往来。

　　刘据是个幸运的太子，至少在当时是这样的，因为他生对了时间，是武帝近而立之年才盼到的孩子。但是随着武帝年龄的增加，武帝的性情也越来越喜怒无常，猜忌、多疑，父亲与儿子之间还因为政见不合产生矛盾。刘据性格"仁恕温谨"，武帝认为其性格与自己不相似，随着皇后卫子夫年长色衰，武帝对皇后和太子的关爱渐渐减少，太子刘据甚觉不安。在许多政治问题上，太子主张用怀柔之策缓和关系，但是武帝则认为应该以武力征服，两人因为沟通甚少，关系变得更加紧张。

　　待人宽厚的太子刘据，很得百姓的喜欢，但是他的作为让一些主张严刑峻法的官员不满。公元前106年，长平侯卫青病逝，卫子夫和儿子刘据失去了最有力的后援。宫中小人乘虚而入，污蔑太子。但太子并不以为然，他认为只要自己不做错事，以父亲的贤明一定能明察秋毫，自己无需惧怕恶人谗言。太子的纯善没有为他带来好运，武帝晚年愈发残酷多疑，最终酿成父子相残的惨祸。

　　武帝晚年时，大臣江充受武帝重用，他与太子及卫氏一门素来不和，公元前91年，武帝病重，江充害怕武帝死后，太子会诛杀自己，便想到利用"巫蛊之术"来制造阴谋，丞相公孙贺的儿子公孙敬声、阳石公主、诸邑公主、卫青之子卫伉皆被诛杀。听信小人谗言的武帝命江充治巫蛊，长安城里数万人死于非命。江充在皇后和太子宫中，都声称发现了用于巫蛊的人偶，栽赃太子以巫蛊诅咒父亲武帝。太子很信任父亲，本来打算亲自前去向武帝解释清楚，但是见到江充来势汹汹，他就召见少傅石德询问，石德认为武帝可能已不在人世，江充是要仿照赵高冤杀太子扶苏的事，杀掉刘据。情急之下，刘据只得同意越权行事，派人假冒使者收捕江充，搜查全城涉嫌巫蛊之人，并向百官宣布江充谋反，太子随即杀死江充，处死上林苑中的巫蛊术士。

　　但是百密一疏，让另一佞臣苏文逃脱，苏文立刻向武帝控诉太子起兵谋反，武帝开始并不相信，派使者去召太子，但是使者不敢去，便回报武帝说太子已经谋反，还要杀使者，幸亏自己逃了回来。父子两人因为使者的贪生怕死，失去了最后的沟通机会，上当的武帝令丞相率兵平乱，太子与丞相军激战五日，死者数万人，最终，太子兵败，离开长安。年迈的皇后卫子夫自杀，太子宾客也有很多人被捕后杀害。后来，有大臣向武帝进言，希望武帝能平心静气，不要再苛责亲人。武帝渐有悔意，但仍旧没有赦免太子。不久，太子在湖县一人家避难，去寻找此地一位故人时被发现行踪，官吏围捕太子，太子刘据因拒被捕而自杀。

一年后，武帝对巫蛊之事有所察觉，知道自己冤枉了太子，他痛惜太子无辜，在刘据丧生的湖县修建思子宫来寄托哀思。太子案刺激了晚年的汉武帝，他颁布轮台诏，对自己过去几十年的作为进行自我反思，但是，无论武帝再怎么后悔，太子刘据也无法生还。

就因为多疑、猜忌，原本亲厚的父子两人被小人乘虚而入，酿成人间悲剧，这是太子刘据的不幸，也是汉武大帝的悲哀。

知识卡片28

戾太子刘据墓

汉朝武帝戾太子刘据的墓在今天河南省灵宝县西50公里的董村南约2公里处。最南面的墓冢东西长约150米，南北宽约50米，占地面积10余亩，是太子刘据的墓冢，与之西北相接处有两个皇孙冢，是刘据的儿子的坟墓。三个墓冢呈由南向北递减之势。西汉帝陵中最高的墓冢就是武帝的茂陵，高46.5米，但是刘据墓的高度超过西汉所有帝陵，可以想见武帝和宣帝对至亲的追念之情。太子墓北约1.5公里处，有一尊一米多高的石碑，刻着"汉台风雨"四个大字。西北2.5公里处，原来有"归来望思台"和"思子宫"，历朝历代刘姓子孙祭拜不断，现在游客也是络绎不绝。戾太子墓现在属国家级文物重点保护景观。

大司马不安好心

公元前22年，在太后王政君的族人中，有个谦恭俭让、温文尔雅的侄子，被叔父王凤推荐，做了黄门郎，开始踏上政治舞台。这个人，就是中国历史上第一个通过篡位当上皇帝的新朝建立者，王莽。

王莽的成功在于他的深藏不露，在于叔父的推荐和姑母王政君的维护，更在于汉成帝的昏庸无能。在中国历史上，作为昏君，汉成帝是"赫赫有名"的，他自己昏庸无能，又"湛于酒色"，这个政治废物靠母舅来支撑家业，因此王氏外戚的势力得以迅速膨胀。

在执掌朝政大权的外戚中，一开始是没有王莽的身影的，当时辅佐成帝的是他的伯父王凤，也就是太后王政君的哥哥。王政君从太子妃变成皇后，继而又坐上太后的位置，她自己并没有什么政治才能，这一点比不上汉高祖时期的吕后，但是，她能向吕后学习到的，就是大肆加封王氏外戚，让她的哥哥侄子都来朝廷为官。

王政君的加封让家族人都得到了好处，除了她的一个侄子王莽。王莽年少时，父亲和哥哥都病死了，只剩他和母亲相依为命。王家开始飞黄腾达时，他们母子被冷落，过着清寒的生活。王莽是个聪明的人，他与那些飞扬跋扈的堂兄弟们完全不同，对内孝敬母亲，尊重嫂子，照顾侄子，对外则只结交谦恭有礼的君子儒生，他还拜当时有名的学者陈参为师，孜孜不倦地攻读经书，对执掌大权的叔伯们，也是小心翼翼，恭谨孝顺。王莽所表现出来的年轻儒者的风范，不仅得到人们的广泛赞誉，还让两个叔伯对他青睐有加。

公元前22年，时任大司马的伯父王凤病倒，王莽在其床前尽心照顾，几个月如一日，最后累得蓬头垢面，疲惫不堪。王凤很感动，甚至觉得这个侄子比自己的儿子还要贴心，他在临死前拜托皇太后和外甥汉成帝，让他们关照王莽。王凤的遗言让王莽得到了第一个职务——黄门郎，这也是他走向至高权力的第一

步。王凤死后，王莽的叔叔王商继任大司马，他也觉得这个侄子不同凡响，便向成帝请求将自己的封地分一部分给侄子，其实就是变相地要求皇帝给王莽封侯。朝中大臣们知道王莽的贤能，也向皇帝称赞王莽，此时的王莽不再默默无闻，他立刻声名鹊起，引起了成帝的极大关注。

公元前16年，汉成帝下诏封王莽为新都侯，后又提升为骑都尉、光禄大夫、侍中。王莽身兼数职，进入了朝廷政权的核心，年仅30岁的王莽，短时间内便成为很有权力地位的重臣，甚至跃居几个叔叔之上。身居高位的王莽，从不以自己为尊，他礼贤下士、清廉俭朴，把自己的俸禄分给门客和平民，还卖掉车马接济穷人，在民间深受爱戴，大臣们也在朝堂上称赞歌颂他。此时的王莽，俨然一个谦谦君子，但就是这样一个大贤人，却在与自己的表兄争夺权势时，用上了计策。当时，大司马王根准备退休，王莽的表兄淳于长因为深受成帝信任，成为王莽最大的竞争对手，人们都认为发迹在先的淳于长，肯定能继任大司马，王莽暗中搜集淳于长的罪行，向王根告密，并说出淳于长与废后许氏私通一事，王根将此事报告太后，太后命成帝罢免了淳于长，查清罪行后，在监狱中将淳于长杀死。王莽众望所归，成为新任大司马。38岁的王莽执政后，生活更加俭约，他招聘贤良，克己不倦，成帝去世后，其弟哀帝继位，哀帝的祖母傅太后得势，王莽卸职隐居，安分谨慎。在王莽隐居期间，许多官吏和平民都为其鸣不平，要求他复出，大司马做到这份儿上还是很成功的，如果没有之后的事件，此时的王莽或许能名垂青史，成为一代贤臣，但实际上，王莽想要的，不仅仅是大司马的位置。公元前1年，汉哀帝去世，没有留下子嗣，太后王政君听说皇帝驾崩，立刻收回传国玉玺，王氏重新掌权，王莽再次担任大司马。

9岁的汉平帝继位后，王莽代理政务，得到朝野的拥戴，此后，王莽的野心渐渐暴露。他逼迫王政君赶走自己的叔父王立，提拔依附顺从于他的人，从前反对王氏外戚专权的大臣都被罢黜。公元1年，王莽与其亲信升任"四辅"之位，独揽大权。为了获取民心，对平民士人推行恩惠政策，同时，将平帝的外戚分封到外地，禁止他们回京师。公元3年，王莽的女儿成为平帝的皇后，王莽实际上已经掌握了朝政大权，年少的平帝成了傀儡。几年后，平帝病死（传说是被王莽毒杀），为了避免年长的新皇帝登基，王莽拥立年仅两岁的刘婴为帝，太后王政君命王莽暂代天子朝政，称"摄皇帝"。

王莽的势力过大，引起刘氏宗室不满，宗室起兵，讨伐王莽，王莽一边假装还政于幼帝，一面派兵镇压。障碍扫清后，公元 8 年，王莽逼迫王政君交出传国玉玺，接受刘婴禅让后称帝。改国号为"新"。至此，外戚王氏正式取代刘氏，建立了新的朝代，开了中国历史上通过篡位做皇帝的先河。

知识卡片 29

王莽杀外戚

王莽专权时，未免他姓外戚瓜分自己的权力，就将汉平帝的母亲和其族人封到中山国，不准他们回长安。王莽的长子王宇担心平帝日后怨恨报复，极力反对此事，决定用迷信的方法使王莽改变主意，他让妻舅吕宽将血洒在王莽的住宅大门前，以出现异象为由劝说王莽将权力交给卫氏。此事实行时被王莽发现，他一怒之下，将儿子逮捕入狱并毒杀，然后借机诬陷卫氏并诛杀卫氏一族。事件中被杀者数百人，事后，王莽为消除负面影响，令人将此事宣传为"大义灭亲，奉公忘私"的壮举，甚至写成赞颂文章分发各地，让官吏百姓都背诵这些文章，然后登记入官府档案，把文章当成《孝经》一样来教导世人。

年轻的皇太后

汉朝的王姓皇后中，命运最凄惨，最让人惋惜的只怕就是汉平帝皇后王氏了。其实，在汉朝诸多皇后中，她的身份地位最为显贵，父亲是大司马王莽，父亲的姑母又是历经三朝的太后王政君，可是这样尊贵的王氏女子，最终却在守寡近 20 年后，纵身跳入火海自焚而死。

王氏，魏郡元城人，王莽的女儿，汉平帝的皇后。汉平帝 9 岁即位，过了三年，大司马王莽奏请为皇上婚配。他抬出《五经》，认为皇帝应该娶天下十二女，

以广继嗣。皇帝到了适婚年龄，娶妻纳妾本就应该，但是在立后的问题上，王莽却玩起了花样。他的长女也在参选女子当中，有大臣为了讨好王莽，就建议将王氏立为皇后，王莽却要表现出大公无私，甚至认为应该避嫌，理由是"身亡德，子才下，不宜与众女并采。"就是说我王莽无德，女儿也无才能，应从名册中除名。王政君见此以为王莽态度诚恳，还真就将王莽的女儿以及王姓外戚之女都除了名。

此时，王莽的党羽就开始出马了，他们争相向王政君进言，认为王莽是贤德之人，皇后之位非其女莫属。民意如此，王政君只得同意立王莽的女儿为皇后，这样一来，王莽既得到了谦让之名，又不费吹灰之力当上了皇帝的岳父。不久，13岁的王氏被册立为皇后，成为12岁的汉平帝不得不接受的妻子。

相传两个少年夫妻，感情很不错，因为年龄相仿，而且王氏温顺贤淑，与其父完全不同，汉平帝遇事还与其商量，王氏也曾为了丈夫的安危请求父亲留情，但是，为了清除障碍，王莽顾不得女儿的幸福。为了阻止汉平帝母亲卫氏一族权力增强，王莽借故将卫氏灭族，只留下汉平帝母亲一人，汉平帝五年，也就是王氏入宫两年后，14岁的汉平帝在宫中暴死，王莽拥立汉宣帝玄孙刘婴为帝，15岁的王氏成为年轻的皇太后。从此，寡居的王氏开始了在宫中的孤独生活，她父亲此刻忙着自己的霸业，也无暇顾及女儿，这样又过了3年，王莽代汉建新，贬刘婴为定安公，18岁的王氏又成了定安公太后，但同时，她还拥有另一个身份，"黄皇室主"。

当了皇帝的王莽将女儿封为室主，也就是公主，并找了许多机会劝女儿改嫁，王氏不满父亲的作为，新朝建立后，她称病不上朝，王莽想替寡居的女儿重新找个丈夫，或许能缓和父女俩的关系。当时，李国将军孙健有个儿子叫孙豫，年轻有为，号称当朝第一美男子。王莽让孙豫随御医进宫，以替太后治病为由与太后见面，王莽想着女儿见了面，说不定能动心，却不想，王氏坚贞无比，拿着长鞭将孙豫赶了出去，王莽就此放弃让女儿改嫁的念头。

王氏就此待在深宫中，公元23年，新朝灭亡，起义军放火烧未央宫，王莽在乱军中被杀死，深宫中的太后王氏，被侍从拉着让其逃出宫去，但是王氏拒绝离开。"何面目以见汉家。"王氏说完这句话，就投入大火中，自焚而死，时年33岁。东汉时，追封王氏为"孝平皇后"，与平帝一起受后人供奉。

知识卡片30

王莽建新制

西汉末年，王莽篡位建立新朝后，对当时的政治、经济制度进行改革，史称"王莽改制"。在西汉后期，土地兼并、奴婢和流民问题等都已经成为严重的社会问题，阶级矛盾不断激化，针对土地和奴婢问题，王莽下令将全国的土地改称"王田"、奴婢改称"私属"，都不能买卖。同时，规定重新分配土地的办法，没有土地的可按标准分给土地，自己的土地数量超过标准的要分给族人和乡邻。尽管规定奴婢不能买卖，但是还是有很多贵族、富商等肆意买卖奴婢，王莽下令对买卖奴婢者进行拘禁制裁。在经济上，王莽屡次改变币制，铸造大钱、错刀等货币，名目繁多，换算比值又不合理，结果造成社会经济的混乱。王莽的改制不仅没能挽救西汉末年的社会危机，反而使矛盾进一步激化，最终导致赤眉绿林为主的农民大起义，新朝也随之灭亡。

娶妻当娶阴丽华

南阳新野人阴丽华，是春秋时著名齐相管仲的后代，在历史上以美貌著称，但让她真正闻名的，不是家族背景，不是花容月貌，而是光武帝刘秀的两句感慨："为官当做执金吾，娶妻当娶阴丽华。"

阴丽华出生在一个极为显赫的家族，阴氏在当时还是富甲一方的豪门大户，阴家占有大量的土地，车马和奴仆可以同分封的诸侯王相比。当时的刘秀，只是一个没落的贵族后代，此时的他若想娶阴丽华为妻，简直是白日做梦。刘秀将愿望埋在心里，没想到，有一天愿望实现，他真的娶到了自己心爱的人。

王莽篡位以后，推行了一系列措施，但因为准备不周，造成经济萧条，民生凋敝，加上荒旱发生，许多人纷纷起义反对新朝。刘秀从长安回到故乡，号召家乡子弟起义抗暴，称"春陵兵"。后来，刘秀和兄长领导的"春陵兵"与王匡、王常等人的部队合在一起，号称"绿林军"，以"反莽复汉"为号召，消灭王莽政权。在战斗中，刘秀的功劳最大。公元 23 年，绿林军推翻王莽的统治，进占长安。随同刘秀作战的阴氏兄弟，说服家人，将阴丽华嫁给了刘秀，刘秀终于得偿夙愿。

更始元年 9 月，刘秀与爱妻相处才三月即匆匆离别，受更始帝派遣西去洛阳。不久，刘秀前去收取河北之地，河北三王中实力最强的真定王刘扬拥兵十余万，为了让真定府的十万大军为自己所用，刘秀派遣部将去游说，双方达成共识，刘秀娶刘扬的外甥女郭圣通为妻，以联姻的方式促成两家联合。刘秀亲赴真定府，与刘扬等人大摆筵席，短短数月，刘秀就先后娶了两位妻子。第二位妻子郭圣通为夫君的大业带来了极大的帮助。公元 25 年，跨州据土，带甲百万的刘秀在众将拥戴下，在河北登基称帝，史称"东汉"。随同刘秀转战各地的郭圣通，不仅成为丈夫事业上的帮手，还在刘秀称帝当年为其生下长子刘疆，而此时的阴丽华，还在故乡等待着丈夫的消息。

建武元年，对刘秀来说是开基立业的一年，对他的妻子们来说，也是很不平静的一年，郭圣通生下长子刘疆，阴丽华在侍中傅俊的护送下来到洛阳，两个人的心情都不会好到哪里去。对郭圣通而言，阴丽华显然是她不愿意见的，而在家中等候两年多的阴丽华，夫妻重聚，见到丈夫有了另一个妻子，两人还有了骨肉，这又叫她情何以堪？刘秀称帝后，郭圣通和阴丽华的封号都是贵人，两人中，刘秀更偏袒爱护阴丽华，他曾以阴氏有"母仪之美"为由，立阴氏为皇后，但是阴丽华却坚决拒绝。其实，大臣们更希望刘秀立郭氏为后，东汉初年的功臣，大多是从河北追随刘秀而来，都只知道有个郭圣通，而不知阴丽华。郭圣通为刘秀平定河北立下大功，阴丽华在政治上是没有什么贡献的，她这两年一直在家中做着本分的家庭妇女，还有最重要的一点，郭圣通为刘秀生下了皇长子，阴丽华此时并无所出，若立阴丽华，实在是众心难服。建武二年，郭圣通被册封为皇后，刘疆被封为太子。刘秀做出这样的决定，有些无奈，因此，他一直对阴丽华心存愧疚。

据史料记载，建武前期，光武帝与郭皇后的关系还不错，郭皇后也先后为刘秀生下了五个儿子，但是到了建武九年，郭圣通失宠。建武十二年，东汉大军攻破成都，经过 12 年之久的统一战争，自新莽末年以来纷争战乱长达 20 年的中原王朝再次统一，刘秀的位置更加稳固。天下一统没有改变逐渐受冷落的郭皇后的怨恨，她多次在刘秀面前表达自己的不满，帝后关系越来越紧张。建武十七年，光武帝决定废皇后郭氏，立贵人阴丽华为后。大臣们并没有提出异议，郭圣通被废为中山王太后，虽然身心受到极大的打击，但是并没有遭受折磨，被废十一年后，郭后病逝，葬于邙山。

光武帝驾崩后，明帝刘庄即位，他是刘秀与阴丽华的长子，尽管阴丽华曾在宫中黯然地做了 16 年贵人，但是她天性善良，明帝在位时，也对阴氏、郭氏的族人一视同仁，这不能不说是郭氏的幸运。阴丽华在后位及太后位上共坐了 24 年，死后与光武帝合葬于原陵。东汉明帝君臣上其谥号为"光烈皇后"，她也是中国历史上第一个真正拥有谥号的皇后。

史载"阴后在位之时，端庄贤淑，不喜言笑，有母仪之美。皇后内持恭俭，外抑宗族，为一代贤后。"

知识卡片31

执金吾

在光武帝刘秀的豪情壮志中，执金吾是他的期望，吾在此时通"玉"字音。执金吾是秦汉时率兵保卫京城和宫城的官员，这个官职的名称原本是中尉，武帝太初元年改为执金吾，王莽时改为奋武，到东汉复称执金吾。西汉时期，执金吾担任京城内的巡查、禁暴、督奸等任务，和守卫于禁宫之内的卫尉相为表里。主管武器与典司刑狱，也是执金吾的一项职责，东汉时，执金吾的主要职务就是典司禁军和保卫京城、宫城安全。执金吾每月要绕宫巡查三次，以预防和制止宫外水火之灾和其他非常事故。光武帝刘秀去郡国巡视，就派执金吾留守京城，有时，皇帝出行，执金吾率领缇骑、步卒组成仪仗和警卫。汉朝时，也有执金吾被委派为将帅领兵远征。西汉昭帝时，执金吾马适建曾率军征讨羌人，东汉和帝时，执金吾任主帅的副职，随同前去讨伐匈奴。

消灭赤眉军

赤眉军首领樊崇，出身贫寒家庭，是个朴实、勇敢的农民，他好打抱不平，贫苦农民都喜欢他。樊崇的家乡莒州本来是个有古老传统的地方，但是受统治阶级的压迫也最残酷，特别是到了西汉末年，当地农民被压迫得无法生活下去，樊崇去给人家做雇工讨生活，后来，为了让自己不挨饿，樊崇伙同一起劳动的穷人和一些年轻力壮的农民，于公元18年在莒州起义。

樊崇领导的农民起义军，一开始只有100多人，活动在泰山、琅琊等地方，他们人数虽然不多，但是作战很勇敢，不断和官府作对，劫富济贫，民众很拥护这支队伍，起义军的威望大增，此时，在海曲起义的农民军领袖吕母死了，她手下的一万多人都来归附樊崇，樊崇的同乡也率领了几万起义军来投奔他。队伍的声势越来越大，屡次打败官府军队，这支农民军在同官军作战时，为了方便识别，用朱涂眉，因而号称"赤眉军"。

赤眉军的纪律很严明，作为贫苦农民出身的樊崇，见到老百姓流离失所，面黄肌瘦，很伤心，他下令起义军，所到之处打击贪官污吏，抢粮救灾。公元21年，王莽派大将景尚率领官兵来镇压樊崇的起义军，赤眉军和官军大战一年多，打了大胜仗，还杀死了景尚，王莽大怒，又派了太师和更始将军率十万大军来镇压，赤眉军作战勇敢，加之得到老百姓拥护，再次大败官军。经过这场大战，赤眉军更加壮大，发展成为十多万人的武装。

就在赤眉军一路高奏凯歌，向长安挺进时，河北的刘秀也正在崛起中，刘秀释放囚徒，废除王莽苛政恢复汉朝官制，地主武装纷纷前来归附。势力壮大的刘秀，在黄河以北站稳了脚跟。刘秀采取避实击虚的战略，对分散在冀州等地的农民起义军进行镇压。势力强大后，他又打败了力量较强的农民起义军队伍，用诱降手段收编零散的农民军，黄河以北的地盘都归刘秀所有。接着，刘秀又趁赤眉军西进之机，夺取原赤眉军的地盘。刘秀的势力越来越大，中原之地尽为其所占。公元 25 年，刘秀即位称帝，后来定都洛阳。

刘秀的成功很大的原因在于，当赤眉军攻入长安时，他没有同赤眉军发生大规模的正面冲突，而是发布诏书，将外逃的更始帝刘玄封为淮阳王，并保证刘玄的安全。这样一来，原本倾向于刘玄的地主豪强势力，纷纷向刘秀靠拢，这些势力在赤眉军进入长安后，为其制造了重重困难。他们对赤眉军采取不合作态度。在赤眉军进入长安的一段时间，刘秀率军扫平了河北地区的农民军，向河南、荆州地区推进，完成占领从河北地区经洛阳向南到河南、荆州地区以及豫西地区一线的重大战略部署。这样一来，刘秀的大军不仅堵住了赤眉军东归的道路，还形成了对长安的大半个包围圈。

赤眉军在长安城中并没有充分利用有利的优势，稳定秩序，而是论功行赏不休，纪律松弛，百万之众固守几经战乱的长安城，四个月后，便陷入了军粮严重匮乏的地步。赤眉军为了补给军粮物资，四处烧掠宫室，挖掘宗庙陵园，为了筹集粮草，他们选择放弃长安，引兵向西。在西北一带，遭到陇西豪强的阻击，战斗力大为削弱，又不得不返回长安，此时长安城里城郭皆空，白骨蔽野。公元26 年，只剩下 20 万人的赤眉军再次离开长安，向东转移。第二年，队伍行至渑池时，被刘秀部将冯异伏击，饥寒交迫的赤眉军措手不及，8 万人被俘虏，首领樊崇也在其中。

不久，刘秀将樊崇定为谋反罪，将其杀害，赤眉军政权瓦解。其实，作为一支农民武装，赤眉军进入长安是得到人民拥护的，但是几经战乱的长安城，在百姓手中已无多少物资可以提供，持有粮草的地主豪强势力拥护刘秀，对赤眉军进行破坏和抵抗。物资匮乏的赤眉大军，在这样的情况不得不为了粮草转战四处，最终兵力损失惨重，实力削弱，轰轰烈烈的农民起义以失败告终。

知识卡片32

东汉农具

东汉时期，生产工具的改进有显著的成就，出现了短辕一牛挽犁，它操作灵活，方便农民在小块的农田上耕作。东汉时的犁铧也开始大量使用全铁制，这种犁铧比以往 V 形犁铧起土更加省力，还可以深耕。在这一时

期，还有很多新型的铁制耕作农具出现，如铲除杂草用的曲柄锄，收割用的小型农具铁制钩镰等，操作起来都很方便。这些农具的产生极大地促进了农业生产，对生产力的发展产生了很大影响。

公主不和亲

在中国历史上，和亲是一种经常发生的现象，无论在哪个朝代，都有公主或者宗室女和亲的身影，但是唯有一个朝代，皇帝主张公主不和亲，汉室女子不用受分离之苦，不用去蛮荒之地，这就是东汉。

和亲的历史自古有之，据史书记载，周襄王时期，襄王娶狄女为王后，进而与戎狄一起举兵伐郑，这是历史上较早出现的和亲事件，此后汉唐明清，和亲之举颇多。这些和亲有的是被逼无奈，有的是出于自愿，有的成功了，如昭君出塞，有的失败了，如唐送公主去契丹和亲，反被杀害。和亲作为一种处理民族关系的重要手段和策略，常常被统治者利用。成功的和亲能暂时推迟战争爆发，能促进和亲双方在经济、文化等方面的交流，但是，并不是所有和亲都有积极意义，都能被肯定，至少对和亲的主角——那些不被宠爱的公主或是替代公主的宗室女而言，十几岁时便远离亲人，忍受孤独，还要接受异族风俗，这是很痛苦的。

汉朝和亲自高祖开始，西汉初期国力微弱，为了缓和与匈奴之间的关系，嫁宗室女给匈奴单于。景帝时期，王皇后的两个女儿都被送到了遥远的地方，去完成和亲使命。但是在之后的六七十年，汉朝为此付出了惨重的代价，匈奴贵族接受和亲而开始奢侈豪华的生活，助长了贪欲，西汉初期的和亲是汉朝向匈奴退让，借和亲得到暂时的安定，算不上成功。汉武帝时期，国力增强，武帝两次打败匈奴，从此"漠南无王庭"，公元前51年，呼韩邪单于附汉，向汉朝请求联姻，昭君出塞成为千古佳话，所以说，西汉末年的和亲政策，才算是成功的，双方经济、文化得到交流发展，因为社会稳定，人民得以休养生息。

光武帝时期，国力不足，一改汉武帝对匈奴的战略攻势，转为防御。数年的战乱，人民流离失所，东汉建立初期，需要大力发展生产，这也就要求统治者必须创造稳定的社会环境。当时匈奴分为南北两部分，南匈奴主动内附，光武帝与他们和亲，巩固关系。后来，北匈奴见此也要求和亲。光武帝与大臣们商量，难以决定。当时还是太子的明帝刘庄就说，南匈奴依附我们，和我们关系稳定，所以北匈奴才害怕，如果我们不攻击北匈奴、又和他们和亲，他们就不用担心我们会出战，这样做，南匈奴也会对我们有二心。光武帝因此决定不与北匈奴和亲。

刘庄即位后，开始一系列治国方略。当时，基本上消除了王莽时期周边少数民族侵扰的威胁，汉族和少数民族的友好关系得到恢复，明帝允许北匈奴与汉进行贸易，但这些并未消除北匈奴对汉的掠夺，原本归顺的南匈奴也开始动摇。明帝改变光武时期息兵养民的策略，重新对匈奴开战。和亲策略被强硬的军事策略取代，统治者改变策略，这一时期的汉室女子也就能松一口气，不必担心某天得哭哭啼啼离别父母，此生再不能回汉土。

总的来说，和亲是一定历史时代的产物，既不能全面肯定，也不能全面否定，它是随统治者的意志转变的，为统治阶级利益服务，中央政权与其他民族政权之间，以和亲的方式和平交往，客观上还是促进了各民族之间的经济文化交流，有利于民族融合。

知识卡片33

白马驮章经

相传公元67年，汉明帝刘庄晚上睡觉时做了个梦，梦见有光环绕的神仙从远处飞来，降落在御殿前。明帝很高兴，将梦告知给群臣，大臣中有个博学多才的太史傅毅，说明帝梦见的可能就是西方天竺的佛。于是，明帝派使者前去西域访求佛道。三年后，使者同两位印度僧人回到洛阳，带来了经书和佛像，并开始翻译一部分佛经，相传《四十二章经》就是其中之一。明帝命令在洛阳建造了中国第一座佛教寺院，安置德高望重的印度名僧，储藏他们带来的宝贵经像等物品，这个寺院就是今天的洛阳白马寺。据说当时驮经书佛像的是白马，由此得名，白马寺也是中国佛教的"祖庭"和发源地。

宦官、外戚谁厉害

西汉时期，自王政君为后开始，王氏一族逐渐强大，并在帝主年幼时，一度形成外戚专权的局面，这种情况发展到极致，就是后来的大司马王莽改朝建制，取代西汉建立新朝，成为皇帝。

东汉时期较之前朝又有了新的特点，皇帝吸取经验教训，阻止外戚专权，因没有可依附的人，就让随侍左右的宦官替自己做心腹，皇帝一旦掌权，就让宦官位居高官，这种方式对抵制外戚起到了一点作用，但宦官在皇帝与外戚斗争的夹缝中逐步增强了自己的势力，并最终把持朝政，皇帝依旧做傀儡。

东汉的宦官专权开始于汉和帝时期，其实，自和帝开始，东汉皇帝年幼即位，这也为外戚与宦官的势力发展创造了条件。和帝10岁即位，桓帝15岁即位，最小的殇帝即位刚满百日。每当小皇帝上台，因为年幼无知，国政往往操控在他们的母亲手里，太后年轻执政，若想当权又必须依赖于外戚，外戚专权的局面在皇帝年幼时形成。当皇帝长大成人后，自己想收回权力，亲自管理朝政，手握重权的外戚岂会将手中的权力说还就还呢，因此，皇帝与外戚之间的矛盾不可避免。皇帝从小生活在深宫里，除了母亲和朝夕相处的宦官们，他们没有可以信任依靠的人。要想夺回外戚手中的权力，向母亲搬救兵不太可能，所以只能依靠亲近的宦官。

宦官这一类人，在人们心目中的形象基本上是反面的，他们阿谀奉承，助纣为虐，一旦帮助皇帝取得大权，就会居功自傲，进而专权。汉桓帝时期，外戚梁氏被皇帝消灭，五个宦官在此事件中立了大功，被桓帝封为五侯，外戚的权力被夺回，但并未回到皇帝手中，朝政被五侯垄断。之后，五侯任人唯亲，亲属依仗其权势，为所欲为。桓帝渐渐也感到了威胁，不久因五侯其中一人犯法，桓帝夺其封地，其他几人也受牵连纷纷遭贬，五侯专权告一段落。

五侯事件似乎没有让皇帝吸取教训，五侯失势后，又有几个宦官成为手握大权者，他们与五侯如出一辙，其亲属及其党羽占据了从中央到地方的各级官职，大多数太学生及地方儒生的入仕之路被堵塞，朝廷日趋黑暗。

面对宦官专权，部分政治官员与宦官集团展开斗争。宦官亲属犯法的，官员们对其严惩不贷，宦官们自然不肯善罢甘休，他们诬告官员与太学生串通一气，诽谤朝廷。皇帝大怒，惩罚政治官员，牵连者达200多人，这就是东汉时期的第一次党锢事件。

公元167年，汉桓帝死后，汉灵帝即位。灵帝当时只有13岁，便由窦太后临朝，其父窦武和太傅陈蕃扶持幼帝。窦武与陈蕃都对宦官深恶痛绝，他们在窦太后的支持下，秘密铲除宦官，但是不久，被宦官们知悉，他们率军劫持汉灵帝和窦太后，假传圣旨，杀死窦武与陈蕃。朝堂成了宦官的天下，他们完全控制了东汉的朝政。

灵帝年少，重用宦官，成人后又只知享乐，宦官们投其所好，朝政混乱腐败。山东名士张俭上书弹劾，反被诬告其结党谋反。张俭外逃，在许多人的收留和帮助下成功出塞，宦官们借机捉拿张俭党人，受牵连者甚众，这就是东汉时期的第二次党锢之祸。

宦官把持下的东汉统治更加黑暗，朝臣上书指责宦官图谋不轨，昏庸的汉灵帝就不知道什么是不轨，皇帝吃喝玩乐，宦官参政，阅览朝臣奏章，把持着朝政，灵帝心甘情愿受制于宦官，与宦官一道盘剥百姓，朝廷日益腐败，最终导致东汉末年黄巾起义爆发。其实，皇帝无论是依靠宦官还是依靠外戚，最终的结果都是权力丧失，皇帝年幼时依靠外界尚有情可原，但成年后依旧不作为，只能是自取灭亡。

知识卡片34

宦官第一人

东汉是宦官最猖獗的时期，但是在秦朝时，就已经有一位"先祖"为后来的宦官专权写下伏笔。这位赵国贵族后裔叫赵高，是秦二世胡亥身边的内侍，他逢迎拍马，深得秦始皇的赏识。公元前210年，秦始皇病死于沙丘平台，原本是要传位给太子扶苏，但是赵高策划阴谋，巧言令色拉丞

相李斯下水，又瞒天过海，篡改秦始皇遗诏，逼死太子扶苏，将大将军蒙恬兄弟关进牢狱，成功帮助胡亥登上皇位。秦二世登基后，赵高又诛杀异己，腰斩了从前的同盟李斯，还指鹿为马，将秦朝政权实际掌握在自己手中，最后又发动政变，逼死秦二世胡亥。赵高的结果也不怎样，他杀死秦二世，立三世子婴为帝，最后却被子婴杀死，并灭了三族。

被挟持的天子

每个朝代在即将完结时，该时期天子的命运都会很凄凉，不是被囚禁，就是被诛杀，或者受尽欺辱，苟且偷生。东汉末年，汉献帝刘协也没能避免这样的命运，他的生与死完全掌握在权臣手中，但比其他末代君王幸运的是，尽管在位时战战兢兢任人摆布，生死悬于一线，但在被逼禅位后，汉献帝刘协以山阳公的身份，倒还清清静静过了些时日，病死后，也有魏明帝前来哭祭。

刘协是汉灵帝的第三个儿子，是汉少帝刘辩的异母弟弟，刘协年幼时，母亲王美人被刘辩的母亲何皇后杀死，汉灵帝担心刘协也被暗害，就将他交给自己的母亲董太后抚养。汉灵帝在位时，就为继承人的问题担忧，长子刘辩自小在民间长大，没有皇帝的威仪，他想立刘协为太子，却又考虑到外戚何进家族在朝廷的势力，加上祖制是嫡长为先，因此犹豫不决。

公元189年，汉灵帝病重，将刘协托付给宦官蹇硕，灵帝驾崩后，蹇硕本来打算将何进召进宫中然后杀死他，却被何进识破。在何进与何皇后的支持下，刘辩做了皇帝，是为汉少帝，封刘协为渤海王，不久又转封陈留王。后来，何进被十常侍谋杀，袁绍等人进宫诛杀宦官，刘协与少帝被宦官劫持出宫，后被尚书等人救下。回宫时遇到董卓的大军，董卓和两个孩子谈话，询问事情经过，少帝语无伦次，刘协则将事情说得清楚完整。董卓认为刘协比少帝贤能，且是董太后抚养长大，自己与太后是同族，于是就有了废立的想法。董卓控制朝廷后，废杀了少帝，立刘协为皇帝，从此，开始挟天子以令诸侯。刘协身不由己，开始被挟持的人生。

董卓没有看走眼，这个少年时就不曾惧怕自己的孩子，确实聪慧贤能，但是生不逢时，只能在高悬的利刃下小心翼翼地生存。公元194年，三辅大旱，刘协命侍御史从太仓搬出米和豆子，煮粥救济灾民，但是粮食不够，仍有很多人饿死，刘协怀疑侍御史作弊，于是派人取豆和米各五升，在自己面前煮成粥，结果发现侍御史侵占公粮，于是杖责五十，之后，长安城的饥民得到了救济。同年，曹操将长安城内的献帝迎至洛阳，"奉天子以令不臣"的时代开始，随后，曹操胁迫刘协迁都到许，他要利用刘协来完成自己统一中原的目的，但是还不敢直接取代他自立为皇帝。此时的刘协，虽然坐在皇帝的位置上，但是仍旧没有实权。

公元200年，20岁左右的汉献帝刘协，成为一个有思想有主见的年轻皇帝，他不满曹操独揽大权，暗自下诏，令自己的岳父董承设法诛杀曹操，董承与部将密谋，事情败露，一干人等皆被诛杀，就连怀孕的董美人也被绞死。刘协的皇后伏氏惧怕曹操，就让父亲也效仿董承，铲除权臣，公元214年，密谋的事情败露，曹操逼着献帝废黜了伏皇后，并包围皇宫搜捕皇后，伏皇后藏在宫中的夹墙里，披头散发被拖出来，她向刘协求救，刘协只能叹息，自己也无力自保，不知什么时候会丢掉性命。伏皇后被幽禁而死，两个皇子被毒杀，伏氏宗族百余人都被处死。公元215年，曹操威逼刘协娶自己的女儿为皇后。

五年后，魏王曹操去世，他的儿子曹丕认为自己的地位已经足够稳固，就逼迫刘协禅让帝位给自己，献帝被废为山阳公，在位31年，身为皇帝从来没有得到过自由，空有贤能却没机会治理天下，刘协被百姓拥护不是在他身为汉献帝时期，而是在他做了山阳公以后。相传刘协利用所学为民治病，悬壶济世，深受百姓的欢迎。公元234年，做了14年山阳公的刘协病死，葬于禅陵，魏明帝以素服为他发丧，谥号孝献皇帝。

知识卡片35

曹节怒骂使者

汉献帝刘协的第二任皇后曹节，是东汉军事家曹操的女儿，公元213年，曹操将三个女儿送入宫中，第二年都封为贵人。同年，献帝的第一任

皇后被曹操废杀，公元215年，改立曹节为皇后，曹节为汉献帝生了龙凤胎，公元220年，曹丕受禅成为皇帝，派遣使者来索要汉朝玉玺，曹节不给，当着使者的面将玉玺丢到轩外，并大骂："天不祚尔！"旁边的人都不敢看她。汉献帝退位后，被封为山阳公，皇后曹节成为山阳公夫人，公元260年过世，与献帝合葬于禅陵，所用的车服礼仪皆遵从汉制。

贼臣持国柄

东汉末年，民间流传着这样一句民谣："千里草，何青青；十日卜，不得生。"这个民谣深刻地表达了当时广大的老百姓对权臣董卓的极度痛恨，都希望他早日死去。作为东汉重臣的董卓，究竟是因为什么，让天下百姓如此憎恨呢？

董卓出生于殷富的地方豪强家庭，自小养尊处优，少年时便养成了放纵任性、粗野凶狠的性格。他不仅体魄健壮，力气过人，还通晓武艺，当地人都有些畏惧他，就连家乡附近的羌人也不敢招惹他。当地的羌族首领为了保全自己，迎合董卓，并与他结为好友，以求相安无事。董卓有谋略，见羌人敬畏自己，便决定利用和控制他们，在羌人中培植和网罗亲信，每当有羌人来家做客，他就杀牛宰羊热情款待，以取得他们对自己的支持和拥护。羌人见他这样豪爽，很多人都来归顺，当时，董卓在羌人中的影响力非常大。同时，他还扮演起侠客豪杰的角色，收罗大批落魄的无赖之徒，这些人为董卓的义气所感动，后来都一直死心塌地地跟随他。

东汉光武帝建立政权时，地方豪强的势力就很强大，到了东汉末期，中央政权衰弱，农民起义不断，豪强趁机兼并土地，扩充势力。中央政府为了获得地方势力的支持，就招抚他们，董卓成了官府招抚和利用的对象。当时董卓担任的官职是带兵巡守边塞，维护地方治安。他得以认识并控制更多羌人，渐渐成了闻名陇西的风云人物，不管是在官府还是在民间，都具有举足轻重的地位。随着势力的扩大，董卓不再满足目前的身份地位，他开始进一步蓄积力量，伺机发展。终于，董卓的机会来了，东汉朝廷急于解决西羌问题，这是东汉政府一直以来最棘手的民族问题，羌人不断发生反叛，涉及的范围越来越广，陇西的官吏向朝廷推荐了董卓，这也就成了董卓发展势力的良机。

公元167年，董卓担任羽林郎，统管元郡御林军，不久，升为军司马，跟随中郎将张奂征讨并州反叛的羌人。董卓在战斗中极力表现自己，由于战绩突出，升为郎中，之后平步青云，一直做到河东太守。但是不久，在镇压黄巾军的战斗中惨遭失败，被革职贬回陇西，但是董卓的野心决定了他不会甘于失败。公元184年，羌族反叛，在不断的兼并战争中，东汉政权面临被推翻的危险，汉灵帝急忙调用董卓，护卫园陵。

当时，两军对阵，羌兵凶悍勇猛，政府军队情势不利。董卓却不惊慌，冷静等待时机进攻敌人。不久，羌人看到天文现象，认为是兵败的征兆，军心动摇，董卓利用这个机会突袭叛军队伍，大获全胜。后来，董卓率军盲目深入西羌，被羌人围困，他在这种情况下仍不惊慌，命士兵在河中筑坝，羌人不解，以为董卓没了粮草，在河中摸虾寻鱼，而董卓则趁羌人防范松懈之时，悄悄撤退，羌人想要追击，却因河水太深无法成行。因抗击叛军有功，不久，董卓被封为台乡侯，之后又不断升迁。董卓势力过大开始让朝廷不安，为了遏制其势力，朝廷让董卓做了没有实权的少府，董卓知道朝廷的用意，便不肯就任。灵帝病重时，召见董卓，董卓两次抗旨不接受朝廷征召，后屯兵河东，拥兵自重，坐等事变。

灵帝驾崩后，少帝即位，外戚与宦官为了权势争斗得你死我活，董卓见此暗喜。当时，外戚何进为了对抗宦官势力，召董卓前来讨伐宦官张让，董卓欣然前往，但在到达前，何进就被张让杀死。进京途中，董卓遇到少帝与陈留王刘协，在问话之后，有了拥立刘协的想法，他将少帝迎回皇宫，挟天子以令诸侯，开始干预东汉中央政权。

为了掌握强大的军事后盾，董卓开始扩充兵力，收揽兵权。外戚何进的部下吴匡怀疑何进之弟何苗与张让勾结，便联合董卓的弟弟董敏，攻杀何苗。何苗死后，坐收渔翁之利的董卓，没费一兵一卒，就收编了何氏兄弟的部队。不久，他又派养子吕布杀了执金吾，接收了全部京城的防卫部队。此时的董卓，已经完全具备了左右朝政的军事基础。握有重权之后，他又废少帝改立献帝，自己升迁为太尉，后来又官拜国相，其实权力比皇帝还要大，整个东汉政府几乎完全受制于他。飞黄腾达的董国相，还借机加封家人，就连侍妾怀中刚出生的婴儿，也被封为王侯。

董卓在朝野中四处拉拢，为自己巩固势力，当觉察到手握重权的袁绍和曹操对自己造成威胁时，他想要尽早将两人除掉。其实早在废立皇帝之前，董卓就想拉拢袁绍来支持自己，可是遭到袁绍反对，两人针锋相对，争辩当夜，袁绍就逃奔渤海郡避难，因袁绍是世家，董卓也不敢追究，只得作罢。另一个被拉拢对象曹操，在京城也握有重兵，董卓扩充兵力时想要吃掉曹操，被曹操识破，拒绝与其合作，不久，曹操逃离洛阳。朝中与董卓不和的大臣，不是被其找借口诛杀，就是被迫出逃。董卓的作为，引起了很多官员的不满。

除了对敌人痛下杀手，董卓的残暴在对民间百姓时也表露无疑，他经常派遣士兵四处劫掠，把洛阳城闹得怨声载道，同时，对俘虏的起义军进行残杀，他曾将几百名俘虏用布条缠绑全身，然后点火活活烧死，残忍至极。挟持献帝迁都长安时，为了防止老百姓逃回故都洛阳，董卓将洛阳及其附近 200 里内的宫殿、宗庙等建筑物全部焚毁，为攫取财物，他还命吕布洗劫皇家陵墓和公卿坟冢，尽收珍宝。洛阳城千疮百孔，悲愤不已的曹操为此写了一首诗讽刺董卓：贼臣持国柄，杀主灭宇京。荡覆帝基业，宗庙以燔丧。播越西迁移，号泣而且行。瞻彼洛城郭，微子为哀伤。

董卓掌权后，国家制度朝令夕改，严重阻碍了社会的发展，他颁布的法律刑罚混乱无度，不久，民怨沸腾，冤狱遍地。董卓的倒行逆施激起了人民的愤怒与反抗，许多有志之士长期与董卓进行斗争，很大程度上打击和动摇了董卓的地位。全国各地相继起兵反董，董卓成了众矢之的。朝中也有官员密谋杀掉董卓，其中有个叫王允的司徒，他打算趁天下沸腾之际，主动采取措施，诛杀罪魁祸首，为了保证事情成功，王允找到了吕布做内应。

吕布年轻勇猛，武力超群，董卓对他甚为喜爱，收他为义子，并把他当作贴身侍卫，吕布形影不离，保护董卓的安全。但是有一次，吕布不小心得罪了董卓，董卓大怒，差点杀了吕布，为此，吕布一直怀恨在心，加上他与董卓的侍婢私通，心中一直不安。王允将计划告知吕布，起初，吕布并不同意，王允说服他，说董卓现在是人人得而诛之的国贼，难道你还要认贼作父？他想要杀你的时候哪里将你当成儿子了？吕布思前想后，最终同意。一切准备就绪，正好皇帝大病初愈，朝中大臣都集会于未央殿，恭贺天子龙体康复，吕布借机带兵隐蔽于宫殿侧门两边。董卓到侧门后，遭到突袭，慌忙向吕布求救，吕布说自己奉诏诛杀乱臣贼子，董卓死有余辜。绝望中的董卓奋起反抗，但仍被诛杀，并株连三族。

董卓被杀后，满朝文武和士兵都高呼万岁，长安城的老百姓也敲锣打鼓，庆祝奸贼被诛。据说董卓死后，被暴尸东市，守尸吏将点燃的捻子插入董卓肚脐眼中，点起天灯，因其肥胖脂厚，"光明达曙，如是积日。"一代国贼董卓，终于落得个众叛亲离，暴尸街市的下场。

知识卡片 36

王佐之才

王允年轻时，一次，同郡一个名士郭林宗因为有事前来拜访王允的父亲，正好其父有事外出，王允便以主人的身份招待客人。他讲究礼节，大方自然。客人同他谈论文武，他口若悬河，滔滔不绝，不仅条理清晰，而且见解深刻。不过短暂接触一会儿，就让郭林宗对他赞叹有加，郭林宗认为王允举止有度，年纪轻轻就有非凡的学识和涵养，将来一定能成为国之栋梁。之后，郭林宗主动与王允结为好友，并州人士开始习惯称王允为"一日千里，王佐之才。"

少数民族干部

三国时期英雄辈出，其中有位少数民族干部，一生为蜀汉政权的巩固和发展作出了重大的贡献，这个人，就是让诸葛亮称赞其为真将才的姜维。《后汉书》中记载："西羌之本，姜姓之别也。"所以，说姜维是少数民族，这是有证可考的。

姜维是天水郡冀县人，他的父亲姜炯是天水郡的功曹，在羌族、戎族叛乱时，姜炯战死在疆场，年少时的姜维，和母亲一起生活。姜维爱好郑玄的

经学，曾在郡中担任过一些官职，汉朝让姜维担任中郎，参与管理天水郡的军事。

姜维是蜀国的大将，在诸葛亮病逝后，代替其统领蜀国军队，但其实姜维为官初期是在魏国，他本是魏国的中郎将，在天水郡太守马遵的手下当官。为什么后来会弃魏投蜀呢，这得说说诸葛亮了。诸葛亮出祁山，一开始进展很顺利，凤鸣山之战，赵云奋勇当先，大败魏军，并将魏国都督夏侯楙围困在南安城中。紧接着，诸葛亮又用诱敌之计，派人装扮成魏国将领裴绪，去安定和天水两地，以解救同僚夏侯楙为由，将敌军骗出城来，然后趁城内守备空虚，借机攻城。安定的太守崔琼中了计，带着部将赶去营救夏侯楙，蜀军趁机攻城，安定被魏延占领，南安跟着也失陷了。

依诸葛亮的妙计，安定和天水定能被占领，却不想，赵云率军前往天水郡，却碰了不小的钉子。这个假装裴绪的诱敌计划竟然被姜维识破，不仅如此，姜维还将计就计，反而将攻打天水的赵云给包围起来，经过几番厮杀，赵云突围出来，但攻城计划就此破产，这让诸葛亮很震惊。谁人能识破自己的计策？可不能小觑啊。诸葛亮赶紧派人去打听，得到的消息是，此人姓姜，名维，字伯约，是天水冀县人，服侍母亲，很是孝顺，人才嘛，那是文武双全，有勇有谋，是当世的英雄豪杰。诸葛亮一听就有了兴趣，这样的人才，当同盟才好，要是成为敌人，那可不妙。此时，英雄惺惺相惜，赵云也向诸葛亮夸奖姜维的枪法不同寻常，这就更让诸葛亮下定决心，一定要亲自瞧瞧这姜维究竟是何方神圣。

诸葛丞相于是亲自带兵攻打天水，本想一鼓作气，大军一到，就立刻攻打天水城，谁想到了城墙下抬头一看，对方旗帜整齐，戒备森严，看上去不是那么好对付的，诸葛亮思索再三，没敢轻举妄动，就在城外等候时机。城外在等，城里又何尝不是，等到半夜，蜀军还没出发呢，姜维却带军出城，杀了诸葛亮个措手不及，幸好关兴和张苞二人保护，诸葛亮才杀出重围，实在惊险，不过想瞧瞧对方实力，差点丢了老命，诸葛亮一路奔逃，只怕脊背上已是一身冷汗。

以诸葛亮的聪明才智，竟被个年轻的魏将追得鸡飞狗跳，惜才的诸葛亮立刻对姜维刮目相看，经历这一连串事件后，诸葛亮由衷感叹："此人真将才也！"既然是真将才，当然要纳入自己麾下，诸葛亮于是决定降服姜维。三国时期用得最多的计策似乎就是反间计，统治者多疑，对有功有权的将领猜忌，胜仗打多了，领导心中就忐忑，暗想这人是不是有反心了，等等，这时候要是别人再使点小计策扇风点火，就立刻痛下杀手绝不留情，自己用不上，也不能留给敌人嘛。姜维是聪明的，可是不代表他的上司都如他一般。诸葛亮一招反间计，招降了姜维。作为弃魏投蜀的姜维，倒也没有在国别问题上纠结，他从此就一直追随诸葛亮北伐，诸葛亮也从来不避讳姜维的身份，对于这个魏国降将，诸葛亮在征战中不断指点，临终之际，又将自己毕生心血撰述的兵书传给姜维，并且将"恢复中原，重兴汉室"的宏愿交给了他。

诸葛亮与姜维，算得上是英雄惜英雄了，两个人原本在不同阵营，各为其主，也都是精忠报国的好汉，并肩之后，能尽释前嫌携手作战，诸葛亮能做到用人不疑，姜维也能做到忠肝义胆，实属不易。诸葛亮死后，姜维遵照丞相遗志，数次讨伐中原，威震华夏。

知识卡片 37

诸葛亮计降姜维

　　姜维有勇有谋，曾在天水郡识破诸葛亮的计策，诸葛亮惜才，想将他收为助手，诸葛亮听说姜维是个孝子，其母住在冀城，便让魏延虚张声势攻打冀城。姜维得到消息，便请命带兵杀回冀城救母亲。之后，诸葛亮派俘将夏侯楙带兵去冀城劝姜维投降，当时夏侯楙才走到半路，就听见老百姓说姜维已经献城投降了，于是转身去天水郡。夏侯楙进了天水城，把姜维投降给蜀国的消息告诉给天水郡守城的官兵。当天深夜，诸葛亮又派人假装成姜维攻打天水郡，守城官兵更加认定姜维降蜀是事实。实际上姜维还在苦守冀城，粮草渐渐用光，一天，他带兵出去劫粮，蜀兵趁机攻下冀城，姜维失去冀城赶紧往天水郡逃去，但天水郡的官员都知道他投降蜀国的事，自然不肯让他进城，姜维无奈，落荒而去。走不到数里，诸葛亮率领的蜀军出现，姜维见自己陷入重重包围中，只得下马向诸葛亮投降。

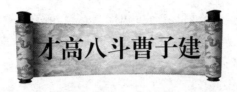

才高八斗曹子建

南朝诗人谢灵运曾说：天下文才为一石，曹子建独得八斗。后人用才高八斗来形容人才华横溢，谢灵运因文学才能受到皇帝的赏识和文人的追捧，本身就是个狂妄自大的人，但就是这样一个自负的大名人，却不吝言辞夸赞曹子建，足见这位写出"凌波微步，罗袜生尘"美文的皇室子弟，其文学修养之高了。

曹子建，就是曹操的第三个儿子曹植，史料记载，曹植自幼聪颖，十来岁便诵读诗文词赋十万言，能落笔成文，很有才气，深得其父曹操的喜爱。曹操在邺城修建的铜雀台落成，召集了大批的文人来作赋，大家思来想去，迟迟没有动笔，唯有曹植略加思索，一挥而就，写了一篇精妙的《登台赋》，曹操看了儿子的文章，赞叹不已，这一年，曹植不过19岁。重视人才的曹操产生了要打破"立长不立幼"的老规矩的念头，想要把王位传给这个才华横溢的儿子，曹操不仅对曹植特别宠爱，还多次向身边的人表示将来要让这个儿子成为自己的继承人。曹操的这个想法，非但没给不想继承王位的曹植带来福分，正因为他的宠爱，在曹操死后，曹植受尽了痛苦。

曹植的行事作风与王室子弟有些不同，他不拘礼法，行为放任，渐渐就让曹操有了不满，同时，曹植的兄长曹丕矫情自饰，又很会讨父亲的喜欢，过了一段时间，曹操的想法又有了变化，他对立曹植为嗣似乎没那么坚持了。儿子有才，自己确实喜欢，可是不守规矩没有威仪，怎么做领袖呢，长子也很不错呀，或许才能稍弱一点，但考虑事情周详，又懂礼法，将来为王肯定合适。就在曹操犹豫的时候，发生了几件事情，确定了他的想法。

一次，曹操带兵打仗，两个儿子都来送行，临行前，曹植自然又要为父亲写一篇华美篇章，他高声朗读着，为父亲歌功颂德，旁人听见了都纷纷称赞。曹丕在一旁有些失落，比这个自然没有弟弟在行，风头都让弟弟抢了去，自己

一本书读懂中国史

是长子却只能在这儿怅然若失。就在这时，一旁的吴质悄悄对曹丕说道："王当行，流涕可也。"爸爸要去打仗，你眼泪鼻涕一块儿来，哭得稀里哗啦就对了。曹丕一听立刻泪流满面，也不知道其中一部分眼泪是不是因为比不过弟弟觉得惭愧。曹操听完诗篇，心想也只有曹植能写这样精致的文章了，哪个儿子比得上啊，一回头，就见曹丕泪流满面，依依不舍的样子。有道是男儿有泪不轻弹，只是未到伤心处。铁血汉子曹操，听多了赞美，打多了胜仗，渐渐就麻木了，突然有个儿子哭得伤心不已，他心里立刻就塌了一块，老脸上的泪花也就跟着涌了出来。

还有一次，曹操打算派曹植带兵出征，给未来的继承人锻炼的机会，带兵出征可是掌握军权的象征，这就是曹操重点培养的征兆。可是曹植在出征前喝得酩酊大醉，曹操派人连催了几次，曹植仍昏睡不醒，曹操一气之下就取消了让曹植带兵的决定。此刻曹操的心里，恐怕也有数了，这个儿子就只配当个不拘小节的文艺青年，实在没办法担当足智多谋的政治家。最终，曹操立了曹丕为世子，曹丕终于能从随时被弟弟夺走王位的噩梦中苏醒过来，而曹植，也终于能自由自在地写诗作赋，不用担心自己有一天被迫坐在王位上，让朝堂下的文武大臣们弄得诗兴全无。

曹操的决定是对的，两个儿子各有所长，分工合作很不错，一个管政治经济，一个抓精神文化，可是，曹操没想到，曹丕此刻的心里，对弟弟有多么怨恨。身为长子，才情输给弟弟也就罢了，连王位也差点丢掉，当时要不是大臣们反对，自己哪有做世子的可能？曹丕的怨恨在情理之中，只是有点不值的是，弟弟曹植从来就没有和他争王位的想法。曹操死后，曹丕继位，虽说地位和权力已经巩固，但是对曹植的嫉恨无法抹去。曹丕借口曹植扣押了自己派去的使者，认为这是阴谋反叛的征兆，当然，这只是曹丕的说法，别人可不会那么认为。人家曹子建是文人，喝喝酒，耍耍性子，罪不至死嘛。曹丕见用此借口杀曹植难以服众，就想了个"七步成诗"的办法。还好，这方面是曹植的专长，一首七步诗脱口而出，不仅救了命，还流传千古。曹丕当着大臣们的面，原本是要治弟弟个死罪，如此一来，不得不收回成命，只降低了曹植的官爵，将他贬往外地。你有文采，会做诗，我杀不了你，那你走吧，别让我看见就行，至少我没那么生气。曹丕一纸令下，曹植就不得不起程远走，去自己的封地。

▶ 088

这一路行程，让曹植很抑郁，虽然行至途中，写出了千古美文《洛神赋》，但是内心的苦闷还是无法排解。从此刻起，曹丕在精神上就没有放松过，曹植从一个优哉游哉的贵族王子，变成了处处受限制和打击的对象。几年后，曹丕病逝，其子曹叡即位，这个孩子思想和爸爸雷同，对叔叔的打击从来就没有停止过。曹植依旧被防范和限制，他的封地也不停改变地方，十多年中，曹植被迁封很多次，处境没能好转。曹叡在位的第六年，终于对叔叔放松管制，因为，曹植病故了。

才子曹植的一生，有喜有悲，被众人欣赏，被曹操宠爱，但祸兮，福所倚也。如果曹操没有立其为世子的打算，曹丕不会觉得有威胁，自然不会苛待同母弟弟。当然，这些都是假设，如今让人们觉得惋惜的是，如果才高八斗的曹植没有政治背景，只是悠然见南山的一介布衣，或许会有更多机会写出佳品流传于世吧。

知识卡片38

谢灵运夸曹植

南朝时宋国有个著名的山水诗人谢灵运，他的诗大多是描绘庐山、永嘉等地的山水名胜，因为很擅长刻画自然景物，所以开创了文学史上的山水诗一派。谢灵运写的诗艺术性很强，他注意形式美，作品深得文人雅士的喜爱。诗篇写完传出来后，人们就竞相抄录，流传甚广。宋文帝特别赏识他的文学才能，特地将他召回京都任职，并把谢灵运的诗和书法称为"二宝"。本来就自命不凡的谢灵运，得到这种待遇后更加狂妄自大。有一次，他喝醉了酒，自夸说："魏晋以来，天下的文学之才共有一石，曹子建独占八斗，我占一斗，天下其他人共分一斗。"由此可以看出，谢灵运很钦佩曹植，但同时，他对自己的评价也非常高，很是自负。

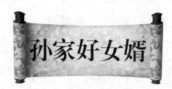

孙家好女婿

江东大族的后代陆逊，原本是个温文尔雅的书生，但是历史却将其推上了政治舞台。

陆逊10岁时，任九江都尉的父亲陆骏就死了，他跟着父亲的堂兄弟陆康生活，当时，陆康是庐江太守，陆逊就在庐江读书。后来，因为袁术与陆康不和，唆使孙策攻陷了庐江，陆康病死，被陆康送往江东的亲属中，包括他的儿子陆绩，还有侄儿陆逊等人。陆绩此时还年幼，于是，年仅12岁的陆逊便承担起了支撑门户的责任。

孙策26岁时，因遇袭伤重而死，弟弟孙权继续统领兄长的部下，他"招延俊秀，聘求名士"。此时的陆逊，因为文才出众，被应召到孙权的幕府，做了幕僚。后来又出任仕东、西曹的令史，在担任海昌县令时，海昌境内遭遇旱灾，陆逊开仓赈济贫民，组织生产自救，缓和了灾情，深得民心。尽管是一介书生，但陆逊在军事方面也颇有才能。东汉末年，很多农民为了逃避赋税投靠当地的豪强大族，而这些豪强们为了扩大自己的利益，保卫自己的权益不受损害，就把这些依附来的农民组成武装队伍，与朝廷对抗。当时，有豪强集团对抗孙吴政权，成为孙吴政权的隐患。陆逊针对这种情况，采用查户整顿的方法，将那些精壮的招募为家兵，其余的人就用于屯田生产。当时会稽有山贼大帅叫潘临的，造反许多年都没能被官府平定，陆逊招兵征讨，将其平定，手下的部众因此达到了2000多人。

陆逊的将才体现出来，统治者自然会大加利用，于是，一个原本做幕僚的读书人，开始领兵征讨山贼，屡立战功，并被封为定威将军。陆逊出众的军事才能，让孙权很器重，兵荒马乱的时代，人才多么难得，何况是文武全才。于是孙权将孙策刚满15岁的女儿嫁给了陆逊，孙权的算盘拨得啪啪响，看吧，又是臣子，又是亲戚，这人才非我不能用啦。陆逊并没有让君主失望，他不仅领兵平定山贼，还数次为孙权献言，孙权也时常找陆逊商量治国之策。这个时候的陆逊，初露锋芒，但是还没有太多人知道他的才干，也就是说，名声还不太响。陆逊脱颖而出的时间是在吴蜀争夺荆州的时候。

荆州地处要冲，历来都是兵家必争之地。当时，荆州大部分地区都被刘备占领，这样一来，不仅阻碍了孙吴势力向西发展，还威胁着孙吴侧翼的安全，因为这个，孙权就多了块心病，吴蜀争夺荆州的纠纷越闹越大。此时，蜀将关羽名震华夏，如果东吴想要夺取荆州，很是困难，东吴大将吕蒙向孙权推荐了陆逊，认为陆逊可以担当夺取荆州的大任，36岁的陆逊，被拜为偏将军右部督，代替吕蒙出征。

与其他武将冲杀喊打的方式不同，陆逊过招颇有文人风范，他到了陆口，就写信给关羽，诉说自己的仰慕之情，拍尽马屁，还说自己绝对不与关羽为敌。关羽这时候风头正劲，本来就没把陆逊这小辈放在眼中，此刻又见书信中满篇赞美，更加轻视陆逊。东吴算什么，小辈也来和我打仗，关羽一面对东吴力量嗤之以鼻，一面将留守后方对付东吴的军队全部调到前线，准备和曹操来场硬仗。关羽的威名确实不是盖的，前方节节胜利，却不知后方危机四伏。加上关羽不善于团结部下，想想，这个骄傲的名人，怎么会想到和下属搞好关系呢。因此，部将也有了异心，这些，关羽可能还不知道，但是陆逊，都知道了。

破蜀时机成熟，陆逊向孙权上报，孙权立刻命吕蒙和陆逊同时分道攻取荆州，吴军所向披靡，势如破竹，占领了枝江、夷道，守住了峡口，堵住了关羽回西蜀的大门。关羽得到这要命的消息，匆匆忙忙从樊城撤军，可是，公安、江陵已经被自己有异心的部下献给了吴军，走投无路之下，关羽只得退守麦城，当年十二月，关羽率少数骑兵从麦城突围，被吴将马忠擒获，斩首。陆逊前后斩获招纳蜀军数万人，凯旋后，被孙权拜为右护军、镇西将军，进封娄侯，镇抚荆州。

陆逊功绩卓著，孙权对其大加赏赐，荣宠至极，孙权东巡时，让陆逊辅佐太子，主持吴国大事。东吴继周瑜、鲁肃、吕蒙之后，又有了一个文能治国、武能安邦的陆逊，从此，书生陆逊在政治舞台上声名显赫。

知识卡片39

刮目相看

三国时期，东吴有位名将叫吕蒙，他年幼时依靠姐夫生活，没有机会读书，所以学识很浅薄。有一次，孙权对吕蒙和另一个将领蒋钦说："你们身负重任，更要好好读书，增长自己的见识。"吕蒙很不以为然，觉得能带兵打仗就很不错啊，读书没什么用，便推脱说自己军务繁忙，没有什么时间读书。孙权开导说："我的军务可比你们繁忙多了，不过，我依旧会利用时间多看看书，多读史书与兵书，大有益处。从前的汉武帝，现在的曹操，都是手不释卷，你们不要借故推脱，不愿读书。"孙权的开导让吕蒙很受教育，从此，他抓紧时间读了大量书籍，渐渐变成了一个很有才识的人，就连他的老朋友鲁肃，也称赞他学问变得渊博，再不是从前那个吴下阿蒙了。吕蒙说，士别三日，当刮目相看啊。

扶不起的阿斗

三国时期，关于蜀国后主刘禅的故事很多，当他还是一个婴孩的时候，就因刘备摔子谢恩出了名，这个被世人认为昏庸无能，只知吃喝玩乐享受生活的纨绔子弟，在历史中没有留下一点好名声，后世人们甚至用扶不起的阿斗来表示懦弱无能，没有发展前途的人和事，但是就是这个无用的阿斗，在群雄割据、兵连祸结的战乱年头，竟执政了41年。

公元223年，刘禅登基，刘备托孤，让诸葛亮辅佐后主。为了让刘禅见多识广，掌握治国本领，诸葛亮亲自抄录《韩非子》、《管子》、《六韬》等书籍让他读，又让刘禅拜伊籍为老师学习《左传》，不仅如此，还让刘禅学习武艺。刘备临终时，遗诏中写道，丞相也夸奖你有智慧，这让我很高兴之类的话。诸葛亮也在《与杜微书》中评后主，称其天资仁敏，爱德下士。

刘禅刚继位时，听从父亲刘备的遗命，事无巨细，都听丞相诸葛亮的安排，但是他对治理国家也有自己的想法，对于诸葛亮极力主张进行北伐的事情，他就有不同的意见，但是，基于诸葛亮的崇高威望，他还是全力支持诸葛亮的北伐。北伐最终导致蜀国国力衰退，在诸葛亮死后，刘禅废除了丞相制，设立尚书、大将军和大司马三个职务，让其互相制衡，并把军政事务都分开。刘禅在位后期，让蒋琬、费祎、董允等人主政，施行休养生息的政策，积蓄力量再从长计议北伐之事。从这些事情上来看，刘禅还是有思想的，并不像人们说的是个只知道吃喝玩乐的主。

无论是刘备执政期间还是刘禅在位之时，相较于魏国和东吴政权，蜀国都是最弱的，特别是在荆州失守后，这样的境况，就连诸葛亮也没办法改变，何况是养尊处优的刘后主。因为对军队没有可靠的控制权，不敢对急于北伐的军方将领施以太大压力，导致了施政方针的混乱。从另一方面来说，这个责任也不应完全归结于刘后主无能，当刘备托孤后，已经 17 岁的刘禅并没有掌握大权，丞相诸葛亮不仅是一个臣子，有时更像一个严父，一直到他死去，手中的权力才尽数交出。没有实践经验的刘禅，突然压下的重担能如何承担呢？

就是这个被后世认为无才无德的刘后主，在诸葛亮死后，任官封爵，人事任免，出兵征讨，等等，都由他商定决策。试想，若是昏庸无能，这些事情完全可以丢给亲信大臣，何须浪费自己的玩乐时间？再者，若是决策失误，又如何能让没有诸葛亮的蜀国继续 19 年呢？

演义中的刘后主，乐不思蜀，让人憎恶，确实，在刘禅统治后期，他宠信宦官，听不进大臣们的谏言，这也是导致蜀国灭亡的其中一个原因。历史上的刘禅，是一个平庸的皇帝，习惯了重臣权贵的支持和保护，但他绝非弱智无能，不然，他也绝对不可能成为三国时期在位时间最长的君主。

知识卡片40

乐不思蜀

魏军进入蜀地的时候，刘后主投降，被送到了洛阳。司马昭封他为安乐公，赐了住宅，赏了上百个仆人，每月还给银子花费。刘禅为了表示感谢，亲自上门去致谢，司马昭于是设宴款待，并安排歌舞来助兴。在宴会上，乐者演奏蜀地音乐时，蜀国的旧臣们都很伤怀，个个泪流满面。但是刘禅却嬉笑如先前一般。司马昭见了便问："你想念蜀国吗？"刘禅回答："这个地方很快乐啊，我才不想念呢。"刘禅的臣子听了这话，赶紧找机会对主子说："若是司马昭再问，您要哭着回答，说自己很想念蜀国，因为先人坟墓，都在故地。这样，司马昭就能放您回去了。"刘禅点头，表示记住了。酒至半酣的时候，司马昭又问起，说你真不想念蜀国呀？刘禅赶紧把臣子教的话说了，不过没挤出眼泪来。司马昭一听，说："咦，这话很熟悉啊，好像你的臣子也有这个意思呢。"刘禅一听，很惊奇，说道："对呀，因为这话就是他让我说的嘛。"司马昭听完，和左右大臣都笑开了。

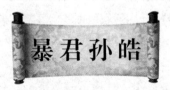

暴君孙皓

三国时期，东吴有位名主，他闻名不是因为贤德，而是因为残暴，这个人就是孙皓。

孙皓是孙权的孙子，其父是废太子孙和，孙和被废之后，孙权立了孙休为太子，孙休去世时，儿子还很年幼，大臣们在立嗣的问题上做了个很明智的决定，改立年长的孙皓为王。立幼主对国家不利，蜀汉不都有事实摆在眼前吗？要是立君王，就找个年纪大点儿，有作为的吧，兴许能兴盛东吴啊。大臣的想法一点儿

没错，作为新君主的孙皓，在上任之初确实很不错，没有辜负大家的期望。

孙皓继位后，首先追谥自己的父亲孙和为文皇帝，并为父亲举行了祭祀，做儿子的很孝顺，从这点上来说，孙皓应该坏不到哪儿去；可不，紧接着，孙皓又开仓放粮，抚恤百姓，赈济贫民，宫中的宫女们，大多也都被他放出宫去，一来能节省宫里的开支，二来也算是人性化处理，一入宫门深似海，多少女子进了宫就没能再出去与亲人团聚呀，从这点上来说，也很不错；跟着，新君王又把宫里多余的珍禽异兽也放生了，善良的孙皓一时被人们称为令主。东吴老百姓心里那个乐呀，因为战争，颠沛流离了几十年，这会儿国家得个明君，咱们算有好日子过了。人们等着盼着，期待君主下一个仁德的政策。

但，历史突然来了个大转变，孙皓华丽丽地变身，成为一代暴君，也不知道什么原因，好端端一个让老百姓赞誉有加的君主，立刻成了粗暴骄横、贪杯好色、暴虐残忍的代名词。他大兴土木，将都城迁到武昌，本来国力衰弱，百姓就苦不堪言，还迁都，浪费人力财力，大家自然就不满了，原来拥戴他继位的大臣们，有的也开始后悔了，早知道，干嘛立个大魔王，还不如拥戴小皇帝，年幼不能治国，没事儿，咱们处理政事就行，小皇帝怎么着也不会残忍可怕，说杀就杀嘛。

大臣们还在嘀咕呢，孙皓可能听到了风言风语，也可能在朝堂上有不满的声音飘进了耳朵，他一下令，从前拥立自己的家臣被杀得干净利落，不会再有人说三道四了。孙皓即位的第二年，司马炎就受禅当了皇帝，建立了西晋，此时，西晋还是很强大的，为了对抗，孙皓就任用陆逊的族子陆凯为丞相，陆逊的次子陆抗被委任镇守襄阳等地的边防。这两个人，其实对孙皓也很不满，但是还没有到人头落地的地步，不仅因为陆家是江东大族，势力较大，还因为，孙皓清楚得很，再讨厌也不能杀完了，杀完了谁去带兵打仗？这江东大族要是被惹火了，到时候谁杀谁还不一定呢，所以，就挑势力稍弱的反对的大臣，练练刀算了，杀鸡儆猴让陆家看看，也有一定效果。陆家这两位名臣以及他们的子孙，倒是都没有被孙皓迫害。

孙皓的末日终于来了，陆凯、陆抗相继去世，吴国失去了两位重臣，政局急转直下，不久，西晋内部达成了伐吴的一致意见，在公元280年挥军南下。此时的东吴，早没了抵抗之力，建业陷落，吴国灭亡，孙皓本人也成了晋武帝的俘虏，此时距离名将陆抗的死，不过短短六年而已。

一本书读懂中国史

知识卡片41

以茶代酒

　　东吴的末代君主孙皓是一个暴君，他很喜欢喝酒，据说，每次宴请群臣，座位上的宾客都要喝足七升，违抗者很有可能就会掉了脑袋，倒进杯中的酒就算没有全数喝进嘴里，也要斟上并亮盏说干。大臣中有个叫韦曜的，酒量不过二升，孙皓对他很欣赏，特别优待他，担心他不胜酒力出洋相，就暗中赐给他茶来代替酒。韦曜得以过了"酒关"。韦曜为人很光明磊落，酒宴上他暗渡陈仓觉得无所谓，但是关系国事时，就总是实事求是。后来，他秉笔直书了一些孙皓的父亲孙和的见不得人的事情，触怒了孙皓，被砍了脑袋。酒桌上能包容，朝堂上可不会宽恕你，韦曜据实记载史料，却掉了脑袋，孙皓的残暴可见一斑。现在，"以茶代酒"一事到今天仍被人们广为应用，并称得上是件文雅的事情，这无论是孙皓还是韦曜，都没有料到吧。

知识卡片42

御茶产地

　　说起来，暴君孙皓和茶还是有些渊源的，他早期被封为乌程侯，那时的乌程就在现在的浙江湖州，是中国较早的茶产地。根据南朝时《吴兴记》中的记载，乌程具西二十里有温山，出产"御荈"，荈就是茶。一般学者认为，温山出产"御荈"的时间可以上溯到孙皓被封为乌程侯的年代，同时推断当时可能已经有了御茶园。

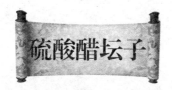

硫酸醋坛子

历史上的悍妇很多，但是吃醋吃到害死自己儿子的，还只有郭槐一人，她的醋劲可以说前无古人后无来者，其猛烈程度堪比硫酸。

郭槐的父亲是城阳太守，伯父是曹魏名将，按说，都是名门望族，娇滴滴的郭小姐，却似乎没有学过妇德，不仅如此，连人之常情都学得不怎么好。郭槐21岁的时候，嫁给了贾充做继室，贾充原本是魏国的大臣，西晋取代魏之后，他归顺司马氏做了西晋的臣子。这个人很了不得，一直被司马炎重用，荣宠了一辈子，后来长女还做了司马衷的皇后。

贾充从前有个原配妻子李氏，出身名门，这个名门闺秀和郭槐可是两个档次，人家端庄贤淑，恭谨孝顺，郭槐在她面前，不比也差了一大截，不过李氏命不好，在为贾充生下两个女儿后，就因为其父谋诛司马氏，被连累流放到边地。李氏流放三年后，郭槐嫁了进来，不知道是太在乎贾充，还是生性善妒，她对贾充身边的所有女性都心存戒备，谁要是和贾充有书信来往，一定会闹得贾充人仰马翻，难以招架，其实，家家有本难念的经，贾充在朝堂上可是大红人，回到家竟然被妻子河东狮吼，还不敢吱声，委实可怜。

郭槐嫁给贾充之后，生了两女两子，两个女儿倒是威风凛凛，但是儿子的记载却非常少，这是因为，两个儿子在很小的时候都夭折了，说到夭折的原因，有些可笑。贾充的长子贾黎明三岁的时候，被乳母带着在家门口玩耍，有一天贾充回家，儿子见了父亲，伸手要他抱，贾充也没多想，上前亲热地抚摸孩子的脑袋，这本来是很温馨的一幕，谁知在郭槐看来全变了味儿，她认为贾充和乳母有私情，不问青红皂白，将乳母活活打死。家里条件好，孩子一直给乳母带着，乳母一死，孩子谁也不认，整日啼哭，最终病死。就因为这荒唐的原因，郭槐间接害死了自己的儿子。若说这是个误会，那接下来可就真是罪孽了，不久，郭槐又生了一个儿子，这孩子都还没名儿呢，估计很小，也是乳母带着的，贾充不记

一本书读懂中国史

性，见到孩子又去摸脑袋，郭槐一见，好哇，之前是你调戏乳母，被我下了狠手，你该是没胆子了，这回肯定是乳母勾引你，不由分说，一顿板子下去，这个乳母也死了，随之，贾充的次子也不幸夭折。

郭槐要是能对自己的孩子仁慈些，吸取教训，别滥杀无辜，次子应该能健康活下去的，可是本性难改，这女人害死自己儿子，都不改恶习，就更别说对其他人了。司马炎称帝以后大赦天下，李氏被赦免回到洛阳，为了让贾充夫妇团聚，司马炎特意恩诏允许贾充配左右夫人。郭槐的醋名声连皇帝都耳闻了，为了让贾充好过，皇帝给他做了妥当安排，李氏可以接回去，仍旧做你的夫人，郭槐嘛也不得罪，皆大欢喜。贾充谢了皇恩，回去和郭槐商量，谁知郭槐火冒三丈，大骂贾充说，我跟你同甘共苦这么多年，你有今天可别忘了那是我的功劳，休想让那个小妖婆在我面前碍眼。贾充见她不依不饶，怕她再撒泼，只得谢绝了皇帝的恩诏，断了置两房夫人的念头。

虽然不能将李氏接回家，但是贾充心中很愧疚，他给李氏另买了宅院，只是从来不敢去探望。即便如此，郭槐还是不放心，只要贾充外出，她就派人跟踪。李氏的女儿后来成了王妃，她劝说父亲休掉郭槐将母亲李氏迎回来，有一次叩头请求父亲时连头都叩破了，但是贾充硬是不敢点头。贾充的母亲临终时，贾充问其有什么心愿，母亲说，我让你将贤惠媳妇迎回来，你始终不肯，我还有什么心愿好说。结果，李氏一直未能再回贾府。

郭槐没有妇德，但是似乎很有头脑，晋文帝时期，命贾充主持修订法律，郭槐参与此事，帮助贾充勘定律令，贾充死了以后，没有儿子继承家业，郭槐就上奏让自己的外孙继承爵位和封地，皇帝特许同意，之前可从来没有这个例子。郭槐年老即将过世时，其女贾南风对太子不好，郭槐劝身为皇后的女儿说，对太子好一点，不要苛责他，以免招来祸患。对于郭槐临终时这一番嘱托，《世说新语》里嘲笑道，听这番话，倒觉得郭氏是个贤明的妇人，让贾皇后疼爱非亲生的太子，她怎么就忘了当年因为嫉妒，曾害死亲生儿子？是因为两件事不同，还是郭槐到老的时候变得讲感情了？

郭槐的话，从小耳濡目染，在母亲熏陶下长大的贾南风，到底还是没听进去，她干预朝政，最终导致八国之乱。

知识卡片43

贾充

西晋宠臣贾充，在历史上的名声不太好，不过他实际上并没有做大奸大恶的事情，客观评价贾充的一生，他对中国历史还是有贡献的。他主持修订了《泰始律》，在法律上首次区分了律、令的概念。这部律令将汉律令和说解共773万字压缩为12万字，不仅在法律编纂上是一大进步，而且也使人民减轻了动辄得罪、轻重无准的威胁。在统一中国的战争中，尽管贾充一直反对出战，并持消极的态度，但是作为名义上的统帅，他参战还是起到了监督、支持的作用，他的亲信就曾带领军队攻入建邺。

饿死的太后

若是没有儿媳贾南风，生性善良又年轻貌美的杨芷应该还有许多年的好日子过，可是，就因为自己的仁慈，尊贵的皇太后竟落得个冻饿而死的下场，杨芷与贾南风，在西晋历史上，演出了中国版的农夫与蛇。

司马炎第一任皇后杨艳，生下了愚钝的儿子司马衷，因为爱子心切，杨艳在临终时坚持让司马炎立自己的堂妹杨芷为后，让杨芷来保护外甥司马衷。此刻西晋后宫中有数名美女期待着皇帝的宠幸，其中有位胡贵嫔得到皇帝专宠，并且已经生了一个公主，杨艳很担心，儿子愚笨，若是自己死了，胡贵嫔生下皇子，极有可能成为皇后，到时候母以子贵，自己的儿子哪里还有好日子过？杨艳临死前苦苦哀求司马炎，直到皇帝同意，她才瞑目。公元276年，杨芷被立为皇后，虽然这时候的司马炎沉湎于女色中，但是杨芷此时不过18岁，长得也很美丽，加上性格温和，司马炎很宠爱她，不久，杨芷就生下了一个皇子。

这时候的杨皇后，在司马炎面前还是很说得上话的，她遵从堂姐的遗言，对太子司马衷很关照，司马衷的太子妃贾南风，是权臣贾充的女儿，生性残暴，长得也很丑陋，她为了巩固自己的地位，亲手杀死了怀有司马衷孩子的宫女。司马炎得知此事，勃然大怒，要将贾南风打入冷宫，另选贤淑的女子，因为前任皇后临终时让堂妹关照太子和太子妃，因此杨芷赶紧出来反对，说太子妃年轻，还不懂事，再说，妒忌是女人的天性，等她年长自然就会好了。看在杨芷的面子上，司马炎才不再追究此事。为了太子和太子妃的安全，杨芷曾严厉地训诫贾南风，其实是为了他们着想，但是贾南风不这么认为，她反而觉得司马炎惩处自己都是因为杨芷吹了枕头风，因此怨恨不已。

杨芷的父亲杨骏，是个没有才能也没有名望的人，以前只做过县令之类的小官，后来都是因为女儿，才得以做上车骑将军。大臣们都认为杨骏不能重用，给高官让他做绝对不行，这人气量狭小，承担不了社稷重任。但是司马炎却认为，没有才能就不会与皇室争权，再者，杨骏没有儿子，即便谋夺一切也无人继承，自然就不会有非分之想，司马炎因此更加重用杨骏。

13年后，到了公元289年，由于纵欲过度，司马炎的身体时好时坏，他把朝政交给杨骏，自己去深宫养病。第二年年初，杨骏为了与重臣卫瓘争权，利用司马炎对自己的信任，说卫瓘的坏话，污蔑卫瓘的儿子卫宣，并拆散了卫宣与繁昌公主的婚姻。司马炎得知事情真相时，身体情况已经很差，他想召汝南王进宫，却被杨骏偷藏了诏书，等不到救援，司马炎在无限忧郁中死去。

司马炎驾崩后，太子司马衷即位，这个呆呆傻傻的太子，在母亲杨艳和继母杨芷的保驾护航之下，坐稳了太子之位，最终登基成了皇帝，杨芷被尊为皇太后，贾南风被立为皇后，而杨骏则成了唯一的顾命大臣。贾南风是个很有野心的女人，司马衷愚蠢不能治理国家，她想掌握政治大权，但是有这个想法的不止她一人，还有个无才但是不自量力的杨骏。身为顾命大臣的杨骏，根本没把司马衷放在眼里，他住进先帝的太极殿，还批阅奏折，这让贾南风气得不行，时刻想着要扳倒杨骏。

公元291年，贾皇后策动楚王司马玮发动政变，同时指使死党上书司马衷，诬陷杨骏谋反。杨骏不过就是狂妄了些，有点小人得志，但是谋反的本事还是没有的。司马衷是个白痴，立刻就按照皇后交代的办，杨骏被免了官职，楚王与东安王奉皇诏亲自来诛杀杨骏，皇太后听说此事万分焦急，就在帛书上写了求救信，却不幸被贾南风的人捡到，顺带将皇太后也治了个一同谋反的罪名。

原本就怨恨杨芷的贾南风，正要找机会处理皇太后呢，此刻得到帛书正免了自己动脑筋罗织罪名。杨芷因此被幽禁，又被贬为庶人。杨骏被诛灭三族，受株连的人有数千。杨芷在母亲被斩之前呼天喊地，苦苦哀求，并割下头发，以示自己愿意给贾南风做奴婢，只求保住母亲性命，但是最终杨芷的母亲庞氏还是被斩首，杨芷被带回宫中监禁。贾南风遣散了杨芷身边服侍的人，又不给她食物，最后，八天没有进食的杨芷被活活饿死，死时不过34岁。

如果没有先前的识人不清，若能早点看穿贾南风的残暴，若是在贾后犯下罪孽时不偏袒包庇，或许贵为皇太后的杨芷，能在西晋后宫中颐养天年，而不会在亲人被诛杀殆尽后，饿死狱中。

知识卡片44

八王之乱

西晋惠帝时期，晋惠帝皇后贾南风为了让自己的家族掌握政权，在公元291年与楚王司马玮合谋，发动禁卫军政变，杀死了太后杨芷的父亲杨骏，但政权落入了汝南王司马亮和元老卫瓘的手中，贾南风的野心没能实现，当年六月，她又指使司马玮杀死了汝南王司马亮，接着诬陷司马玮擅自杀害大臣，将司马玮处死。贾南风得以执掌大权，不久废了太子，并将其杀害。从公元291年到公元306年，长达16年的时间，诸王为了争夺中央政权，不断进行内战，史称"八王之乱"。

南山下的五柳先生

在身处乱世的隐士中，陶渊明算是隐得最彻底的一个了。他辞官回归故里之后，过的是"躬耕自资"的生活，每天与志同道合的夫人翟氏一道，"夫耕于前，妻锄于后"，他刚刚回归乡里时，或许手边还有些积蓄，据说当时的情况是"方宅十余亩，草屋八九间，榆柳荫后檐，桃李罗堂前。"生活能自给自足，又不受束缚，夫唱妇随，很是逍遥。

陶渊明很懂得享受生活，或许是将自己对仕途的一种无望寄托在山水田园之间了。他喜爱菊，就在宅子四周到处种满菊花。他喜欢饮酒，只要朋友来访，不管贫富贵贱，只要家中有酒，必定要请朋友一道喝个痛快。也正因为如此，在这样自由的生活环境下，他写出了许多优秀的作品。"春蚕收长丝，秋熟靡王税"、"久在樊笼里，复得返自然"、"暧暧远人村，依依墟里烟。狗吠深巷中，鸡鸣桑树颠。"就任县令，为五斗米折腰，让陶渊明难以忍受，少年时的壮志，在现实中已经被磨灭，面对黑暗和不公正，原本还想建功立业、兼济天下，在官场中渐渐失望、悲慨。是否决定归田，陶渊明也曾犹豫不决，毕竟祖父与父亲都曾做过太守，他年少时生活的环境是个家底殷实的官宦之家，而不是扛锄种豆的民居之所。但是"爱丘山"的夙愿压倒了"逸四海"的猛志，樊笼一般的官场，让他超脱的性格与之格格不入，陶渊明最终的路还是归隐田园。

陶渊明处在一个崇尚自由、玄风扇炽的时代，士人们为了逃避政治上的篡杀，很容易形成隐逸的性格。悠然洒脱的陶渊明，在自己的诗中就很坦诚地讲，为官是生计所迫，归田才是质性自然。在归隐之后，陶渊明在农村长期进行田间劳作，感情上越来越贴近劳动人民，若说之前归隐是因为厌倦官场，是种逃避，那么后期，他的归隐则更多的是享受，别人瞧不上眼的乡村事物，在他眼中都是美景。就在这怡然自乐中，他依旧带着理想，但是不同于入仕为官的追求，归隐的陶渊明此刻只期望劳动人民能过着富庶和平的生活，这在他的《桃花源记》中就能看到，他设想了一个乌托邦式的世外桃源，人们数百年不知战争，安静幸福。这种理想社会是陶渊明的美好愿望，但残酷的现实摆在面前，世外桃源从来都只是个美丽的假想。

恬淡的生活继续不久，陶渊明就从一开始的田园乐趣进入到悲惨的现实境况中，出身书香门第的他毕竟不是耕种好手，即便辛勤劳作也无法过上衣食无忧的小康生活。在陶渊明44岁时，一场巨大的灾难降临，他赖以生存的几亩田地，几间草屋，都在一场大火中荡然无存，原来还有闲工夫莳弄菊花，和朋友小酌几杯的生活，也消失殆尽，一贫如洗的陶渊明，只得带着家人寄居在船上，靠亲朋好友的接济过活。有人曾劝他再次出仕，说在官场给人打躬作揖总强过食不果腹吧，陶渊明谢绝劝告，生活越来越苦，到他58岁的时候，生活已近绝境，"弱年逢家乏，老至更长饥。"陶渊明需要向朋友借贷度日，这样又过了五年，元嘉四年中旬，神志尚还清醒的陶渊明，给自己写了《拟挽歌辞》，"死去何所道，托体同山阿"，这种面对死亡的平淡和自然，想来甚觉心酸。

元嘉四年十一月，63岁的陶渊明故去，从他41岁开始归隐，他已远离官场足足22年。其实，这种离去并不能避免现实生活对陶渊明的影响。他的外表恬淡静穆，而内心却热情无比，也因此，他从来都没有真正避开过这个社会环境。闲适的田园生活中，他的心情是自然而宁静的，但是他的思想，他对和平环境、美好生活的渴望，却时时都在与残酷的现实碰撞。

知识卡片 45

田园诗人

　　陶渊明被称为"田园诗人"，是"田园诗派"的鼻祖。他的田园诗数量很多，并且成就很高。这类诗充分表现了诗人鄙夷功名利禄的高远志趣以及对黑暗官场的憎恶，也表现了诗人对淳朴田园生活的热爱，对理想世界的追求和向往。作为一个文人士大夫，这样的思想感情，这样的内容，出现在文学史上，在门阀制度和观念森严的时代显得特别可贵，在陶渊明晚年所写的田园诗中，也有反映自己困顿生活的，这些也都是当时贫苦农民的真实生活写照。

有作为的鲜卑儿

晋明帝司马绍是个很聪慧的人，不仅孝顺、勇猛，还礼贤下士，并且工于书法，据传他的样貌遗传自母亲，长相异于中原人，下巴上有黄褐色胡须，作为晋元帝的长子，重臣王敦曾要求晋元帝废除司马绍的太子之位，因其他大臣反对而作罢，但是王敦很不喜欢司马绍，称其为"鲜卑儿"。

王敦不喜欢司马绍，并不是因为司马绍愚蠢、骄横，相反，相对于窝囊的晋元帝，司马绍显得非常聪明能干，这让王敦很有威胁感。作为皇帝的晋元帝，手中并无实权，被权臣王敦一手掌控，在位时很抑郁，皇帝和臣子争权，却以失败告终，换做是谁都会没有面子，因此他这个皇帝其实时刻得仰仗权臣王敦，直到晋元帝去世，晋明帝即位，朝政立刻来了翻天覆地的变化，东晋出了个有作为的皇帝。

王敦后来肯定特别后悔，早知道司马绍有作为，应该早做计划，连同他的窝囊老爸一起消灭掉，自己直接坐上宝座。可当时的王敦有所顾虑，作为臣子直接谋朝篡位会被世人指责，其他人也会借机推翻自己，比如西汉末年，王莽建新朝就只是过渡了十几年而已。能将权力掌握在自己手中，又不用担心别人多口舌，最好的办法自然是扶持傀儡皇帝，王敦的想法让晋元帝一世窝囊，但直到死去，皇位还是司马家的。司马绍即位的时候，早已见多了父亲被臣子控制的情景，此时王敦仍旧想笼络住新帝，日后再想办法踢走司马绍，当然，这只是王敦的想法，司马绍也有自己的打算。

司马绍即位初期，就开始实施策略，为了得到大臣拥护，他礼贤下士，让大家对他心服口服。司马绍是个做大事的人，尽管相貌基因不怎么优秀，但他天资聪颖，心思缜密，还工于书法，作为皇帝，无论治国还是行文，都让大臣们觉得不错，因此，当王敦跳出来要废掉司马绍的时候，其他大臣都纷纷反对。新帝这样有作为，干嘛要废掉，再说，废掉了对我们有什么好。就这样，司马绍牢牢地坐在了皇位上。司马绍尽管坐稳了皇位，却不敢懈怠，他在即位之初就曾微服密探王敦的大本营，所谓知己知彼，百战不殆，司马绍深谙此道。

司马绍的成功还缘于他能重用王导，并让其辅佐朝政，这王导可了不得，他和王敦是堂兄弟，司马绍也不怕兄弟俩里应外合，或许正是因为司马绍的用人不疑，司马绍在位时，王导可从来没有背后捅一刀，并且在司马绍病死后，作为司徒的王导，还成了顾命大臣，受司马绍遗诏辅佐幼帝。司马绍的根基扎稳后，也时刻盘算着消灭王敦，相较于晋元帝时期的虎视眈眈，此时的王敦快成了病猫，司马绍在位第三年，王敦就生了重病，篡权的计划暂时延迟，而此时的司马绍，正如日中天，他不仅脑子转得快，身体也很健康，王氏家族的动静都在司马绍掌控中，他准备了兵马，严阵以待！

公元 324 年，在王敦生病之后，司马绍本想抓住机会出兵征讨王敦，老谋深算的王敦经验十足，再次先发制人，从荆州沿长江直下进攻建康。这一战和两年前可是差别很大，现在的司马绍有准备有实力，而王敦实力不厚打不起败仗，在第一次正面交锋被司马绍狠揍之后，王敦的部下们士气低落，叛军退回了荆州，王敦也回了武昌。司马绍见此情景赶紧乘胜追击，不过，还只到半路，就接到了王敦病死的消息，司马绍一举夺回皇权，王氏主导的篡位事情暂时平息。

内乱平息后，司马绍改变政策，停止对王敦党羽的追究，和江东大族保持和谐的关系，在经济上大力发展生产，遵循休养生息的政策。司马绍原本有收复北方失地的打算，但因国力较弱，决定先发展生产，可惜天妒英才，就在东晋平静不久，司马绍就得了重病。在王敦病死的第二年，司马绍病情加重，不久死去。原本还想有所作为的晋明帝，就这样遗憾地将东晋交给了两位顾命大臣。

知识卡片 46

日近长安远

公元 316 年，晋元帝迁都建康，在权臣辅佐下建立东晋。有一天，晋元帝把刚几岁的儿子司马绍放在膝上，当时，有人从长安来，晋元帝便向对方打听洛阳的消息，在询问时，几岁的司马绍泪流满面，晋元帝问他为什么哭，司马绍就将父亲从前东渡来建康的始末详细地说了一遍。后来，元帝问儿子，长安和太阳哪个离我们远，司马绍回答说，太阳远，因为没听说谁从太阳那里来啊，明摆着的嘛。晋元帝一听这聪明的回答，觉得年幼的儿子很不寻常。第二天，晋元帝召集群臣宴会，把昨天司马绍说的向大臣们介绍了一遍，当着大臣们的面，晋元帝再次重复前一天的问题，问司马绍长安和太阳哪个离我们远，司马绍说，当然是长安远，晋元帝大惊，没想到儿子会出自己的洋相，就问为什么是长安远，司马绍回答，因为举头见日，不见长安。他将父亲比作了太阳。这个机智的回答后来成为典故，叫做"日近长安远"。

国亡胭脂井

陈后主流传于世的除了耽于诗酒，专喜声色的臭名，还有一首《玉树后庭花》，陈后主在后宫中，常将所写的艳丽的诗文谱曲，和妃嫔们一起饮酒作乐，听宫女演唱靡靡之音，"玉树后庭花，花开不复久"，当陈后主和两位爱妃在花园的枯井中被擒，陈朝灭亡，这首艳词也就成了著名的亡国之音。

相传陈后主生于深宫之中，长于妇人之手，他的帝位是继承来的，而非自己辛苦打下来的，或许是得来容易，就不珍惜，先祖创下基业，天下渐安，到陈后主这会儿江南已成富庶之地，江山来得容易，陈后主渐渐就忘了祖辈创业的艰辛，也不知道强国利民，守住家业，只懂得享受当前。他热衷诗文，身边聚集了一大批文人骚客，就连尚书令这个高级职务也由一个会写诗的文人江总来担任。这些朝廷命官，不理朝政，天天与后主一道饮酒吟诗听曲。不仅如此，这些因写得好诗而备受后主宠幸的文臣们，在政治上没有一点建树倒也罢了，他们还在后主面前谗言，让带兵的将帅难以在朝堂立足，将领们稍有过失，就被夺掉兵权。没有武将卫国，边备渐渐松弛，朝堂上这些靠写诗做大官的文人们，又只懂得粉饰太平，拍后主的马屁。君臣生活穷奢至极，国力渐渐衰弱。

后主不理朝政的消息传入长安，隋文帝杨坚决定听从群臣建议，起兵伐陈。他写了20多万份诏书，让世人都知道他将要伐陈的消息，有大臣劝说他，说伐陈之事应秘密进行，不该张扬。杨坚说，如果后主惧怕而改过，我还能怎样？就是因为他不知悔改，沉迷酒色，大家都知道他的罪孽，我替天行道，何必保守秘密？于是修建战舰，率兵分道直取江南。

杨坚要杀来了，漫天的讨伐诏书飘降下来，按说陈后主应该进入戒备状态，赶紧召集大臣商量决策，以期亡羊补牢吧，这时候的陈后主又在做什么呢？他身居高阁，不问外事，大臣请命出兵抵御，被他拒绝，直到隋军进了城，州郡都相继告急了，他依旧奏乐饮酒，长江天险，怎能飞渡？隋军再勇猛，也没那个本事。在自己的理想世界里，陈后主自觉防御稳妥，不久，带着500骑兵冲进城的隋将韩擒虎，轻而易举就进到了宫殿中。

大臣们作鸟兽散，不做抵抗，陈后主也丝毫没有振奋的意思，他带着两位爱妃躲进了后花园中的枯井里，妄想逃过一劫。韩擒虎领兵攻入宫中，本来想抓住皇帝立个头功，没想到宫中空空如也。奇怪了，被抓住的后宫佳丽都在景阳殿等着发落了，这陈后主没逮着，连带着绝色美女张丽华和孔贵妃也不见了？韩擒虎前前后后搜罗，只差把宫苑掀翻。就在韩擒虎失望的时候，士兵们见到了陈后主藏身的枯井，这井估计很深，士兵们看不见底，大呼小叫里头也没有回音，其中有个士兵就建议，不如丢块石头下去，正说着，井底立马传来求饶的声音，于是，韩擒虎命人将箩筐放入井中，用粗绳将井底的人拉上来，士兵们合力牵拉，发觉很沉重，一开始，士兵们还迷信呢，以为龙体不同凡体，结果扯上来一看，众人都乐了，陈后主、张丽华、孔贵嫔三人紧紧抱坐在一起，原来是三个人的重量。据说当时井口很小，张丽华的胭脂被擦在井口，人们便将这井称为"胭脂井"，也有人叫它"耻辱井"。

陈后主在胭脂井中，就此亡了国，其实，若陈后主能及早防备，隋军不一定能轻而易举渡过长江天险，如果守城的士兵能同心协力，隋军更不能不战而胜，想想，前往宫中擒拿后主的不过是区区500人马，就让陈后主束手就擒。可惜了江南的富庶啊！

知识卡片 47

没心没肺的陈后主

陈叔宝做了阶下囚以后，生活百无聊赖。隋文帝是个贤人，对后主很优待，每次召见他，都让他站在三品官员的行列中，从来不对其进行羞辱。在宴会上，也从不让人演奏江南音乐，以免陈叔宝触景生情，黯然神伤。隋文帝处处注意，可陈叔宝却似乎从来没把亡国当做一回事儿，依旧悠游度日。有一次，监守陈叔宝的人向隋文帝报告说，后主觉得没有官位，上朝堂不方便，想要一个官职。隋文帝感叹，这人还真是没心没肺啊。不久，监守人又上奏说，后主总是喝醉酒，很少有清醒的时候。隋文帝本来让陈叔宝少喝点，免得伤身，后来又由着他，说让他喝吧，不然，他怎么打发日子呢。又过了些日子，隋文帝问后主有什么嗜好，后主说自己喜欢吃驴肉，隋文帝问他能喝多少酒，后主回答，每天与人饮酒一石。这样嗜酒如命，让隋文帝也吃惊不已。

破镜重圆

按照古代的惯例，亡国之君及其亲族是不能留在原籍的，以防止他们纠集旧部，死灰复燃。国破家亡的陈后主和他的一干皇族都被俘虏北上，押往隋国的国都长安。这其中有一个人，就是陈叔宝的大妹妹乐昌公主。

在被押往长安之前，乐昌公主就已经嫁作人妇，并且与丈夫徐德言的感情非常好。这个丈夫可不是皇上或者太后择定，而是乐昌公主自己做主下嫁的江南才子。乐昌公主不同于一般的金枝玉叶，她没有骄横的脾气，且有很高的文学造诣。选对象时乐昌公主也没有选择豪门贵族，而是看重诗文才气，因此，夫妻两人志同道合，夫唱妇随，在当时，是很让大家羡慕的一对佳偶。

乐昌公主被掳走时，眼看着和丈夫就要被活生生拆散，公主便将自己梳妆台上的一面铜镜摔成两半，与夫君各执一半，并约定每年的正月十五，就在长安街市上叫卖铜镜，直到找到对方的下落。徐德言频频点头，但心中很是绝望，此去长安有数千里，兵荒马乱之中，亡国之臣根本难以成行，何况陈朝皇室还不知道会被发落到什么地方。但是为了和妻子还能相见，徐德言强撑着活下来，一心等待局势平定后，就前往长安寻找妻子。

陈国的皇族到长安以后，被分成四个部分来处理，后主和爱妃被幽禁在长安，他的叔伯兄弟被放逐到边陲，宫女及女眷大部分被收入隋朝宫廷充当宫女，还有一小部分出色的女子则被分配给有战功的将士及大臣，乐昌公主被赐给了丞相杨素作妾。杨素也是个有才气的人，他个人很向往南国风光，此次得到乐昌公主，便对其很钟情。然而乐昌公主虽然过着锦衣玉食的生活，心却留在故国，无时无刻不在盼望着能回到丈夫身边。时间过得很快，转眼到了新年，乐昌公主让自己身边年老的女仆拿着自己的铜镜沿街叫卖，老妇人出价高的离谱，众人都觉得莫名其妙，自然也就没有人买那面镜子。第一年的元宵，没有任何结果，第二年也是如此，乐昌公主几乎绝望了，她想到了很多种可能，丈夫已经忘了自己，丈夫离开人世了，可是思量过后，她还是决定继续让仆人叫卖铜镜，一直到自己死去的那一天。

第三年的正月十五，老仆人上街叫卖铜镜，回来时向公主报告说，长安街上有个书生模样的年轻人，也拿着半面铜镜叫卖，并说此镜价值连城，除非拿另一半能与之吻合的铜镜来，才会分文不取相赠。因为自己手中的铜镜符合条件，年轻人就将镜子赠送，并询问了铜镜主人的详情，还留了他自己的地址。公主大喜过望，两面铜镜不差分毫契合在一起。书生留给老妇人的纸笺上，除了地址，还有字迹熟悉的诗文。乐昌公主默诵着诗句，放声大哭。

元宵夜宴时，丞相杨素在家中大宴宾客，没有见到乐昌公主，便派人去催请，仆人回来告知杨素，公主心情不好抱镜痛哭，杨素便知其中定有隐情。杨素位居高官，但是个体贴的性情中人，他当晚就很恳切地询问爱妾，公主坦白地说了破镜的来由，并希望能和徐德言见上一面，了却心愿。杨素虽然心中妒忌，但还是决定让爱妾得偿心愿。

徐德言从老妇人那里得知了妻子的近况，知道两人没有可能再续前缘，很是伤心，他打算想办法再见妻子一面，就遁入空门，两人见面后悲悲切切，让旁人都很难过。杨素虽然喜欢乐昌公主的才情，但见到原配夫妻这样生离死别的场景，动了恻隐之心。他决定好人做到底，将乐昌公主送还给徐德言，并因徐德言的才气，还给他安排了一个官职。夫妻俩感激杨素的成全，但是徐德言并不愿在隋朝为官，他向杨素道谢后，带着妻子离开了长安。

两个人破镜重圆的传奇故事，让人们很是惊奇，大家纷纷登门拜访，徐德言夫妇为了过平静的生活，干脆云游四方。相传，这对夫妻一直平静地生活到暮年，唐贞观十年同时死去，夫妻合葬一墓，陪葬品就是那面铜镜。后世称夫妻分离然后复合叫"破镜重圆"，典故就是从乐昌公主与徐德言的经历而来。

《本事诗》

　　《本事诗》是唐代的笔记小说集，由唐代的孟棨编撰。这本小说集中记载的都是关于诗歌的真实故事，其中关于宋武帝和乐昌公主的两个故事属于六朝时期，其余都是唐朝时的事情。作者为自己的小说集作序时说，撰写本书是为了提供关于一些诗歌作品的写作背景，以便让世人了解作品的真正含义。例如王维讽刺宁王抢占卖饼人的妻子而作的《息夫人》诗，张九龄因受李林甫排挤而写的《海燕》诗等，因在诗中没有说明本意，而无从让人知晓作者的用意。因此，该书进行记载后，对于后世了解唐代诗人的生活和作品，都有一定的参考价值。不过，该书也有记载失实的地方，比如关于骆宾王为宋之问续《灵隐寺》诗和李白讥嘲杜甫作"饭颗山头"诗，等等。

独孤氏专权后宫

　　隋文帝的皇后独孤伽罗 14 岁时嫁给隋文帝杨坚，当时，这个观念奇怪的女子给杨坚提了要求，保证此生不纳妾，也就是说，两个人实行一夫一妻制。这在当时，是很难让众人接受的，不过杨坚同意了，并且在独孤皇后在世时，真没有将另外的女子充入后宫。有人说杨坚是怕老婆，也有人说是因为尊重独孤伽罗，但是不管怎样，杨坚一直信守承诺，并且他的七个子女都是独孤皇后所生。

　　独孤伽罗是北周柱国大将军独孤信的女儿，母家是山东的门阀世家，身世颇为显赫，独孤家有几个姐妹都先后成为皇后。独孤伽罗自幼学习礼法教育，言行举止大方得体。她14岁时被父亲许配给杨坚，因为柔顺恭孝，谦卑自守，很受杨坚的宠爱。杨坚建立隋朝，立独孤伽罗为皇后，独孤皇后不遗余力地支持丈夫的事业，她提出的许多政治见解都与隋文帝不谋而合，当时的内外政事也都加以过问，文帝有做得不当的地方，皇后就忠心苦劝，因此，隋文帝对皇后又宠爱又敬畏。

独孤皇后平常生活很俭朴，从不奢侈腐化，宫里有时连一些必备的衣物和药品都没有。当时，隋朝与突厥有贸易往来，有一盒明珠价值800万，幽州总管殷寿提议让独孤皇后买下，但是皇后婉言谢绝说，现在戎狄多次侵犯边境，将士们征战很是疲劳，我还不如将这800万赏给有功的将士呢。朝臣们听说了这件事，都大为赞赏。

隋文帝借鉴北周亡国的教训，不敢将权势任意转借给外戚，独孤皇后也从来不因为自己高居后位，就为家人谋取权势，或是包庇族人，她的兄弟做官也不过就是将军、刺史而已。她只关心政治，匡扶帝业，这样的皇后在历史上是非常少见的。有一年，独孤皇后的表兄徇私枉法，本该斩首，隋文帝看在独孤皇后的情面上打算免了其表兄的死罪，但是皇后却认为表兄破坏国家法度，不能饶恕，依法将其斩首。不久，她的异母兄弟因为诅咒皇后被发现，独孤皇后很伤心，气得几天吃不下饭。隋文帝打算将其兄弟治罪，但独孤皇后却制止了，隋文帝不解，先前表兄犯了法被斩首，这回皇后被异母兄弟恶毒诅咒，为何放过？独孤皇后解释说，破坏国家法度，是对国家和人民不利，理当斩首，诅咒皇后只是个人私事，无关国家利益，应当饶恕。

《北史》上记载说，皇后很有仁德之心，每次听说处决囚徒，都会伤心流泪。关于独孤皇后的种种事迹，不难看出，她是一位难得的贤妻，但是，事关夫妻关系，却没有什么分寸。独孤皇后不准隋文帝纳妾，也不准朝中大臣们娶小老婆，严格奉行一夫一妻制。相传，独孤皇后在世时，隋文帝曾向其称赞一个宫女的手长得漂亮，结果第二天，隋文帝就收到一个匣子，里面装着那个宫女的一双手臂。虽然奉行一夫一妻值得敬佩，但是醋劲大到这个地步，就有点可怕了。

作为一个有政治才能的聪明女人，独孤皇后辅佐丈夫，仁德爱民，但是这样聪慧的人竟没有看穿儿子杨广的伎俩，因为他迎合母亲，也奉行一夫一妻，就得到了母亲的宠爱，并最终帮助其夺取了太子之位。可是，继位后的杨广，后宫佳丽无数，连自己父亲的妃子都不放过，这一点，却没有被独孤皇后看出来，实在可惜。

独孤皇后才华横溢却又算不上通情达理，仁德爱民却又生性善妒，容不下后宫有别的女子。她的政治贡献值得肯定，对大臣和百姓而言，她是一位优秀的皇后，但是对当时宫中有美色的女子而言，她无疑就是一场噩梦了。

独孤皇后嫉杀美女

杨坚的五个儿子，太子杨勇、晋王杨广、秦王杨俊、蜀王杨秀、汉王杨谅，都是独孤皇后所生，隋文帝没有和别的女子生下子嗣。独孤皇后本性俭约，好读书，博古通今，政治见解与隋文帝相同，大臣们称为二圣。独孤皇后为人很仁爱，但是天性善妒。隋文帝曾在仁寿宫偷偷宠幸了叛臣尉迟炯的孙女，独孤皇后趁隋文帝上朝时，派人一刀杀了那个年轻漂亮的女孩子。隋文帝得知后又悲又怒，骑着马从御花园冲进荒山30多里，大臣追上他，拦马苦谏。隋文帝叹息说，我贵为天子，却连这点自由都没有。他停下马待了很久，半夜才快快不乐回到宫中，所以，有人说隋文帝是中国历史上级别最高的妻管严。

骗爹没商量

晋王杨广13岁的时候，就被父亲隋文帝封为并州总管，拱卫京城。为了让儿子年少时就能得到锻炼，日后能担当重任，隋文帝还派了一位很有才干的大臣王韶去辅佐杨广。

隋朝兴兵灭掉陈朝时，刚满20岁的杨广就是带兵的统帅。虽然当时领兵作战的是韩擒虎等将领，但是在灭掉陈，进驻建康时，杨广表现得很有气度，他杀掉了陈朝的奸佞之臣，封存府库，不贪钱财，最后将陈叔宝和皇后等人押回京城，大家都夸赞说晋王是个贤德的人，杨广也因此进封太尉之职。此后，杨广屡建战功，公元590年，他到江南担任扬州总管的职务，平定了江南高智慧的叛乱，十年后，又北上击败突厥。作为同胞兄弟的其他四个皇子，都没有杨广的功劳大。隋文帝称帝以后，立长子杨勇为太子，但杨广眼见自己的战功在哥哥之上，渐渐就有了取代哥哥的欲望。

太子杨勇是个没有多少心机的人，他习惯了奢侈浪费，或许在杨勇眼中，多花点钱修宫殿买珠宝养姬妾，并不是什么大不了的事，古往今来，皇帝皇子不都这样吗，既然天下都是姓杨的，难道还不能享受自己的财富和如花美眷呀？杨勇幸运，生在帝王家，有做太子的命，但是他同时也是不幸的，有个生性节俭的皇帝父亲，有个痛恨男子不专情的皇后母亲，因此，太子杨勇渐渐就不被父母喜欢。他寻欢作乐，冷落母亲为他精心挑选的原配妻子，大张旗鼓接受百官朝贺，幸运之神离他越来越远，此刻，他的同胞兄弟杨广正伪装自己，迎合母亲独孤皇后，为夺取太子之位做准备。

杨广知道父亲俭朴，自己也开始过俭朴的生活。有一次，隋文帝和独孤皇后去杨广府邸，杨广让自己的姬妾都躲起来，只和正妻萧氏出门迎接。府中的仆人也只留下几个年老貌丑的，穿着破旧的粗布衣裳出来侍奉。同时，杨广还给父母身边的侍从们送礼物，让他们说自己的好话。双管齐下，杨坚夫妻俩越来越喜欢次子杨广。为了加快自己夺位的步伐，杨广还进宫向母亲哭诉，说哥哥杨勇想谋害他。独孤皇后平日就对长子印象不好，听杨广一说，很是气愤。于是，独孤皇后就向丈夫吹枕边风。杨坚见到长子奢侈浪费，心中也有些不满，见妻子数次说起杨勇的不是，他也有了废太子之心，反正都是嫡亲的儿子，既然长子不仁德，还不如让贤给优秀的次子杨广呢。

杨广得知父亲有了废太子的意思，就让宇文述出面，找到权臣杨素的弟弟杨约，让其向杨素说好话，为了自己的利益，杨素答应了杨广的要求，在杨素努力下，清除了支持太子杨勇的大臣，朝堂上都是偏向晋王杨广的，杨坚最终下定决心将杨勇废为庶人，立杨广为太子。

费尽心机的晋王杨广，终于得以坐上太子之位，在隋文帝驾崩后，成为隋朝第二代君主。

赵州桥

隋炀帝时期，著名匠师李春设计并建造了位于河北省赵县的安济桥，又称赵州桥，它是当今世界上现存最早、保存最完善的古代敞肩石拱桥。赵州桥距今已经有1400多年，经历了10次水灾，8次战乱和多次地震，都没有被破坏。1966年，邢台发生7.6级地震，赵州桥距离震中只有40多公里，都没有被破坏，著名桥梁专家茅以升说，不管桥的内部结构是怎样的，仅就它能够存在1400多年就说明了一切。1961年，赵州桥被国务院列为第一批全国重点文物保护单位，因为它是重点文物，通车容易造成损坏，所以现在不能通车。据记载，赵州桥自建成至今共修缮9次。

诗人杨广

在历史上，隋炀帝是个臭名昭著的皇帝，世人多认为他荒淫无道，才导致隋朝二世而亡。其实，杨广也有过人之处，他的诗文在中国文学史、诗歌史上就占有很重要的地位。

唐代张若虚写有名篇《春江花月夜》，其实早在他之前，杨广就写过《春江花月夜》，他的许多诗作中颇有些佳句，也讲究对仗和声韵和谐。他所写《春江花月夜》两首的其中之一：暮江平不动，春花满正开。流波将月去，潮水带星来。诗中一个"满"字，写出了花朵簇簇挤挤的状态。后两句描写江流映明月，潮水拥星光的意境，给了人们美的享受。此诗的风格丽而不艳，柔而不淫，是一首雅致的作品。

杨广不仅爱好诗文，对文化也很重视，他在即位第一年，就下诏恢复被杨

一本书读懂中国史

坚废除的国子监、太学以及州县学。他任命专使视察各州的同时，还要发现有模范行为、文才出众和学有专长的人，考察后将他们送进京师。《隋书》和《北史》中有记载，当时，远近的儒生们都来到京师，被组织起来互相辩论学术问题，还有高级官员根据他们的情况排列名次，然后上报给隋炀帝。许多寒士得以重振门庭，典籍研究盛极一时。许多古代的典籍都被儒生们进行注解，南北的传统学术也被兼并包容，学术之风盛行。

杨广还在江南做扬州总管的时候，就曾网罗学者来整理典籍，他即位近20年，成书130部，对于保存我国古代的典籍做了很大的贡献。隋炀帝时期，中国还具备了总结全国各地方的总结性地方志，杨广命人编撰了关于地方志的承前启后的总结性著作，当时有个著名的地理学家裴世矩，搜集了关于西域的资料，撰成《西域图记》，书中有地图，有记述，还有彩绘图。

除了整理典籍，杨广还下令兴办学校，访求遗散的图书，并加以保护。隋朝藏书最多时有37万卷，77000多类图书，可惜在后来的战乱中，书籍大多被烧毁，到唐太宗时期，仅有8万余卷。杨广崇尚儒教，设立进士科，通过科举制度选拔人才。那时的科举以选择"文才秀美"人才为主，但杨广更注重个人品质的选拔，科举制度的创建，削弱了门阀大族世袭的特权，为下层优秀知识分子提供了极好的入仕机会。

隋炀帝杨广在位14年中，修建大运河，建立科举制度，这些对后世的影响都是深远的。作为一个帝王，他不关心人民疾苦，毫无节制地使用权力、修建宫殿、享受声色之乐。但是，在总结杨广的功过时，我们也应该看到他作出的贡献。他的诗文平和清雅，他对收集古代典籍做出了努力，他重视文化，抛开门第观念，选拔优秀人才。如果没有二世而亡，如果没有民不聊生，如果没有大运河上奢侈的游行，历史中的杨广或许就不会得到隋炀帝的称号。

杨广到晚年时，见天下大乱，心灰意冷，于是修治丹阳宫，准备将宫城从北方迁到南方。不久，宇文化及发动兵变，这个奢侈的帝王，在死时却连口像样的棺材都没有，最终在床板做的临时棺材里，被偷偷埋葬到江都宫的流珠塘堂下，直到公元620年，才以帝礼改葬于雷塘。

知识卡片51

隋炀帝陵墓

　　隋炀帝的陵墓在扬州市邗江区槐泗镇，现在是省级文物保护单位。隋炀帝被缢杀时，由皇后和宫人草草埋葬于宫内，后来改葬吴公台下。公元620年，以帝礼改葬于雷塘，也就是现在的邗江区槐泗镇。陵墓的规模相较于一般帝王，很是简陋，加上年深日久，陵墓渐渐被荒废，不再被世人所知。清嘉庆十二年，学者阮元发现了隋炀帝陵，重新立了陵碑，并请当时的书法家、扬州知府伊秉绶书写"隋炀帝陵"四个隶体大字，镌刻于碑上。1983年，对陵墓继续修葺，修复了神道和陵台。

被憋死的鹞鹰

　　唐朝初期，有位谏臣叫魏征，他做过很多人的幕僚，以性格刚直、才识超卓、敢于犯言直谏著称。

　　魏征早年时曾投入瓦岗起义军，后来成为唐太子李建成的幕僚，担任掌管图籍的洗马官。玄武门兵变后，有人向李世民告发，说太子建成有个部下，叫做魏征，以前参加过李密和窦建德的起义军，后来在太子手下做事，曾经给李建成出主意，让其尽早杀了秦王。李世民立刻派人将魏征找来，责问为何魏征之前要挑拨李氏兄弟的关系。众人都替魏征捏了一把汗，以为李世民要秋后算账，结果魏征却不慌不忙地说："要是那时候太子能听我的话，现在也就不会发生这种事了。"李世民一听，觉得魏征说话直爽，很有胆识，加之先前就听说魏征有才，所以也没有怪罪他，反而将魏征招至麾下，让他担任了谏议大夫的职务。

做了谏议大夫，魏征犯言直谏就更不留情了，每当唐太宗有什么错误，他都会毫不留情地指出来。有时候即使唐太宗生了气，他也不惧怕，凭着自己能说会道，据理力争，把唐太宗说得服服帖帖，唐太宗每次都说不过魏征，时间一长，见了他就有些怕，生怕自己做得不好，又被他进谏。有一次，内侍给唐太宗弄来一只鹞鹰，这鹞鹰似乎通人性，停在胳膊上玩耍，很得唐太宗的喜爱。平常人见了自己喜欢的东西，都免不了要为此耗费些金钱和时间，何况帝王呢，再说，好不容易平定天下，吃喝玩乐享受享受也是能允许的吧。唐太宗逗着鹞鹰，玩得兴起，正好魏征进宫有事奏闻，唐太宗一时没注意魏征到来，自然来不及把鹞鹰交给内侍拿走，一着急，就只能将鹞鹰藏在怀里。其实，唐太宗藏鹞鹰的动作，早被魏征看在眼里，他不动声色，装作没有看见，但故意在奏事的时候拖延时间，之后又絮絮叨叨说了些话，过了好长时间才退出去。待魏征走远，唐太宗才敢看怀里的情况，这一看不得，心爱的鹞鹰早被憋死了。

魏征曾恳切地要求唐太宗，让自己充当治理国家有用的"良臣"，而不要成为只对皇帝一人尽职的"忠臣"。皇帝听得进大臣的谏言，才能更好地治理国家，如果为了官位和皇帝的重用，臣子只知迎合君主，那对国家是很不利的。有一次，唐太宗问魏征说，历史上的君王，为什么有的明智，有的昏庸呢？魏征回答说，多听各方面的意见，自然就明智；只听单方面的话，就是昏庸。他还举了历史上许多帝王的例子，说如果治理天下的君王，能够采纳下面的意见，下情上达，那君主身边的亲信就是想蒙蔽也没有办法。后来，唐太宗拿着隋炀帝的文集，问左右大臣说，隋炀帝学识渊博，自然也懂得尧舜和桀纣的区别，为什么做事又这样荒唐呢？魏征接口说，皇帝光靠聪明不行，徒有渊博的知识也不行，还应该虚心倾听臣子们的意见。隋炀帝说的是尧舜的话，可做的是桀纣的事，最后就自取灭亡了。

魏征进谏的次数多，先后陈谏200多次，而且所说言语也很多，他向来是说到唐太宗点头为止。当然，不是每一次进谏都能被君主接受的，有时唐太宗也会勃然大怒，但朝堂上的魏征总是神色自若，不稍动摇，这让唐太宗为之折服。唐太宗与魏征君臣两人，一个能听进谏言，一个能犯言直谏，魏征劝诫唐太宗以历史教训为鉴，励精图治，任贤纳谏，本着"仁义"行事，这些都被唐太宗采纳。可以说，正是因为有了魏征的敢于直谏，才有唐太宗对国事的不敢懈怠。

知识卡片 52

太宗哭魏征

公元 642 年，也就是贞观十六年，魏征染病在床，唐太宗派人前去探望。因为魏征很廉正，一生节俭，家中没有什么值钱的物品，唐太宗便下令将自己修建小殿的材料，用来为魏征修建大屋。不久，魏征病死家中，唐太宗亲自去吊唁，并痛哭失声，他说："夫以铜为镜，可以正衣冠；以古为镜，可以知兴替；以人为镜，可以明得失。朕常保此三镜，以防己过。今魏征殂逝，遂亡一镜矣。"魏征在贞观年间先后上疏 200 余条，强调"兼听则明，偏信则暗"，这对唐太宗开创千古称颂的"贞观之治"起到了重要的作用。

著名的女外交家

在中国古代历史上，有不少皇室成员嫁入番邦国家进行和亲的实例，唐朝时最成功的例子应该算是文成公主远嫁吐蕃了。文成公主进藏，让汉藏两族的友谊有了很大的发展，后人因为文成公主的突出贡献，甚至称其为女外交家。

在唐代以前，吐蕃也就是现在的西藏，和中土没有什么往来。吐蕃人过着游牧生活，饲养牦牛、猪、马，种植青稞和荞麦。公元 7 世纪，吐蕃首领松赞干布率领军队统一了青藏高原上的许多部落，还创造了 34 个藏族文字。贞观十二年，松赞干布率吐蕃大军进攻大堂边城松州，唐太宗派侯君集率军讨伐，大败吐蕃于松州城下。松赞干布俯首称臣，对大唐的强盛羡慕不已，他上书谢罪，并请求唐朝赐婚，愿与唐朝结好。唐太宗经过一番考虑，答应了松赞干布的请求，从皇室宗女中选出合适的女子，嫁入吐蕃和亲。

　　唐廷选中的宗室女是李氏皇室的远亲，因为长得端庄丰满，自幼饱读诗书，被太宗皇帝选中封为文成公主，经过两个多月的准备，由文成公主的亲生父亲，时任江夏郡王的李道宗率领唐朝派出的和亲队伍，护送文成公主前往吐蕃。从长安到西藏，当时要花上一个多月的时间，和亲的队伍，特意在隆冬季节出发，就是因为沿途要经过许多湍急的河流，冬天河水相对平缓，才方便通过。这支队伍除了带着丰盛的嫁妆，还带了大量书籍、乐器和粮食种子，等等，与文成公主一同进藏的，除了陪嫁的侍婢，还有一批文士、乐师以及农技人员。唐太宗考虑到，当时虽然已经击败了松赞干布，但是要保证大唐西南边陲的长期稳定，还得对吐蕃加强笼络，对他们进行经济和文化上的协助，使吐蕃在潜移默化中追随大唐。因此，当时文成公主肩负的使命，不仅仅是嫁给松赞干布成为他的妻子，更重要的是促进双方的和睦邦交。

　　经过一个多月的艰苦跋涉，文成公主一行终于到了河源，在这里进行了数日的短暂休整，松赞干布亲自率领大队迎亲人马来到河源，拜见了江夏郡王李道宗，并举行了成婚大礼，到达吐蕃的都城逻些之后，在李道宗的主持下，松赞干布与文成公主按照汉族礼节举行了盛大的婚礼，民众们为他们庆贺，松赞干布也高兴地表示，要为公主修建一座华丽的宫殿，留示后代。不久，布达拉宫修建完毕，屋宇宏伟华丽，并且一切建制都模仿大唐的宫苑，借以慰藉文成公主的思乡之情。松赞干布为了与文成公主有更多共同语言，还脱下皮裘，换上了公主为他亲手制作的唐装，并向公主学习汉语，两人感情很融洽。

　　文成公主来到吐蕃后，对当地人的一些不好的生活方式进行了改变。吐蕃人每天都喜欢用赭色的土敷面，说能驱邪避魔，因为是传统习惯，尽管觉得不舒服，大家都照章行事。文成公主觉得这样做毫无道理，她委婉地向松赞干布提出自己的看法，松赞干布觉得她说的有道理，立即下令废除这项习俗，人们渐渐觉得保持自己的本来面目，既好看又方便，很感激文成公主为他们破除了陈规。

　　生活渐渐稳定以后，文成公主带来的乐师们教导当地聪慧的少男少女，让汉族音乐传遍了吐蕃，同来的文士帮助整理吐蕃的有关文献，使吐蕃的政治走出原始性，走向正规化。松赞干布也命令大臣和贵族子弟拜文士们为师，学习汉族文化，还不时派遣一批批贵族子弟前往长安，去研读诗书，把汉族文化引回吐蕃。

农技人员将中原的种子播种在高原的土壤上，向当地人传播农业技术知识，还把种桑养蚕的技术传给他们，不久，吐蕃也有了自制的丝织品。文成公主凭着自己的知识和见地，细心体察吐蕃民情，向松赞干布提出各种合情合理的建议，协助丈夫治理国家。松赞干布和大臣们都非常尊重文成公主，时常向其讨教唐朝的政治制度，来作为自己行政的参考。

贞观二十三年，唐太宗驾崩，继位的唐高宗授予松赞干布驸马都尉的职务，封其为西海郡王，还派使者送去了大量的金银物品。松赞干布与文成公主努力推行改革，吐蕃的大论禄东赞妥善谋划，吐蕃在军事、政治、文化等各方面都取得了突飞猛进的发展，逐渐称霸西域，成为大唐西方的有力屏障。

唐高宗永隆元年，文成公主在逻些病逝，两国的外交关系在松赞干布病故后逐渐恶化，此次文成公主逝世，唐朝派使者前往祭奠，但是两国外交并没有得到改善。不过，外交上的疏远并不影响文成公主在吐蕃人民心目中的地位。文成公主死后，吐蕃人到处为她立庙设祠，追随公主前来的文人工匠们也一直受到丰厚的礼遇。直到现在，文成公主仍被西藏人视为神明！

知识卡片53

文成公主庙

　　青海省的玉树藏族自治州，地处青藏高原的东南部，是中国的"三江源"，也是闻名于世的藏族歌舞之乡。在玉树，有一座文成公主庙，是1300多年前为了纪念文成公主修建在这里的。文成公主庙别名沙加公主庙，位于玉树县结古镇的贝纳沟。藏式建筑的庙宇紧贴着百丈悬崖，庙宇四周所有的悬崖和面积较大的石头上都刻着数不清的藏经。这座庙是一座既有唐代风格又有藏式建筑特点的古式建筑。该庙共有三层，面积包括院落有600多平方米，通高9.6米，庙中央的文成公主坐像有8米高，坐像两旁有8尊石刻佛立像，精雕细刻，形象生动。1300多年，文成公主庙香火不断，前来朝拜的藏汉群众络绎不绝。

胸怀大志的小才人

贞观十一年，14岁的武氏入宫，成为唐太宗的才人，人称武才人。唐太宗很宠爱她，赐名"武媚"，但是后宫佳丽众多，不久，武媚就被冷落到一旁，做了12年才人后，地位始终没有得到提升。这个在后宫众多美女中并没有获得特殊荣宠的武姓女子，就是后来中国历史上唯一的女皇帝武则天。

武媚的父亲原本是个木材商人，后来追随李渊起兵，唐朝初年做过工部尚书和利州都督。相传武媚小时候天生异相，当时，名闻天下的星相家袁天罡去武家赴宴。宴席上，主人请大师为家人看面相，武媚上头还有两个哥哥，袁天罡见了武家的儿子，只说这两个孩子官可以做到三品，但是并不会富贵终身。话刚说完，乳母抱着穿男孩衣服的武媚出来，袁天罡上前审视一番，说小郎君可惜是女子，若是男儿，当为天下主。

武媚12岁时，父亲去世，她和母亲受到族兄的虐待，没过多久，她得以进入宫中，年少的武媚聪慧机敏，得到了太宗皇帝的喜爱，在太宗病重期间，皇子李治时常来探望父亲的病情，与近身伺候的武媚相识，渐渐产生了感情。唐太宗驾崩后，武媚和部分没有子嗣的妃嫔都被送到感业寺中为尼，她与刚即位的高宗皇帝一直藕断丝连。唐高宗刚即位时，专宠萧淑妃，并有让萧淑妃的儿子做太子的打算，当时，王皇后无所出，过继了一个宫女的孩子，虽然这孩子是长子，却不聪慧，王皇后见萧淑妃恃宠而骄，担心自己后位不保，决定想办法对抗情敌。

武媚的出现让王皇后立刻有了对付萧淑妃的主意，她将已经怀孕的武媚接入宫中，成为自己的贴身宫女，皇帝因此大为欣喜，时常来皇后宫中，渐渐冷落了萧淑妃。王皇后心中窃喜，以为凭自己的好办法，终于夺得了高宗的欢心，但实际上，她是为自己埋下了一颗地雷。武媚回宫第二年，被册封为二品昭仪，不久又生下了皇子李弘。此刻的武媚，已经不甘心做王皇后的同谋，她想要得到的，不是一时恩宠。武媚被高宗宠幸时，萧淑妃被冷落，皇后也渐渐不被皇帝关注，两人发现，自从武媚回了宫，后宫的一切都不在自己掌控中了，她们此时的敌人，并不是对方，而是后来居上的武昭仪。

33岁时的武媚，为高宗生下了他们的第一个女儿，《资治通鉴》里记载，此女出生一月之际，王皇后来看望孩子，之后，武昭仪亲手杀死了自己的女儿，嫁祸给王皇后，高宗因此将皇后打入冷宫。事件是否真实不得而知，但是，因为这个小公主的死亡，直接导致了王皇后被废黜，高宗想废王立武，但是受到长孙无忌等老臣的反对，此时的高宗，正想打击元老势力，重振皇权，武昭仪就成了他政治上的"战友"。他们重赏明确支持"废王立武"的官员，一些中层官员见此纷纷倒戈，转而支持立武昭仪为后，"拥武派"的出现使局面被扭转，部分元老也见识了武昭仪的铁腕，他们一改先前的强硬，说这些都是皇帝的家事，不必问外人。高宗大喜，公元655年，武昭仪被立为皇后，让自己的长子李弘做了太子。在政治上，为高宗出谋划策，先后罢黜功臣元老，让皇帝实现了君主集权。

武后夺得后位，随后残忍地虐杀了王皇后和萧淑妃，对于自己昔日的情敌，她的手段甚是残忍。被囚禁的王氏、萧淑妃在各自被打一百棍杖，并断了手足后投入酒瓮中。萧淑妃临死前大骂，说自己日后变作猫，让武后变成鼠，当扼其喉以报。据说武后从此在宫中禁止养猫，对于自己残杀王、萧，其实心中还是不安的。后宫之中再没了敌人，朝堂上的元老也被罢免、流放，落得清清静静。高宗的身体也每况愈下，一些繁重的国事便由武后决断，在这种情况下，已经是一人之下，万人之上的武后，又有了新的想法。

公元674年，武后以孝顺为名，让高宗将祖宗封了个遍。唐高祖李渊被封为神尧皇帝，唐太宗为文武圣皇帝。顺带着，唐高宗便自称了天皇，武后改成天后。从十来岁的小才人，成为母仪天下的皇后，这在旁人看来，已经很了不得，可是，谁说一个女人的目标仅止于此呢？胸怀大志的才人武媚，想要获取的权势还多着呢！

知识卡片54

无字碑

武则天死后，立了一块让后人捉摸不透的"无字碑"。关于碑上无字，有好几种说法：第一种认为，武则天是用碑来夸耀自己，表示自己功德大得无法用文字来表达；第二种说法，武则天自觉罪孽深重，认为不写碑文较好；第三种说法普遍被世人认可，是说武则天有自知之明，功过如何干脆让后人去评说；还有最后一种说法，原本武则天已经写好了碑文，但是她的儿子恨透了母亲的作为，将碑文藏在墓室中，而只留一块无字碑。现在，还有学者分析认为，武则天的墓碑上原本是要刻字的，但是在武则天死后，政局动荡，各派的政治势力始终不能对武则天作出适当的评价，加之她既是皇帝又是皇后，如何写好，所以没有文字。历来对武则天都是褒贬不一，但是李白把武则天列为唐朝"七圣"之一。

太平不太平

作为唐宫中一名享有荣华富贵的公主，太平的出生，比别人多了更多的不太平因素。有一个做皇帝的父亲，还有一个做皇帝的母亲，不仅是唐高宗李治和武则天唯一的女儿，还是唐中宗和唐睿宗的同胞妹妹。自出生便受到母亲武则天的宠爱，可说是权倾一时，这个被称为"几乎拥有天下的公主"，像她的母亲一样，有着勃勃的野心。

在太平公主出生前，武后还生过一个女儿，但是，那个襁褓中的婴儿生不逢时，成了政治牺牲品，太平公主的出生，多少弥补了武后作为母亲的缺憾，她几乎将所有的宠爱都给了这个小女儿。太平公主8岁时，以替去世的外祖母杨氏祈福为名，出家为女道士，太平就是她的道号。虽然号称出家，她却一直住在宫里，直到吐蕃使者前来求婚，并点名要娶走太平公主，为了不让爱女嫁去远方，李治和武则天修建了太平观，让公主正式出家，避免和亲。在太平公主16岁时，父母亲为她择了一个好夫婿，就是唐高宗的嫡亲外甥，城阳公主的二儿子薛绍。据说，当时婚礼的场面很豪华，照明的火把把沿途的树木都烧焦了。在第一次婚姻中，也许是此时的太平还年少，也许是对自己的丈夫以及夫家都很满意，太平公主没有做出什么越轨的事情，一家人相处得也算融洽。

但是好景不长，几年后，因为薛家长子参与唐宗室造反，牵连到了驸马薛绍。薛绍被杖责一百，关进狱中，后来活活饿死。当时，太平公主与薛绍的小儿子才刚满月。这件事情对太平公主的打击，肯定是非常大的。武则天无法改变事情结果，只得通过别的方式安慰女儿，她打破唐公主食封不过三百五十户的惯例，将太平公主的封户增加到一千二百户。食封可以保证太平公主享受更多荣华富贵，但是不能填补她的伤痛，不久，武则天又为女儿选择了第二次婚姻。这次选择的对象是武姓人，在太平公主结婚两个月后，武则天正式登基，许多李唐宗室被她杀害，很多人都认为，这次婚姻，是武则天为了保护太平公主而采取的手段，不管怎么说，因为刚刚成为武家的儿媳，太平公主避免了危险。

这第二次婚姻开始后，太平公主的婚姻态度发生了很大的转变，她的丈夫武攸暨性格谨慎谦逊，对于公主的所作所为似乎也不敢抱怨。在母亲的纵容下，太平公主大肆包养男宠，与朝臣通奸，并将自己中意的男宠献给母亲武则天。太平公主的个性与武则天很相似，因此，武则天许多政事都同女儿商量，但她不准女儿将参与政事的事情外泄。太平公主喜好权势，总希望自己有一天也能像母亲一样。

武周末年，武李两家的矛盾逐渐尖锐，为了消弭未来的政治斗争，武则天将庐陵王李显召回京城，立他为继承人，身为李姓子女的太平公主，也逐渐掌握了权力。公元705年，宰相张柬之发动兵变，诛杀了武则天的两名男宠张昌宗和张易之，武则天被迫逊位给太子李显，太平公主因为参与诛杀二张兄弟有功，受封为"镇国太平公主"。同年，韦后与女儿安乐公主毒杀中宗李显，太平公主派儿子薛崇简参与了李隆基诛杀韦后的行动，清除了韦氏党羽，并将新帝拉下马，拥立了相王李旦为王。因为这番功劳，太平公主晋封万户，达到唐朝公主权势的顶峰。

时隔不久，原本站在同一战线的太平公主和相王李旦的儿子李隆基因为争权变成对手。太平公主曾要求唐睿宗李旦废掉太子李隆基，并积极地培植党羽，朝堂上甚至出现了七位宰相有五位由太平公主任命的情况。这等于是架空了皇帝的权力。大臣们见太平公主权势大，也都纷纷依附。几年后，唐睿宗将皇位传给太子李隆基，自己退位成为太上皇，当年，太平公主的丈夫武攸暨去世。第二年，刚刚登基为帝的李隆基与高力士等人先发制人，诱杀了太平公主安置在朝中的亲信，太平公主逃入佛寺中，即便是太上皇李旦为之求情，也不能改变李隆基的决定。最终，太平公主被赐死家中，武攸暨的坟墓也被铲平。

谁能想到，唐朝最有权势的公主，最后竟不得善终，虽名为太平，这一生，这位公主从未太平过，无论是政治，还是婚姻，试想，若是第一次婚姻能长久幸福下去，太平公主的后半生怕是要重写的。不过，历史往往残酷，帝王家的子女，即便权倾一时却连小小的幸福都不一定能把握住。

知识卡片55

红妆时代

从武则天的铁血统治，到唐玄宗开元盛世，这近十年的时间，是唐朝历史上的一个波谷，是中国历史上极不寻常的一段历史。在这一时期，有数名女子在政坛上先后闪亮登场。或许是武则天的成功刺激了一批有野心的宫廷女性，有了榜样，就有了跟随者，那些目睹武则天成功的女性，模仿着女皇帝追逐最高权力。这当中最著名的四个女人，分别是武则天的儿媳韦皇后，武则天的孙女安乐公主，武则天赏识提拔的才女上官婉儿，以及武则天的女儿太平公主。在中国历史上，从来没有哪个时期，有如此多的女性投身激烈的政治角逐，这是一个空前绝后的红妆时代，也是盛事华章到来前，充满阴谋、鲜血和希望的前奏。

昂贵的脂粉费

"姊妹兄弟皆列土，可怜光彩门户生"，杨贵妃得到万千宠爱，她的家人也因此获得荣宠，除了后来权倾一时的杨国忠，还有之前三位并承恩泽的姐姐，四姐妹在唐宫中势倾朝野，唐玄宗每年赏赐给三位姨姐的脂粉钱就多达上千贯，可谓穷奢至极。

杨贵妃受宠于唐玄宗后，因思念家中亲人，唐玄宗就将她的三个姐姐接进长安城，并赐给住宅，分别封她们为韩国夫人、虢国夫人和秦国夫人。这杨氏三姐妹可以随意出入宫廷，势力很大，公主以下级别的皇族和官员见了她们，都要行礼，韩国夫人的女儿还嫁给广平王作了妃子。

杨氏姐妹到长安后，利用妹妹杨贵妃的恩宠和唐玄宗的赏赐，大肆构建宅第，互相攀比，她们穷极无聊时，甚至会因为自己家的宅子没有另一人的豪华，而拆掉重建，每建一处都要耗费千万贯钱，建房子的工人们，昼夜不停地干活，就为了她们能与对方攀比。当时，杨贵妃的两位表兄也和杨氏姐妹一道进了长安，待遇越来越好的杨家人，被人们称为五杨。一些官吏看准他们如日中天，带着许多珠宝钱财来贿赂他们，让他们帮着说好话，甚至是提拔自己，凡是被五杨推荐的人，都能达到自己的目的。

当杨贵妃在宫中几乎达到专宠的地步时，杨氏族人的恩宠也越来越重。五杨中的虢国夫人，是最奢侈的一位，她曾经建了一所新宅院，请了工匠粉刷墙壁，光工钱就花费了200万贯，工程完毕后，工匠还要求再给些丰厚的赏赐，虢国夫人又给了对方许多高级布料。为一所宅子就要花费巨大，何况先前和亲属斗富的时候，拆拆建建用掉的钱，恐怕数字更惊人。

五杨不仅受皇恩花费奢侈，因为仗着自己受到荣宠，权力很大，还十分骄纵。有一年正月，杨家人晚上出去游玩，经过西市门时，与广宁公主相争。杨家的下人挥鞭驱赶坐骑，鞭打到了公主的衣服，公主因此从马上摔了下来。驸马前去搀扶公主，被杨氏奴仆打了数鞭。杨家的下人都敢对公主如此无理，身为皇帝的亲生女儿，广宁公主心中自然郁愤难平，她向父亲哭诉。结果唐玄宗虽然下令杀掉了鞭打驸马的杨家奴仆，但驸马也挨了罚，被停掉了官职。可见，对于杨氏一族，因为爱屋及乌，唐玄宗是极度纵容的。

五杨得势不久，虢国夫人的堂兄杨国忠也得宠于唐玄宗，五杨成了六杨，家族权势更大，当时，长安城里唱起了这样的歌谣："生男勿喜女勿悲，生女也可壮门楣。"杨氏族人一人得道，鸡犬升天。无论男女，都声名显赫。唐玄宗每年十月要出游去华清宫，杨氏一门总是陪在左右。他们出行时，车马和仆人们排着长长的队伍，穿的都是上好的织物。这群穷奢极欲的人，实在想不到挥霍的办法，就将各家的队伍进行不同的装饰，几支队伍合拢时，服装和首饰的色彩十分绚烂，就像云霞汇集在一起似的。而且，只要他们沿途经过的地方，遗失丢弃的首饰珠宝玉器都多得不得了，那些女眷们涂脂抹粉，香风飘到几十里以外的地方。

奢侈之余，杨姓男人们也不忘像所有的凡夫俗子一样，争夺名利权势，不断争取更高阶的官位，女人们没有这样的要求，她们整天打扮得花枝招展，招摇过市，尽显奢华。杨氏三姐妹来到长安后，在这样的生活中享乐了许多年，后来，秦国夫人病逝，虢国夫人和韩国夫人得到的荣宠更多。她们给王公贵族们介绍婚嫁，每次都索取上千贯的钱财，不过，只要她们将婚嫁之事向上奏请，都一定会被批准。除了敛财，虢国夫人在作风上也很混乱，她平日同唐玄宗眉来眼去，又与堂兄杨国忠同车来往，一点都不避讳。

当然，这样的好日子总有个到头的时候，安禄山叛变以后，唐玄宗准备让太子李亨做天下兵马大元帅，也就是将大权交给太子。这样一来，从前玄宗给的好处肯定没了，虢国夫人与杨氏其他人相聚而哭，她们谋划了一番，让杨贵妃出面，阻止唐玄宗内禅，但是内禅能阻止，安禄山挡不住啊，不久，安禄山的叛军杀进长安，唐玄宗带着杨氏族人和其他皇族亲信被迫逃离长安，路经马嵬坡的时候，禁军大将密启太子，诛杀了杨国忠父子，又逼缢了杨贵妃。大势已去，此时杨氏三姐妹中，秦国夫人早死，韩国夫人在安禄山叛乱前已经病故，唯有虢国夫人随同出逃，当她得知杨国忠和杨贵妃相继遇难的消息，立刻带着家人和杨国忠的妻子逃奔陈仓。在围捕中，虢国夫人杀死自己的儿子和杨国忠的妻子后自刎，但是自刎没能成功，她被当地县令关进狱中。过了没多久，虢国夫人因刎伤出血窒息而死，进入长安城的杨氏一族，备受恩宠的杨氏三姐妹，到这里就算全部玩完了。

杨氏因为杨贵妃而享尽荣华，杨氏三姐妹从普通妇人成为比皇亲还要尊贵的女子，接受无比贵重的赏赐，可是，那些昂贵的脂粉钱，粉饰了面容，粉饰了太平，最终也让她们付出了生命的代价。

知识卡片56

华清池

华清池位于临潼县城南骊山北麓的唐华清宫原址上，是国家级风景名胜区，也是全国重点文物保护单位。华清宫的历史很悠久，相传西周时期，这里就修建过骊宫，秦朝时也在这里砌过石宇，当时取名汤泉宫。唐玄宗时期，在此处大肆扩建，环山修建宫殿，改名"华清宫"，因为宫殿就在温泉上面，所以也叫"华清池"。天宝末年，安禄山起兵反唐，华清宫被毁于一旦，现在存留的建筑大多是清代和解放后所建。1958年，对华清宫进行了大规模的修葺和扩建，此后，又在此新添了中外友好书法碑林、梨园宫等景点。1982年发掘出唐代华清池御汤遗址，由御汤、贵妃汤、星辰汤、尚食汤和太子汤组成。贵妃池遗址上的保护建筑为四方形拱顶，其他几座都是长方形宫殿建筑。

后唐小太宗

即位前的唐宣宗李忱，被父亲唐宪宗封为光王，这是一个外表看上去呆呆笨笨的小伙子，幼年时便被宫里的人认定笨得很，他的兄弟以及三个侄儿，都先后做了皇帝，其中唐文宗和唐武宗兄弟俩对这个皇叔很轻慢，不仅看不起他，还戏称李忱为"光叔"，言语中很有鄙夷的味道。

唐穆宗在位时，曾拍着弟弟李忱的背说，这是皇家的英物，穆宗慧眼识真金，可惜在他死后，便没有人看得中光王了。光王李忱历经几朝，从皇子成为皇弟又成为皇叔，他的称谓一直都是光王。在人们面前，李忱永远是糊涂、无能、沉默的，但他心里却时时如明镜一般，也正因为他的外表憨傻，当唐武宗弥留时，为了控制新皇帝，借机掌握朝政大权，宦官马元贽坚持迎回光王，立他为皇太叔，因为唐武宗没有立太子，李忱顺理成章成了皇位继承人。宦官们力排众议，帮助李忱登上皇位，原本以为这皇帝傻不愣登好糊弄，可以任由他们为所欲为，没想到，唐宣宗一登基，一切都变了。

首先，唐宣宗用极短的时间解决了"牛李之争"，唐武宗时期的重臣李德裕被清除出庙堂，宣宗的雷霆手段让同李德裕斗争了许多年的政敌牛僧孺都感到措手不及，清除了李氏党人，重视科举的宣宗又大力选拔科举出身的牛党成员，新的政治力量加入，为宣宗巩固自己的统治创造了条件。对于大臣们，宣宗总是施

之以情待之以礼，非常的恭敬，在恩威并重的情况下，大臣们完全被皇帝驾驭。对于宫中低下的杂役，宣宗显得很可亲，他记性很好，只要见过一面的杂役，他都能记得对方的长相、名字以及负责的工作，从来没有弄错的，宫人生病，宣宗还会派御医去为其诊断，有时还亲自去探病并送去赏赐的物品，可以说，在历代帝王中，像宣宗这样平易近人的皇帝，几乎是没有的。

朝堂上多了许多得力的大臣，相对于即位前只有宦官拥护，此时的宣宗已经羽翼丰满，接下来，他要对权势过大的宦官们下手了。当朝廷的权柄掌握在自己手中，唐宣宗要做的第一步就是为父皇唐宪宗报仇，唐宪宗名为死于金丹，实际上是死于宦官之手，唐宣宗追究此事，杀戮和流放了人数众多的宦官、外戚等。尽管自己是在宦官的拥戴下才坐上皇位，但是宣宗诛灭宦官的心愿长久以来就有了，从前死于宦官之手的朝臣，宣宗都为他们平反昭雪。为了解决宦官问题，他与宰相商议，但奏章被宦官发现，计谋失败。宣宗在位时，最终没有解决宦官问题，但是，他在较小范围内对宦官势力做了约束，由于他处置得当，宦官势力没有过于膨胀，也没有对国家造成较大的危害。唐宣宗整顿吏治取得成效，赢得了民众的颂扬。

除了巩固皇权，唐宣宗为稳固祖宗基业还曾做过其他的不懈努力，他抑制道教，恢复佛教，在长安增加寺庙，争取信仰佛教的朝臣以及广大民众的支持，建立自己的政治基础。同时，宣宗还制定了公正的授官原则，没有政绩的不授予，不到升职时间的不授予，不因为是皇亲国戚等就授予官职，官员们要想升迁，须得凭真本事。这种任免制度，也让朝政更加清明。宣宗任人唯贤，善于纳谏，这也是他与先祖唐太宗很相似的地方，巧合的是，唐太宗时期重用谏臣魏征，到宣宗时，他求得了魏征的五世孙魏谟。魏谟入仕后，颇有魏征遗风，唐宣宗拜其为宰相。魏谟进谏，无所忌讳，唐宣宗很重视他。对于其他大臣的奏议，宣宗也都会洗手焚香仔细阅读，很尊重大臣们提的意见和建议。

唐宣宗执政数年，极力效仿太宗皇帝，从谏如流，勤政爱民，公正无私，恭谨节俭，被人们称颂，赞其为"小太宗"，后世评论，这是自中唐以后唐朝最有作为的一位皇帝了。唐宣宗的政绩和为人确实值得人们赞颂，这一时期，对内，宣宗做到了稳固，对外，则一改之前的退让，对吐蕃主动出击，收复失地，大唐重新取得对河西走廊的控制权，值得一提的是，宣宗时期与吐蕃的这一次战斗，是安禄山叛乱以后，唐朝对吐蕃的唯一一次军事胜利。唐宣宗的时代，虽然称不上太平盛世，但是算得上承平之局。因为唐宣宗的开明之治，延缓了大唐帝国走向衰败的趋势。

不过，即使这样英明的君主，也避免不了对死亡的恐惧，或许是想拥有更多时间来守住大唐基业吧，晚年时的唐宣宗，开始求长生不老，最后因服用金丹过量而死去，这样聪明的帝王，却没有看透生死，实在可惜。

知识卡片 57

严厉的父亲

　　唐宣宗是个很节俭的皇帝，对子女的要求非常严格，几乎到了苛刻的地步。他的大女儿万寿公主，是父亲非常宠爱的女儿，但即便如此，公主结婚时，按照常例应该用银箔来装饰婚车，但是宣宗要求将女儿的车辆改成用铜来装饰。公主出嫁的时候，宣宗还亲自告诫她，到了丈夫家要严守妇道，不得因为自己是皇室就轻视夫家的人。有一次，万寿公主的小叔子病了，宣宗打发人去探望，派去的人回宫后，宣宗就向其询问，公主在没在家，那人照实回答说，公主去看戏了。宣宗很生气，将公主叫来，当面斥责说，难怪别人家都不愿娶皇室公主，我现在知道实情了，你小叔子有病，你还有心情看戏？成什么体统！公主见到父亲发怒，吓得赶紧请罪，并保证自己不会再犯了。

满城黄金甲

"待到秋来九月八，我花开后百花杀。冲天香阵透长安，满城尽带黄金甲。"唐朝末年，盐商出身的曹州人黄巢，踌躇满志，奔向长安，指望能在这个动荡不安的年代，创下一番大业。但科举考试没能为黄巢带来好运，看着一批批寒门学

子欣喜若狂地跑出考场，失利后的黄巢，怀着复杂的心情写下了这首《咏菊》。这是一个胆识过人的考试失利者，许多年后，他高举起义大旗，带着农民军冲进长安，真正实现了自己诗中的场面。

曹州人黄巢，是个家境殷实的盐商，他为人豪气，很善于结交一些亡命之徒。黄巢生活的时代处于唐朝末期，唐皇室奢侈浪费，赋税沉重，经济状况不佳，天灾也接踵而至。老百姓难以生存，许多人为了活命去当盗匪。当时，有个叫王仙芝的人，率领盗匪们起义，不久，黄巢也起兵响应，都是天涯沦落人，没过多久，黄巢与王仙芝的队伍会合，协同作战。唐朝统治者见起义大军来势汹汹，赶紧调集大军夹击。于是，黄、王的队伍就开始了游击战，他们活动于河南、湖北、安徽等地，反复冲击敌人。起义大军多是吃不饱肚子的农民，还有一些盗匪、亡命之徒，战斗力是很强的，因为与其饿死，还不如战死呢。不过统治者派遣的军队是正规队伍，军用物资上也要比农民军充足，双方相持不下，谁也消灭不了谁。

就在和统治者对抗时，起义军内部发生了分歧，其实，起义的人往往分为两种，一种是为了实现鸿鹄之志，改朝换代，建立新世界，比如黄巢，他就是这种想法，但是，还有另一种人，他们需要的只是通过抗争来给统治者施加压力，以达到自己的目的，他们的要求往往也很简单，高官厚禄啊，金银财宝啊，如花美眷呀，可以说这种人目光短浅，也可以说这种人见好就收，王仙芝就是这类人。面对唐廷的诱降，他动摇了。我拼死拼活打来打去，不就是为了吃上白米饭，过上好日子吗？如今朝廷能赏赐给我这些，我还打仗做什么呢。这样想来，也对啊，把脑袋别在裤腰带上过日子多累，保不准哪天就死在乱箭之下了，还是做个小官员，等着领俸禄的好。

人各有志，王仙芝这么做也情有可原，但是黄巢不高兴啦，作为起义军的总头领，王仙芝要是一受降，黄巢的天下还怎么打啊，物资得分一半，兵也得跑一半。这样一来，黄巢不就等着被唐军打败吗？因此，黄巢大骂说，当初我们一起发誓说要打天下，你现在投降去给唐廷做官，咱们下头跟着起义的兄弟怎么办？骂完，还狠狠揍了王仙芝一顿。王仙芝被打得没了受降的念头，但是和黄巢也过不下去了，于是分了兵，去别处作战。后来，两人虽然也有合作，但是不久又再度分开。黄巢的厉害王仙芝是领教了的，惹不起咱就躲开呗，总不能又等着挨揍吧。转战别处的王仙芝，到底没有黄巢顽强，几年后，他在黄梅战死，王仙芝的

131

手下尚让率领余下的人与黄巢会和，推举黄巢为黄王，号冲天大将军，成为起义军的最高领导人。

两支队伍再次会和后，势力壮大了许多，黄巢率军北上，攻克了许多地方，之后沿着黄河南岸西进，打算攻进洛阳去，黄巢的企图被唐军发现，于是唐朝迅速调集军队增援东都，黄巢见攻下东都没可能，引兵南下，渡过长江，东趋下游。起义军到达越州之后，遭到阻击，于是，起义军又开山路700里，进入福建，攻克福州，黄巢带着部将们于福州站稳了脚跟，大力打击此地的官僚和地主。不久，起义军又沿岸南进，攻占了广州，经过两个多月的休整以后，黄巢的计划再次曲线进行，他在同年冬天率军北伐，发表文告，声称即将打入关中，并将唐廷的腐败等公之于众，此时的起义大军深得百姓拥护，很多百姓进入起义队伍，黄巢的部众越来越多，一路北伐时，连连胜利，一直打到了关中，因为在荆门被唐军将领击败，才转而东进。

就在黄巢带军往洛阳途中时，唐军内部也出现了分化，有的将领与唐廷有矛盾，既不能违背皇命，又并非甘心出战。黄巢见此，特意转牒于唐朝的各处镇守兵将，说自己进入东都，只是要去京师向皇帝问罪，跟各处的唐军将领们没有关系，如果唐军各自守着自己的驻地，不与起义军冲突，大家就都能相安无事。

七月，自采石（今安徽马鞍山西南长江东岸）飞渡长江。高骈与唐廷有矛盾，又慑于义军声威，虽拥兵十余万，但保境而已，不敢出战。黄巢渡江后以破竹之势跨越淮河，于十一月占领东都洛阳进军途中，义军"整众而行，不剽财货"，沿途群众纷纷参加义军，众达百万。入洛阳城后，敌人的阵营便被分化了，唐朝此时本就腐败，很多臣子都是口服心不服，此时自然都愿意保住自身。黄巢兵行无阻进入东都，稍作逗留，立刻往西，于年底突破潼关最后攻下了京师长安。皇帝和宦官们都逃去了成都，起义军进城后向贫民们分发财物，并向群众宣布，黄王起义本来就是为了百姓，绝对不会像李唐王朝，对百姓苛刻，所以大家不用害怕，各自好好过生活就是。

公元881年1月，黄巢在含元殿即位，国号为大齐，改元金统。到这个时候，黄巢仍旧是个非常成功的起义领袖，当然，不算上第二年被唐军驱逐，狼狈地跑出长安城。他经过努力，以60来岁的高龄拼杀于战场，实现了自己"透长安"的宏愿。尽管这次起义最后以失败告终，但是因为农民起义军的冲击，促使唐王朝更快地走向了灭亡。

黄巢墓

黄巢的陵墓位于山东省泰安市岱岳区，陵墓南北长30米，东西宽16米，高6.8米，当地俗称"黄巢坟"。北宋和清朝时期的记载中，都有关于黄巢陵墓地址的详细描述。在《新五代史》中这样写道：黄巢被尚让所逼，败后死于狼虎谷。黄巢陵墓所在地距离狼虎谷仅仅三里地，死后埋葬于这个地方，应该是有道理的吧！现在在黄巢墓地周围，有"黄巢观"，有黄巢饮马的"搬倒井"，有黄巢阅兵的"点将台"，以及黄巢制造兵器的"造甲峪"等遗迹，后世人们分析，黄巢在这个地方屯兵的时间并不短，死了以后埋葬在这里的可能性是很大的。现在，黄巢陵被列为省级重点文物保护单位。

篡唐建梁

唐末时期的农民起义，没有成就"我花开后百花杀"的黄巢，但是成全了他的部下朱温。轰轰烈烈的起义进行了九年，众望所归的黄巢并没能改朝换代，数年后，朱温篡唐改梁，才算真正终结了大唐的历史。

黄巢起义给了朱温一个展现才能的机会，朱温参加黄巢起义军后，追随黄巢南征北战，屡立战功，成为黄巢手下一员大将。当黄巢在长安建立"大齐"政权时，得力助手朱温也已成为东南面行营先锋使，驻守在东渭桥，并且还招降了唐朝的夏州节度使诸葛爽。不久，朱温受命转战河南一带，攻占邓州，阻断了唐军由襄樊北攻起义军的道路，使"大齐"政权东南面局势稳定下来。因为朱温战功显著，黄巢为此亲自犒赏三军。不管黄巢将朱温安排在哪一战线，朱温都能大获全胜。追随黄巢五年之后，三十而立的朱温成了"大齐"的功臣，按理说，这个时候，朱温应该坐等封赏，高枕无忧了，其实不然，朱温还有块心病。

就在朱温驻地的河岸对面，他的对手——唐朝的河中节度使王重荣，因为拥有精兵数万，一直不能被朱温拿下。王重荣原本投降过起义军，但是在唐廷号召各地将领围攻起义军时，他又再次倒戈。朱温的兵马对付别人还行，要想战胜有数万精兵的王重荣，就几乎不可能了。由于兵少，朱温出兵几次都铩羽而归，他曾向黄巢请求增援，但十万火急的求援信却总是被负责军务的孟楷扣押，再加上当时的起义军内部腐败混乱，进入长安城的起义领导者，都忙着分土地封官爵找财宝，根本没空搭理朱温的求援，因此，朱温一筹莫展，王重荣不消灭自然是自己的心腹大患，但是想灭掉他，又非容易的事。

就在朱温没想到良策的时候，他的谋士说了一番话，彻底改变了朱温的命运。谋士谢瞳在情在理地替朱温分析，黄巢起义于草莽中，若不是因为唐朝衰败也不可能攻进长安，他并不是凭借自己的功德业绩才建立的帝业，所以这个人啊，不值得您帮助他谋取天下。现在唐朝天子去了蜀地，各地的将领也改变了态度，他们听从天子号令围攻长安，已经慢慢逼近了，唐朝的气数未尽，将军您在外辛苦作战，起义军的政权内部却因为一些昏庸的小人而让您备受阻挠，您为何不想别的出路呢？朱温细细一思量，谢瞳说的句句在理，都说到自己心坎上了，自己替"大齐"拼死拼活，到头来却连个请求支援的消息都因权臣阻挠而送达不到，自己要是继续替黄巢卖命，有什么前途可言？别提将来享受荣华富贵，只怕还没见到好日子，命就先搭进去了。于是，朱温一不做二不休，杀掉了监军使，率部众投降了自己的对手王重荣。

唐天子得知这个消息很高兴地说真是天助我也。就冲起义军大将投奔自己这一着，复兴祖业有希望，朱温叛逃来帮助自己了，将来肯定还有李温、张温带兵前来臣服的。唐天子美滋滋地想完，立马付诸行动，下诏任命朱温为左金吾大将军、河中行营招讨副使，并且还赐了朱温一个名字：全忠。天子煞费苦心，希望这些赏赐能留住朱温，使他尽忠报效唐廷。但是，唐天子和黄巢都看走了眼，朱温没有忠于任何人，除了他自己。就像从前背叛黄巢、背叛"大齐"一样，他最后也背叛了唐天子，并最终灭掉了唐朝。乱世之中，只有成功与失败，只有生存和死亡，什么正义、什么良心，都被抛向脑后，为了自己的前途，为了享不尽的权势，兄弟自残，朋友反目，已经成了乱世中最普遍的现象。朱温本来就不是什么胸怀大义的人，也没有替天行道的理想，他当初参加黄巢起义，本来就是为了图富贵、出人头地，到时候衣锦还乡。这个简单的愿望在黄巢军中没能实现，但是在唐朝廷内，随着官职的步步高升，朱温的理想实现了，只是不久，他又再次将自己理想的等级往上拔高了很多个层次。衣锦还乡？很多人都能做到；荣华富贵？乱世之中也不长久，不如，就做皇帝去吧，普天之下，唯我独尊，什么都是自己的，这多叫人向往啊。朱温开始一步步实施，走近他的皇帝梦。

公元 901 年，唐昭宗被宦官韩全诲幽禁，宰相召朱温救驾，韩全诲不得已投靠了凤翔节度使，两年后，被朱温围困的凤翔节度使杀掉韩全诲与朱温和解，护送昭宗出城，昭宗回到长安，不久，朱温杀掉了数百名宦官，控制了皇室，在这之后，他被封为梁王。公元 904 年，朱温杀掉宰相，逼迫昭宗迁都，并在八月时杀掉昭宗，另立昭宗之子为帝，是为唐哀帝。这场政变进行后又过了一年，在亲信的鼓动下，朱温杀掉宰相裴枢、朝臣崔远等 30 余人，并全部投入河中。朱温的梦想终于到了实现的前夕，公元 907 年，他废掉唐哀帝，自行称帝，改名为晃，建都开封，国号为"梁"，史称"后梁"。称帝后的朱温先是封被废的哀帝为济阴王，第二年又将其杀死，至此，唐朝结束了 289 年的统治，中国历史进入五代十国时期。

知识卡片59

白马之祸

　　"白马之祸"是唐朝末期朱温诛杀朝廷官员的一次事件。公元 905 年，朱温在亲信李振的鼓动下，在滑州白马驿，一日之间杀掉了 30 余名朝廷官员，并将他们的尸体抛入河中，历史上称之为"白马之祸"。这次事件发生以后，唐朝政府的势力基本被扫除。两年以后，朱温废掉唐哀帝，自立为帝，改国号为"梁"，朱温成为梁太祖，唐朝正式灭亡。

一江春水向东流

　　"性骄侈，好声色，又喜浮图，为高谈，不恤政事"，对于南唐的百姓来说，他们摊上这样一位君主，实在是乱世中的悲哀，但也正是这样一位在政治上无所作为的君王，却比许多驰骋沙场、骁勇善战的皇权争夺胜利者名声更响。李煜，就是这位毁誉参半的南唐后主，他是南唐百姓的不幸，却也是中国文学史上的大幸。

　　李煜出生在南唐皇室，是南唐中主李璟的第六个儿子，在李煜上头还有五个兄长，但是除了大哥李弘翼，其他人相继早夭。两兄弟是完全不同的类型，李弘翼性格刚毅，有野心，对政治也颇感兴趣，李煜则一心潜没于诗词文学之中，对担任王位继承人兴致缺缺。兄弟手足不用相残，这是多好的事，可是，历史往往爱开玩笑，或许是李煜的不问世事让父亲李璟感兴趣，又或许是李煜重瞳子的异相让李璟想到了尧舜，谁不盼望自己家能出个伟大的明君呢（事实证明，并非所有重瞳子都是做皇帝的命，李煜这千古词人就把皇帝的位子坐得一团糟）。李璟竟然决定让李煜来继承王位，这让世人都吃惊不小。

　　其实，李煜的继承是非他莫属，即便父亲不指定，他也会坐上这个王位，为什么呢？这得先说说他冷血的哥哥李弘翼。很早以前，中主李璟曾经在祖宗灵位前发誓，说要把皇位传给弟弟李景遂，后来，李璟终究还是存了私心，因为长子李弘翼立下显赫战功，他将其封为太子，其实，到这个时候，李璟的"兄终弟及"的誓言也就只是个誓言罢了，当不得真。且不说此时李景遂有没有想法，成为太子的李弘翼反正就坐不住了，他生怕父亲将位子又传给叔父，让自己空欢喜一场，就秘密杀害了叔父。不过很可惜，虽然除掉了唯一的对手，但李弘翼也没能当上皇帝，在叔父死后几个月，他也一命呜呼了。其实，不管李璟想要将南唐的大好河山交给谁，都已经没有选择的机会，除了儿子李煜，他还能指望谁呢？

李煜顺应大局，接下了南唐的摊子，他一即位，就立刻给北方的宋朝写了一封《即位上宋太祖表》，从这点上就可以看出来，李煜这皇帝做得有多么不甘愿，他不愿扛这重担子，也不喜欢因为处理政事，浪费了自己吟诗作赋的时间。作为一个无心王位的词人，登上帝位是李煜的不幸，但是作为一个皇帝，不知轻重地取舍，就成了国家的悲哀。李煜优柔寡断，这或许就是文人气质吧，可是他的这种个性运用在政治上，就成了致命伤。政治错误接二连三地出现，该杀的奸臣留着，不该杀的忠臣被杀了。国家本来就处在危急存亡之时，北方的宋朝正虎视眈眈盯着南唐这块肥肉呢，人家没动手，皇帝自己就先把出路一条条堵死了。

在中主李璟死后，李煜还撑了12年，也不知道这些年头他是怎么过来的，困在君王的龙椅上，看着毫不雅致的奏折，脑子里想着风花雪月的词赋，多么矛盾，多么糟糕。终于有一天，赵匡胤为李煜解了这个难，他命令李煜去开封，李煜尽管没有政治头脑，却也是个聪明人，此去只怕会送命，因此称病不肯前往。不去？行，反正你去不去，结果都一样，李煜刚拒绝，赵匡胤就派了曹彬的兵马打了过来。一年后，曹彬攻克了金陵，不久，李煜赤身出来投降，被俘虏到汴京，得到了一个耻辱的封号：违命侯。

词人李煜的矛盾终于被解决，他再也不用费心政事，每日只需饮酒作乐，赏花写词，但是，作为词人的李煜，渐渐又被亡国的悲哀笼罩了。虽然做皇帝不自由，但是做阶下囚也不省心啊。做着失去自由的违命侯，接受宋太祖的苛刻要求，妻子小周后还要时不时被叫进宫去，又哭又骂地回来。李煜终于忍不住了。他将自己心中的愁怨写在词中，聊以慰藉。一首首抒发情怀的佳作被后主身边的人传递欣赏，人们感叹着他的才华，直到宋太祖看到了那首《虞美人》，借诗词抒怀的李煜停下了创作诗词的灵感，呼吸也在毒药的残害中渐渐停止。

"问君能有几多愁，恰似一江春水向东流"，作为阶下囚，此刻不合时宜的豪迈思国，并不能让李煜回归故土，这首《虞美人》葬送了这个糟糕的皇帝和伟大的词人，当然，也正是这一江春水，让后人记住了这个千古词帝叫李煜。

一本书读懂中国史

知识卡片60

写给妻子的情书

　　南唐李后主18时，迎娶了南唐开国功臣周宗的长女、19岁的周娥皇。七年后，李煜即位，立周娥皇为国后，史称"大周后"。大周后生得十分美丽，她通晓书史，能歌善舞，还精通琵琶，与丈夫李煜志趣相投。两人曾经一起合作完成了残缺不全的《霓裳羽衣曲》。婚后的大周后与李后主，感情很好，李煜曾经为妻子写了一首词《一斛珠》：晓妆初过，沉檀轻注些儿个。向人微露丁香颗，一曲清歌，暂引樱桃破。罗袖裛残殷色可杯深旋被香醪浣。绣床斜凭娇无那，烂嚼红茸，笑向檀郎唾。借此来描绘娇妻的情态。大周后的美丽妩媚由词中可见一斑。

五代第一名君

　　国学大师陈寅恪曾经说过：华夏民族的文化，经历数千年的演进，造极于赵宋之世。宋朝时期的军事虽然较弱，但文化之灿烂却超过汉唐，达到了中国古代文化历史的高峰。也正因为这个原因，赵宋的创造者宋太祖赵匡胤，就颇被后人推崇。其实，说到赵宋的辉煌，还应该提到一个关键人物，这就是后周世宗柴荣。可以说，没有柴荣奠定基业，就不可能有赵匡胤建立北宋。

　　柴荣生于乱世之中，幼年的时候成为孤儿，他投奔了姑父郭威，这一次投奔是柴荣生命中的转折点。柴荣聪明实诚，当时处于乱世，郭家的日子也不好过，但是郭威夫妇对柴荣很好，懂事的柴荣在少年时期就跟随贩茶的商人往来于四处，赚钱补贴家用。后来郭威代汉建周，内侄兼养子的柴荣成了郭威的左膀右臂。郭威称帝时，因为早年自己的两个儿子被杀，就有心将皇位传给养子柴荣。

他称帝三年后，生病去世，柴荣接受遗命，在郭威的灵前继承了后周的君主之位。这一时期，是中国历史最黑暗、最动荡的年代，54 年的时间，中原先后经历了五个朝代，走马灯一般更换了 8 姓 14 个皇帝。柴荣即位不到 10 天，北汉就勾结契丹大举入侵，当时国贫民弱，柴荣不顾大臣的阻挠，亲自带兵出征。他在全国招募勇士，选择精兵编入禁军，柴荣沉着应战，指挥得当，危局中竟然以少胜多，将汉军击溃。

战斗结束后，柴荣对军队进行整顿，奖赏有功者，惩处怯懦者，处死了贪生怕死的将领。同时，下令各地将战斗力最强的士兵输送到京城，建立了精锐的禁军。在之后南征北战中，这支被柴荣组织起来的战斗力极强的队伍，对于战争胜负起到了关键的作用。后来到北宋时期，继续沿用这一禁军制度，禁军始终是北宋王朝实力最强的军事力量。柴荣大败北汉以后，派兵伐蜀，一举收回四州，接着又三次亲征南唐，经历两年多的时间，夺取了江淮 14 州，迫使南唐退守江南，后周在数次战斗中大获全胜，国力也立刻增强。

后周在柴荣的领导下，渐渐进入发展时期，经历战乱之后，人们迫切需要稳定的环境。周世宗不仅是一位志在四方的军事家，更是目光远大的政治家，他知道打天下，也懂得守天下。因为自幼生活在社会底层，知道民间疾苦，为了让后周百姓安居乐业，柴荣对自己统治下的后周进行了大刀阔斧的改革。五代时期政治很黑暗，官吏都极端残暴贪婪。柴荣大力整顿吏治，改革科举制度存在的弊端，破格任用贤能的人，让真正有才学的人受到朝廷重用。对贪官污吏，他从不手软，就连他亲生父亲的故交犯法，也没有徇私情。柴荣虽然很严厉，注重法治，但是奉行人道。他废除酷刑，用人道的措施对待牢狱中的犯人，还命人彻底修改法律，制定了较为完善的《大周刑统》，这一法律准则的实施，对之后宋朝制定法律有着直接的影响。

在经济上，柴荣也通过许多方式进行改革，他下令罢黜正税以外的一切税收，鼓励开荒，将无主的荒地分配给逃亡的人耕种，让更多的人在战乱后得以休养生息。在后周时期，佛教流传甚广，佛家宣传的思想让乱世中的人们抓住了救命稻草，大家纷纷出钱出力，修建寺庙，铸造佛像，希望能在往生后去另一个世界，开始幸福安定的生活。还有许多贫苦百姓，为了逃避徭役和赋税而出家，大量的金属被用来铸造佛像，以至于铸造钱币的金属紧缺。柴荣采取抑制佛教、打击寺院经济的措施，不准百姓私自出家，并拆毁寺庙，勒令僧人还俗，砸毁佛像用以铸钱，促进商业发展。有人认为柴荣这样做很不近人情，但是柴荣的回答颇具智慧，他说，平定乱世是千秋的功业，佛家曾说，如果为了帮助世人，眼睛和手都可以布施出去，何况区区铜像！

因为生活环境逐渐稳定，加之一系列行之有效的经济改革，生产得到发展，当时的开封城人口迅速增长。柴荣命人将城池大规模扩建，奠定了后来的开封城基础。当时的开封本就有"北方水城"的称号，柴荣扩建开封城后，命人治理黄河、运河等，建立起以开封为中心的水路交通网，一时间，开封成了当时全国规模最大、设施最完善、经济最繁荣的城市。之后北宋定都，也就选择了开封。

可以说，后周世宗柴荣是五代时期最英明的君主，也是对中国历史进程影响深远的人物之一，他进行的改革卓有成效，为后来赵宋的建立奠定了坚实的基础。柴荣的心愿是做30年的皇帝，以十年开拓天下，十年养百姓，十年致太平。可惜，上天只给了他五年半的时间，他开拓天下的宏愿尚未完成，就在北伐契丹途中染病，猝然而逝。试想，如果柴荣的生命能延续数十年，那么，收复幽云十六州、一统北方便指日可待，当然，统一的大业也就不会由一个叫赵匡胤的后周大将来完成了。

柴荣的早逝，成就了赵匡胤，但是没有成就后周的统一伟业。出师未捷身先死，这是柴荣的遗憾，是后周的遗憾，也是中国历史的遗憾。

知识卡片61

跑马圈城

唐朝末年，当时的宣武军节度使李勉把自己的衙署迁到了开封，并开始扩建城池，奠定了开封的城市基础。后来，周世宗柴荣定都开封，看到由于经济复苏和商业发展，人口快速增加，城市房屋过于密集，为了开封的长远发展，柴荣下令将开封城内的违章建筑全部拆毁，并且将城内的坟墓都搬迁到城外。这种做法其实是高瞻远瞩，有利于城市发展的，但是当时引来许多非议和唾骂。柴荣坚持自己的立场，丝毫没有畏缩。并告诉大臣，这样做的好处现在看不到，但是几十年以后就能见到成效了。当时，为了确定扩建的开封城的大小，柴荣命手下的大将赵匡胤在开封城内骑马

飞奔，直到跑出 50 里，马跑不动了才停下。柴荣将赵匡胤骑马跑的范围规定为界限，扩建开封的城池，修建了气势宏伟的外城，把原来的开封城拓展了一倍多。扩建后的开封城分为外城、内城和皇城，城墙高大坚实，建筑井井有条，柴荣为无险可守的开封城筑起了坚固的屏障。

黄袍加身

后周时期，一个颇受后周皇室重用的大将赵匡胤，在五代十国纷乱之后，走上了历史舞台。

赵匡胤祖籍涿州，他的父亲迁居洛阳，并先后担任了后唐、后晋、后汉的军官。起初，赵匡胤投奔后汉大将郭威，得到郭威的赏识，后来，郭威代汉建周，赵匡胤因参与拥立郭威为后周皇帝，被重用为典掌禁军。三年后郭威病逝，其养子柴荣即位，赵匡胤又因战功而升任殿前都点检，这是皇帝亲军中的最高将领，可见周世宗对大将赵匡胤的器重。赵匡胤掌握了后周的兵权，兼任宋州节度使，防守汴京。如果柴荣没有早逝，历史上可能会有一名名垂青史的忠勇大将赵匡胤，当然，就不会有北宋开国者宋太祖了。

周世宗在位没过几年，就猝然去世，当时，他的儿子柴宗训只有 7 岁，小皇帝继位后，手握重权的赵匡胤开始有了别的想法。五代时期，武将夺取皇位的事情很多，赵匡胤就曾眼见着郭威取代后汉，如今自己若要取代后周也没什么奇怪。加上他的弟弟赵光义，以及幕僚赵普都极力赞成，赵匡胤开始积极寻找机会，这一天，机会来了。

公元 960 年的正月，后周四处流传辽国联合北汉大举入侵的消息，当时主持朝政的符太后只是一介女流，加上新帝年幼，皇室顿时慌作一团。无奈之下，符太后屈尊向宰相范质求助，范质思量一番，觉得朝中只有赵匡胤能解救危难，赵匡胤可是皇帝亲军中的最高将领，手握重权，数年来受皇恩浩荡，让他去迎战，应该不会有问题吧。范质找到赵匡胤，让其带兵出征。换做从前周世宗在世，赵匡胤肯定二话不说立马出发，可是今时不同往日啊，赵匡胤又不傻，谁会没点好处去替小皇帝卖命呢，再说，自己虽握有重兵，却没有最高军权，于是推脱说兵少将寡，不能出战。范质自己也没办法，他又不能代替赵匡胤去打仗，若是没有人迎战，皇帝和太后那边不好交差啊。于是，范质很无奈地将最高军权交予赵匡胤，使他可以调动全国兵马。

几天后，赵匡胤带着大军浩浩荡荡出了京城，当天晚上，队伍行至离京城20多里的陈桥驿，部队就地扎营休息。士兵们倒头就睡，但是一些将领却睡不着了。他们聚集在一起，悄悄商量，都说干脆拥戴赵点检为帝吧，我们在外打仗拼死拼活，小皇帝可不知道我们的功劳。商量完毕，大家推举了一个将领去将想法告知赵光义和赵普。还没等两人同意，将领们就冲进来，嚷嚷着说大家已经决定了，一定要拥戴赵点检。其实，这是多好的事儿，赵光义和赵普早就心中窃喜了，没有着急点头是因为不想表现得太明显，殊不知，心中窃喜的还有当事人赵匡胤。

赵匡胤的大军离开京城不久，京城里就有新的谣言传开，大家都说赵匡胤打算做天子，朝堂里的大臣们尽管不信，却还是慌作一团，其实，赵匡胤虽然离京，但对城内的情况了如指掌，这则谣言实际上正是他的杰作。还在周世宗在位时，他就用这招让世宗皇帝对驸马心生猜忌，继而免去了驸马殿前都点检的职务。此时散布谣言，就是为了让朝廷慌乱，并使他的军队除了听命于自己别无他路。事情按着赵匡胤的思路一步步往下继续，在赵光义和赵普的授意下，将士们冲进赵匡胤的营帐中，将一身黄袍披在了他身上，拥戴其称帝。

不久，赵匡胤率军回师开封，到了城内，有亲信做内应，没费劲儿就拿下了京城。为了显示自己是被迫称帝，赵匡胤在宫中还演了一出戏，当将领们找来宰相范质等人时，赵匡胤显出很为难的样子，说世宗待自己恩重如山，如今自己被将士们逼到这个地步，都不知如何是好了，宰相有没有什么别的办法？范质自然无法回答，就在他战战兢兢之际，一旁的将士大声叫道，我们没有主人，今天一定要让赵点检做天子。范质见此，吓得立刻向赵匡胤下拜。

就这样，周恭帝被迫让了位，赵匡胤轻轻松松夺取了后周政权，改国号为"宋"，历史上称为北宋，北宋的建立，结束了50多年混乱的五代时期，中国开始了一个新的历史时代。

知识卡片62

赵德芳死因成谜

宋太祖赵匡胤的第四个儿子赵德芳，在开宝九年出阁，担任贵州防御使。太平兴国元年，也就是公元976年，年轻的赵德芳被授予山南西道节度使等官职，之后，又在20岁上下被加封检校太尉。就在赵德芳升任太尉的第二年，他的哥哥赵德昭被宋太宗逼迫自杀，两年后，赵德芳病死，年仅23岁。因为赵氏兄弟俩短时间内连续死亡，历史学家们多半认为赵德芳病死一事不单纯。《宋史》中记载说，太祖驾崩时，宋皇后急忙命内侍王继恩召赵德芳进宫，但王继恩却拿着遗诏去找晋王赵光义。后来赵光义继位，成为宋太宗。太祖的皇位没有传给儿子，却被弟弟取代，因此，世人普遍认为，太祖皇帝是被太宗谋杀，而赵德芳的病死也可能与其叔父宋太宗有关。演义中有个足智多谋、英明神武的八贤王，这个人物的原型就是在死后被加封太师的赵德芳。

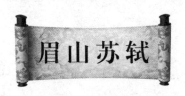

眉山苏轼

嘉祐元年，不到21岁的眉山才子苏轼，参加了朝廷的科举考试，第二年，又参加礼部的考试，获得主考官欧阳修的赏识，在这次考试中，还有个小误会。

当时任主考官的欧阳修，见到苏轼的文章很是喜欢，本来打算将其批为第一。当时，考生的试卷都是看不到姓名的，欧阳修见自己欣赏的这篇文章与自己门生曾巩的风格很相近，以为是曾巩的考卷，为了避嫌，就将其列为第二。后来，得知这篇佳作是苏轼的作品，欧阳修很是懊悔，后来，将这件事告知自己的同僚苏轼，这事儿换做是别人，肯定也不平，不过苏轼根本没放在心上，第一与第二对他来说有什么关系呢？自己的文章被欧阳修赏识，这不就够了？

　　几年后，苏轼应中制科考试，也就是通常所谓的"三年京察"，入第三等，为"百年第一"，这样一个优秀的人才，当时被朝廷授大理评事、签书凤翔府判官等职，文人才子苏轼就此踏入职场，拿朝廷俸禄，开始他极不顺利的仕途。苏轼入朝为官的时间，正好是北宋开始出现政治危机的时候，当时，宋神宗即位，任用王安石进行变法。苏轼的很多亲友，包括他的恩师欧阳修，因为对新法施行与宰相王安石政见不合，而被迫离开京城。苏轼身边的人，几乎没有支持新法的，看着亲戚朋友一个个被迫离开，朝野旧雨凋零，他的心中很不是滋味，此刻的朝堂上，已不是20岁的苏轼所见的情景了。苏轼做官不久，因为母亲病故，回乡服丧，几年后才再次回到京城做官，他在返京途中，见到新法实施，让许多老百姓叫苦不迭，很是不满，加上他也属于政治思想保守一派，因此不认可王安石的变法，甚至上书反对，说新法实施不能便民。此刻，王安石变法进行得轰轰烈烈，宋神宗又大力支持，苏轼反对变法，就是反对神宗的主张，结果，苏轼的下场也跟他被迫离京的亲友一样，不容于朝廷。于是，苏轼便自求外放，去杭州担任通判。既然不待见我，何必等到你们撵我走呢，我主动离开就是了。苏轼去杭州为官三年，做了许多好事，颇有政绩，任满后，他又被调到密州、徐州等地，无论在何处为官，都深得民心。

　　不容于朝廷的苏轼，做着小小的地方官，倒也轻松自在，然后，这种好日子持续了十年左右，苏轼遇到了生平第一祸事。有人故意扭曲苏轼的诗句，说他讽刺新法，那些人借机大做文章，给苏轼网织了"文字毁谤君相"的罪名，将他逮捕入狱。苏轼坐了103天牢，几次都差点被砍了脑袋，要不是宋太祖定下不杀士大夫的国策，苏轼早就完蛋了。出狱以后，他被降职，职务相当低微，这让苏轼心灰意冷，他到任后心情郁闷，干脆四处游览，吟诗作赋，并带领家人开垦城东的坡地，种田帮补生计，俨然一个普通老百姓。

　　后来，苏轼从黄州被调去汝州就任，这一次迁移让苏轼经历了丧子之痛，同时，因路途遥远，路费用尽，苏轼便上书朝廷，请求先到常州居住，得到批准后，他带着家人起程去常州，就在此时，宋神宗驾崩，年幼的哲宗继位。苏轼的生活来了个180度大逆转。哲宗继位后，由高太后听政，由于高太后支持政治保守派，以王安石为首的新党被打压，司马光重新被起用为宰相，苏轼得以被召还朝。按理说，此刻的苏轼应该是沉冤得雪，意气风发了。保守派占了上风，亲友们都回来任职，不会再有牢狱之灾，一切都好了起来，可是，苏轼是个文人，是个正直的文人，是个实话实说、颇有政绩的正直文人。他看到新兴的保守势力拼命压制王安石一派的人，并且尽废新法，又再次向皇帝提出谏议，说目前的保守势力和先前的王党是同一类，目前暴露出的腐败现象很多，需要整治。苏轼进谏的结果，没有让王党的人认为他多友好，但是保守势力是肯定不放过他的，苏轼因此再次被诬告迫害。

到这会儿，苏轼的身份就很尴尬了，既不能容于新党，又不能见谅于旧党，说实话有什么错？怎么就里外不是人了呢！他不得已再次请求外调，以龙图阁学士的身份，回到阔别16年的杭州担任太守。苏轼在杭州的日子过得很惬意，没有官爵进封，但是能求得心安，这或许也就是苏轼的处事原则，他要坚持的只是对与错而已。这样的好日子总是不长久，没过多长时间，苏轼又被召回朝中，但是不久又被外放颍州，就这样起起落落，直到他被贬至儋州，四年后遇大赦得以回朝，但在常州时病故。

苏轼在政治上的成就远不及他的文学成就，因为"学通经史，属文日数千言"的苏轼，轻松便能做出好文章，写下千古佳句，但是，才能在某个时代，却不一定能容于政治。试想，如果苏轼为了政治前途放弃自己对原则的坚持，他或许能得宠于统治者，但没了高尚的气节，就不一定还能留下千古佳句供后人敬慕。

知识卡片63

三苏祠

眉山三苏祠位于四川省眉山市城西，是中国著名文学家苏洵、苏轼、苏辙的故居。宋真宗时期，苏洵在这处私第出生，他的两个儿子苏轼、苏辙也出生于此。这座庭院在元代时改宅为祠，明末时期毁于战火。清康熙年间再次重建，现在成为占地百亩的古典园林。三苏祠内有三苏父子及其家人等十余人的塑像，还有许多苏家遗迹，在祠内，珍藏和陈列着5000余件有关三苏的文献和文物，是蜀中最负盛名的人文景观。三苏祠几兴几衰，一直是文人墨客和广大民众拜祭圣贤的场所。

一本书读懂中国史

没有遗产的宰相

出身官宦世家的王安石，从小随父亲宦游南北各地，本就聪颖过人的他，因为见多识广，有丰富的社会阅历，因此年轻时就很有抱负。青年时期，王安石立下"矫世变俗"的志愿，希望能改变宋王朝"积贫积弱"的局面。

王安石的仕途，相对于同时期的苏轼而言，要顺利许多。他写下万言书，请求改革，王安石认为，当时的法度应该改革，以便适用于当时的政治情况，另外，还应该培养人才，但是，与其他官员的观点不同的是，他主张废除科举，从基层选拔官吏，这些观点在当时是很受政治保守派排斥的。不过，王安石的建议得到了统治者的响应，宋神宗赏识他的才能，将他封为参知政事，不久又官拜宰相，宋神宗的大力支持，是王安石进行变法的强有力的后盾。

王安石为人正直，执法严明，在被重用前，就在任上为老百姓做了许多好事，此时得到变法机会，他开始大展拳脚，意图让宋王朝改变现状。在改革中，王安石将发展生产作为当务之急摆在了头等位置，在其思想的指导下，变法派制订和实施了一系列新法，无论是农业、商业，还是手工业等，都进行了改革。同时，变法派还改革了军事制度，以提高军队的战斗力；为了给国家培养更多优秀人才，作为官宦子弟的王安石，建议官吏从基层选拔，他的本意是好的，但是王安石的变法触犯了大地主、大官僚的利益，皇亲国戚和保守派士大夫们纷纷反对。在宋神宗去世后，保守派掌握权势，新法被废除，王安石也被罢官。第二年，尽管恢复了他的职务，但是因为得不到支持，改革无法继续，于是，王安石自己请辞宰相之职，闲居江宁府。保守派得势后，王安石见新法无法实行，郁然病逝。

王安石的变法有利有弊，在实施的过程中，有一些政策是有利于百姓的生产和发展的，但是因为触犯了地主官僚们的利益，便无法实行，不过，也有部分新法加重了民众的负担，再加上部分变法派在实施新法改革时，对与自己政见不合的保守派进行迫害，以不损害自己利益为出发点，无法从根本上行使有效的改革

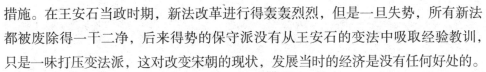

措施。在王安石当政时期，新法改革进行得轰轰烈烈，但是一旦失势，所有新法都被废除得一干二净，后来得势的保守派没有从王安石的变法中吸取经验教训，只是一味打压变法派，这对改变宋朝的现状，发展当时的经济是没有任何好处的。

王安石的变法没能获得成功，但是他做人是很值得后人钦佩的。为了顺利变法，变法派打击保守派就成为必然，王安石与苏轼因为派别不同，思想也格格不入，对于保守派的苏轼，王安石却从未企图将对方置于死地，对政见不合的对手，他只是将对方降职或者流放，而非网罗罪名欲以加害。当苏轼被诬告时，辞官后的王安石还挺身而出上书皇帝，营救政敌苏轼。都说患难见真情，有时候人一失势，连过去的朋友都不一定会来关照，何况敌人呢，但是，王安石这个敌人有伟大的胸襟，他能摒弃私见主持公道，可谓高风亮节！

正因为王安石的品格高尚，所以在他落难时，苏轼才会写诗给他，说"从公已觉十年迟"，表示自己有和对方一起归隐的打算，大有惺惺相惜之感。王安石质朴、节俭，并且博学多才，在当时的士大夫中有很高的威望，值得一提的是，他也是中国历史上唯一一个不坐轿子不纳妾，死后没有任何遗产的宰相。

青苗法

青苗法，也称为常平给敛法、常平敛散法，是宋朝时期王安石变法的主要措施之一。宋朝初期，在各地设有常平、惠民等仓库，用来调节粮食歉收时的食粮不足问题。王安石担任宰相时期，实行青苗法，规定民户在每年夏秋两季收获粮食之前，可以到当地官府借贷现钱或者粮谷，用来补助耕种。借户贫富搭配，10人为保，互相检查。当年的借款随春秋两税归还，每期取利息2分。一开始只在河北、京东、淮南实行，后来渐渐推广至各地。这项措施本来是为了抑制兼并，在青黄不接的时候救济老百姓，但是在实际执行过程中出现了偏差，地方官员强行让百姓向官府借贷，并且随意提高利息，再加上官吏为了邀功，额外增加名目繁多的勒索，让百姓苦不堪言。出发点甚好的青苗法就这样变成了官府放高利贷的苛政，在王安石变法失败后，这项措施也被停止执行。

砸缸的孩子

　　山西夏县人司马光，年幼时就聪敏过人，他喜欢看书，甚至到了不知饥渴寒暑的地步。司马光的父亲司马池曾经做过兵部侍中，还在藏书阁担任皇帝的顾问。或许是父亲的熏陶吧，司马光 7 岁时，便显出了他的过人之处，听别人说《左氏春秋》，他立刻便能领悟其中的意义。

　　童年时的司马光，有一次和伙伴们在后院玩耍，院中有一口大水缸，缸里装满了水，一个孩子爬上缸沿玩耍时，不小心掉进缸中，眼看就要被淹死，其他孩子吓坏了，四处哭叫，司马光没有跑出去向大人们求救，而是急中生智，从地上捡了一块大石头，使劲砸破了水缸。被淹的孩子得救了，司马光也在京城里出了名。他遇事沉着冷静，人们赞叹他的聪明机智，将司马光砸缸的事情画成图画，广为流传。

　　司马光成年后，入仕为官，当时正逢王安石变法，他因为强烈反对变法，便上疏请求外任，居住洛阳 15 年，不问政事。远离朝政的 15 年，实际上也是成就司马光的 15 年，他主持编撰了 294 卷 300 万字的编年体史书《资治通鉴》，当时的著名学者刘恕等人也都参与了编撰工作，由于编撰是在司马光的寓所进行，往来寓所的学者渐渐多了，后来文人们还常来聚会，司马光的寓所几乎成了一个学术中心。《资治通鉴》的编撰，让司马光耗尽心血，全书删削定稿等，司马光都亲自动笔，不假他人之手，成书两年以后，他便积劳而逝。

　　王安石变法失败后，被罢免官职，司马光重回朝中为相，他的政治生涯没有太多可圈可点的地方，王安石新法中有效的措施也没有被吸收利用，但是，司马光从不为一己私利迫害政敌。他废除新法，也只是自己认为新法有诸多不妥，不利于国家发展，而不是纯粹为了泄愤，对变法派进行打击报复。对于司马光，人们能记住的除了他砸缸救孩子，也就只有编撰《资治通鉴》和反对王安石变法两件事了。虽然反对变法、废除新法的司马光没有太多政绩，但是《资治通鉴》的编撰，无论在历史还是在文学史上都具有很高的价值。

文人司马光很成功，政客司马光的形象其实也很高大，尽管他没有让当时政府的现状得到改善，但是他为人正直，在任期间为国为民，是让政敌都佩服的真君子。司马光在洛阳编撰《资治通鉴》的时候，他居住的地方很简陋，为了编撰史书，他不得不另外辟了个地下室，在里面读书写书。当时洛阳有个大臣王振，宅第非常豪华，中堂建了三层，顶上成为朝天阁，洛阳人还开玩笑说：王家钻天，司马入地。同朝为官，司马光的清廉实在可贵。晚年时，司马光的妻子病故，他没有钱财替妻子办丧事，就把自家仅有的三顷薄田典当出去，用来买棺木办理丧事。司马光任职40年，官高权重，却典地葬妻，叫人深思。

宋仁宗时期，曾赏赐司马光百万金钱，还有珍宝丝绸无数，但是司马光没有接受，他年老体弱时，有朋友花50万钱买了一个奴婢送去伺候他，被司马光拒绝，他说，我这几十年，不敢常常吃肉，不敢穿上好的丝帛，身上所有多是粗布麻葛，哪敢花50万请个奴婢呀！这样清廉简朴的司马光，让政敌都叹为君子的司马光，不仅在文学史上给我们留下了瑰宝，在为人上，也值得我们钦佩景仰。

知识卡片65

司马光墓

司马光的墓地在今天的山西夏县城北，坟园占地近3万平方米，属于全国重点文物保护单位，此处东倚太岳余脉，西临同蒲铁路，司马家的族人大多埋葬于此。在墓地前，有一块由宋哲宗御篆"忠清粹德之碑"，碑文是苏轼所撰并书写，此碑曾埋于土中，后来在杏树下被发掘，于是成为杏花碑，碑上的字迹现在已模糊难辨。金代墓刻四石嵌壁，现在保存完好。明嘉靖时期，特选巨石，依照宋碑复制，并建了碑亭。在墓地东面有守坟祠，再往东建有香火寺余庆禅院，寺内大殿中现存的大佛和罗汉，具有宋塑风格。

风流才子柳三变

宋朝时，有许多文人墨客在仕途上不得志，转而醉心文学，留下佳句，这其中，有一个被世人称为柳三变的才子，他就是北宋大词家，写作了大量慢词佳品的柳永。

柳永的家族似乎都很适合入仕为官，他的父亲、叔叔、哥哥、侄子，等等，都是进士，这样好的家庭环境，柳永却仕途坎坷，到年过半百时才赐进士出身。其实，柳永本身还是很聪慧的，据说他入仕两年，就被载入《海内名宦录》中，可见，他在政治上还颇有见地，若能长久为官，指不定能干出一番大事业来，但是柳永放荡不羁，这种性格在官场上就容易受同僚排挤，由于数次被排挤贬低，他对功名的热情度也急剧下降，和同僚们的关系也越来越疏远，从前对入仕很有追求的柳永，渐渐就厌倦官场，转而将精力投入到作词上去，在"依红偎翠"、"浅斟低唱"中寻找寄托，找回自己的价值。

柳永青年时期初考功名，意气风发，他在家乡的时候，看到家人一个个榜上有名，入仕为官，便也勤学苦读，准备大展宏图，但是，柳永骨子里的放荡不羁和自由洒脱，注定了他的才能没有在政治上施展的机会，原本是来京城考功名的才子，怎料满腹诗书进了城，立刻被青楼歌妓馆里的如花似玉吸引，将政治理想抛到脑后。虽然他并未因风花雪月误了考期，但是他的自负与狂妄还是让他吃了苦头。柳永自信艺足才高，想到自己胸有成竹，考取功名唾手可得，便没把即将到来的考试当回事，相较于之前在家乡的寒窗苦读，此刻，他眷恋香衾绣被，只顾快活。没想到，事与愿违，他志在必得却名落孙山，沮丧激愤之余，忍不住写下传诵一时的名作《鹤冲天》，这首词也被认为是考试失利者写过的最好的作品。

表面上看，柳永对功名似乎很鄙视，考试失败写出的"忍把功名，换了浅斟低唱"就很洒脱，可实际上，这只是柳永发牢骚的话而已，第一次考试失利，他立刻重整旗鼓，再战科场。仁宗初年，柳永考试顺利过关，不过由于先前的牢骚太过有名，《鹤冲天》的词传到皇帝耳朵里，这让仁宗很不高兴，你既然这么有本事，功名都不当回事儿，那你还来考什么？你考上过了我也不给你官做，就许你骄傲，还不准我自负了？仁宗大笔一挥，柳永奉旨填词。

这一次的失败，与考试成绩完全无关，不过是统治者心情不佳而已，但是就是因为龙颜不悦，到手的官位就这么没了，柳永由前次的不满变成了今次的愤怒。我考试失利发发牢骚而已，通过了为啥不让我做官，不让我报效朝廷呢，好吧，等着吧，朝廷从此要损失一员得力臣子了，你让我奉旨填词，我就填词去，往后也不指望做官了，就浪荡这一生，做个专职词人吧。于是，柳永自称"奉旨填词柳三变"，从此无所顾忌地纵游于妓院酒楼之中，写一些通俗的、口语化的词作。官场上的不幸，反倒成全了才子柳永，这恐怕是柳永自己也没想到的。

柳永的内心虽然并没有将进入仕途完全放下，但是词作中再也没有了年少时的豪迈和自信，不时写出的羁旅行役之词，也多带着寂寥和伤感。在他的词作中，因为当时所处的生活环境，更多儿女之情的内容出现。在柳永失意时，他的身边围绕的，不是官场同僚，而是他进京赶考时就眷恋上的烟花女子。经历了仕途坎坷，身心疲惫、抑郁不得志的柳永只得以烟花场所为歇息地，他满眼所见，心中所想尽成了相思未尽的缠绵。因柳永的词写得精美通俗，当时的教坊乐工和歌姬们，每次学会新腔新调，都要去请求柳永填词，然后才能传世，得到听众的认可。而这些歌姬获得钱财后也会给柳永经济资助，让他不必为衣食担忧。

晚年时，柳永穷困潦倒，去世后，京城许多名妓感念他的才情，凑钱将其安葬。出殡时，东京满城的名妓都来为其送行，据说当时半城缟素，一片哀声。每年的清明节，当地歌妓还会相约去柳永的坟地祭扫。出身官宦世家，却拥有一身与家庭环境极不相容的浪漫气息的柳永，一生都在仕途和情感之间奔波忙碌。他年少时满腔抱负，追求功名，却又在情场中放浪形骸，当他在烟花地尽享美色时，却又念念不忘功名利禄。柳永的一生极为矛盾，但这种矛盾无法去除，因为他，只是一个世俗的"白衣卿相"而已。

一本书读懂中国史

知识卡片 66

名妓谢玉英

北宋仁宗年间，有个叫谢玉英的名妓，长得很漂亮，并且有才情，她最爱唱柳永的词。当时，柳永惹恼仁宗，不得重用，中科举后只得了余杭县宰的官职，柳永上任途中经过江州，流连妓家，结识了谢玉英，两人一见倾心，后来分别时，柳永写新词表示自己永不变心，谢玉英则发誓从此闭门谢客等待柳永归来。柳永在余杭任上三年，并没有忘记谢玉英，任满回京时到江州与其相会，却不想此时谢玉英又接新客，陪人喝酒去了。柳永很惆怅，在花墙上赋词一首，对谢玉英的失约表示不快。谢玉英回来见到柳永的词，感叹他是多情才子，对于自己不守誓约很是羞愧，于是卖掉家财赶往京城寻找柳永。几经周折，终于在东京名妓陈师师那里找到柳永，久别重逢，两人重修旧好。柳永死后，无钱安葬，当时的许多名妓为其凑钱办理丧事，谢玉英为他披麻戴重孝，就在柳永死后两个月，谢玉英因思念柳永，也郁郁而终。

印刷鼻祖

作为四大发明之一，活字印刷术的发明者毕升，人们在历史文献中几乎找不到他的踪迹，除了《梦溪笔谈》中，沈括简单介绍说他是个普通百姓之外，籍贯生平没有交代，以至于后世对毕升的其他经历无从知晓。但就是这一介布衣，差点在历史长河中被淹没的智慧百姓，为我们留下了珍贵的财富，让全世界的人因此受益。

关于毕升的职业，很多人进行推测，因为没有历史记录，人们只能通过想

象去猜测，目前比较可靠的说法是，他是一个从事雕版印刷的工匠，因为只有熟悉或者精通这一行，才可能因此在工作中发明活字印刷术。毕升在工作时，发现了雕版的最大缺点就是每印刷完一本书，就得重新雕一次版，之前的雕版因此浪费，而雕新的版又会浪费很多的时间，并且增加了印刷成本。如果将一整块雕好字的版分成无数小块，即用活字版，就只需要雕制一副活字，不管印刷什么书籍，只要将活字组合排列就能反复使用。虽然制作活字的前期工作量要大些，但是以后排版印刷书籍就很方便，在这种启示下，毕升发明了活字版。

《梦溪笔谈》中讲到，毕升的活版印刷术是在前人版印书籍的基础上改进而来，在此之前，印刷术只有拓印、摹印等方式，通过这些方式来进行书籍印刷，不仅笨重、费力、耗料、耗时，而且存放很不方便，一旦发现错别字，也无法改正。毕升发明的活字印刷方法简单灵活，也很轻巧，在《梦溪笔谈》中，详细介绍了活字印刷的整个制作过程。毕升用胶泥做成一个个规格统一的单字，用火烧硬，让其成为胶泥活字，然后把它们分类放在木格子里，按照韵母进行有序的排放，一般会将常用字备用几个或者几十个，方便在印刷的书籍中数次出现。排版时，用一块带框的铁板做底托，上面敷一层用松香、蜡和纸灰混合成的黏合剂，将需要用到的胶泥活字从木格中拣出来，按照书籍的文字顺序将活字胶泥排放进框内，排满就成为一版，再用火烤，黏合剂稍稍融化的时候，用一块平板将字面压平，等黏合剂完全冷却，这些组合好的整版活字就成了版型，印刷时，版型上刷墨，敷上纸，用上一定压力，就能让胶泥上的墨字印到纸张上，这样就算完成。印完后，用火将黏合剂烤化，轻轻一抖，活字便能从铁板上脱落下来，下次可以继续使用。

在用胶泥活字进行印刷后，毕升还用木板来进行试验，寻找能代替胶泥的材料，不过，因为木板的纹理不均，刻制比较困难，和黏合剂混在一起后还不容易分开，因此毕升没有采用木活字印刷。毕升死后，他制作的活泥字被沈括的侄子收藏，因为沈括在《梦溪笔谈》中的记载，让创造了伟大发明的布衣毕升不至于被人们遗忘。不过，毕升的发明，在当时并没有引起统治者的重视，甚至在他死后，活字印刷术也没有得到推广，他创造的简单好用、取材方便的胶泥活字也没有被保留下来。

活字印刷术的发明，是印刷史上的一次伟大革命，它为推动世界文明的发展作出了重大贡献，中国的文化经济也因为有活字印刷的出现，得以更快发展，从

13世纪到19世纪，活字印刷术传遍了全世界，人们因此称毕升是印刷史上的伟大革命家。

知识卡片67

活字印刷术的国外发展史

13世纪末，高丽用金属活字印刷了《清凉答顺宗心要法门》，这是世界上现存最早的金属活字印本。

1376年，朝鲜出现木活字《通鉴纲目》，1436年用铅活字印刷《通鉴纲目》。

16世纪末，日本用活字刊印《古文孝经》、《劝学文》。

1440年左右，约翰内斯·古腾堡将当时欧洲已有的多项技术整合在一起，发明了铅字的活字印刷，很快在欧洲传播开来。不过，古腾堡发明的铅字中，同时还含有锡和锑，活字合金含有铅等对人体有害的金属，加上使用麻烦以及工艺上的不足，当电脑排版流行后，就逐渐销声匿迹。

1584年，西班牙历史学家指出，古腾堡的发明受到中国印刷技术的影响，以一些传入欧洲的中国书籍作为印刷蓝本。

法国汉学家儒莲，将沈括在《梦溪笔谈》中介绍毕升发明活字印刷的史料，翻译成法文，他是最早将该发明的史实介绍到欧洲的人。

挖地道见美女

北宋亡国君主宋徽宗赵佶，无论是登基为帝还是被掳为奴，都充满了戏剧性和喜剧性。虽然在宋徽宗时期，北宋已经到了生死存亡的紧要关头，但是作为统治者，他没有励精图治，发愤图强，重用有才能的人保卫国家，而是穷奢极侈，

荒淫无度，无心政务，于是，在戏剧与喜剧之外，又演绎了一出悲剧。

宋徽宗的前任，是他的哥哥宋哲宗，但是，年仅25岁的哲宗驾崩时没有子嗣，新皇帝的人选就从哲宗的兄弟中选择。宋神宗有14个儿子，当时还活着的包括赵佶在内，有五个人。赵佶虽然是神宗的儿子，却不是嫡出，按照宗法制度，是没有资格继承皇位的。当时继位的热门人选是哲宗的同胞兄弟简王赵似，可是这个提议没有得到向太后的同意，因为宰相章惇的话让向太后很不高兴。章惇在朝堂上说，按照嫡庶礼法，应该立简王。这嫡庶礼法一说简直就是触向太后的霉头，谁不知道向太后只生了一个公主呀，先前哲宗皇帝是当时的向皇后推荐给神宗皇帝的，那时哲宗的生母朱氏还只是个嫔妃呢。就因为儿子做了皇帝，朱氏也被封为太后。现在哲宗驾崩，又立朱氏的亲生儿子为皇帝，向太后哪里肯依，到时候，朱太后岂不要尊贵过向太后？

章惇一见向太后变脸，知道自己说错了话，于是改口称，不如按长幼，立年长的申王为皇帝吧，反正章惇的意思，就是不想将机会留给赵佶，为什么呢，因为赵佶年少轻狂，看上去就不能担负国之重任。可这第二个提议就让朝堂上炸开了锅，向太后又好气又好笑，都出的什么馊主意啊，还宰相呢，没看见申王是个残疾吗？他眼睛有病，你也眼睛有病啊。一个有眼疾的人坐在龙椅上接受百官朝拜，这不自毁皇家形象吗！别说向太后，其他官员也难以认同。大家议论纷纷，等着看结果。其实，在哲宗病重时，向太后心中就有了人选，这个人，就是在她看来聪明孝顺的赵佶。赵佶的母亲从前被封为美人，在神宗皇帝死后不久，也绝食而死，向太后多少还是有点私心的，自己帮助赵佶登基，这孩子没有生母在，自然会尊重自己。于是，向太后坚决地说，我没有为神宗皇帝生下皇子，那么所有的皇子都算是庶出，不应该有嫡庶之分。简王排在十三，长幼有序，不应该排在他的哥哥们前面，而申王又有眼疾，不便为君，所以还是立端王吧！向太后的"公正"让端王赵佶一跃成为新任皇帝，原本认为"端王轻佻，不能君天下"的宰相章惇，因为势单力薄，无力争辩，只得接受向太后的决定，就这样，赵佶被向太后等人推上宝座，成为宋徽宗。

其实，章惇并没有看走眼，自幼就爱好笔墨丹青，喜欢骑马射箭，对奇花异石、飞禽走兽感兴趣的赵佶，唯独对政治没有太多心思。他轻佻浪荡，迷恋声色犬马，身边还围绕着一群狐朋狗友。作为一国之君，却没有皇帝的威仪。赵佶有一个好朋友王诜，是魏国大长公主的驸马，此人行为极不检点，神宗曾两次将其贬官。但这样品行恶劣的人，却成了宋徽宗的座上宾，他们一起逛妓院，进酒楼。王诜还向徽宗推荐了只会蹴鞠的小吏高俅，后来，此人靠蹴鞠爬上了太尉之职。

当上皇帝的宋徽宗，生活相当糜烂，或许是逛多了妓院，看多了民间绝色，徽宗对后宫的如花美眷渐渐都没了兴趣。他的皇后长相平凡，并不得宠，徽宗宠幸的是几位才貌皆有的妃嫔，但是，审美总有疲劳时，当妃子们在面前晃悠久了，徽宗也就觉得不新鲜了。他的内侍为了讨徽宗欢心，在徽宗的贵妃刘氏死后，将一名刘姓酒家女召入宫中，使得宋徽宗一下便魂不守舍。之前的丧妃之痛也遗忘殆尽。但随着时间流逝，妃嫔们风韵不再，宋徽宗又有了另觅新欢的念头，虽说后宫佳丽如云，不时有年轻貌美的女子进宫服侍，但徽宗认为她们矫揉造作，提不起兴趣，干脆微服出宫，寻找刺激，这一出宫门，遇到了名噪一时的京城名妓李师师，此刻的徽宗，三魂没了七魄，什么国家，什么朝政，早都抛到了九霄云外，李师师成了他的全部。

为了与李师师幽会，徽宗时常带着侍从出宫，去李师师处过夜，为了寻欢作乐，他还设立行幸局专门负责出行事宜。更为荒唐的是，为了秘密前往李师师处，徽宗命人挖了地道，直接通向李师师的卧房。对于徽宗的荒唐，朝臣们其实多有耳闻，只是不敢过问，以至宋徽宗更加放肆。

宋徽宗登基时，虽然当时的军事力量很弱，但是国库还算充实，他的父亲和哥哥为他积累了许多财富，但是这些财富没有被用来购买军需，赈济灾民，兴修水利等，而是被徽宗拿去购买奇花异石。当然，许多珍贵的花木石头都是从老百姓家搜刮来的，所以徽宗的钱并没有在以物易物的交易过程中支付给老百姓，而是进了他底下奸臣的腰包。徽宗时期，被赵佶花掉的钱占当时世界财富的70%。有个这样花钱如流水，又不办点正经事儿的皇帝，国家哪里还有什么指望，老百姓怨声载道，朝堂上叹息连连，整个大宋朝除了徽宗和他的狐朋狗友们，就没几个高兴的人。不过，不远处虎视眈眈的金兵见此情景，可是兴奋得不行，立马挥军南下，不到一个月就攻破了汴京城，第二年三月，将已经退位准备将烂摊子扔给儿子，然后自己逃命的徽宗，摊上个无良父亲的命背的新皇帝钦宗，还有后妃、宗室、百官等数千人掳走。

此事因发生在靖康年间，史称"靖康之变"，这是宋朝的耻辱。据说，当金军掳走金银财宝的消息传来，徽宗一点都不在乎，但是听说皇家藏书也被抢去，立刻仰天长叹。都到亡国的时候了，他的心思还在那些丹青笔墨书籍上。徽宗晚

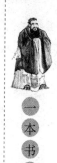

年时，被关押在五国城，受尽凌辱，他曾写下许多凄凉的诗句，表达自己内心的悔恨。但是此时的内疚、自责，对亡国之君来说，已经太迟了！

知识卡片68

瘦金体

　　瘦金体是宋徽宗赵佶创造的书法字体，也被称为"瘦金书"或者"瘦筋体"，属于楷书的一种。宋徽宗早年模仿黄庭坚的书法风格，又参照了褚遂良等人的书法特点，融会贯通，形成自己的书法风格。瘦金体的特点是瘦直挺拔，横划收笔带钩，竖划收笔带点，撇如匕首，捺如切刀，竖钩细长，有些联笔字接近行书。现代美术字体中的"仿宋体"就是模仿瘦金体神韵而创。宋徽宗流传下来的瘦金体作品很多，比较有名的有《楷书千字文》、《秾芳诗》等。《楷书千字文》是宋徽宗23岁时写给大奸臣童贯的，此时的瘦金体已初具规模。宋徽宗的瘦金体书法大多是寸方小字，但《秾芳诗》是大字，用笔畅快淋漓，锋芒毕露，别有一番韵味。

被割鼻子的暴君

　　在宁夏回族自治区境内，紧靠贺兰山脉的地方，有一大片皇家陵寝，与中原皇帝们的陵墓不同的是，这些墓都由黄土堆砌，远看像一座座小型金字塔，在这些"中国金字塔"中，有一座最高的陵墓，他属于西夏王朝的第一代皇帝李元昊。

　　少年时代的李元昊，幼读诗书，对兵法很感兴趣，常常手不释卷进行研读。治国安邦的律法著作等也是他喜爱的读物，他不止爱看，还善于思索、谋划，小小年纪就有独到的见解。当时的宋朝边将曹玮，见到李元昊的风采，惊叹其是真英雄，并说此人将来必定成大业，会成为宋朝边境的祸患。

李元昊的祖父以及父亲，都称臣于宋朝，依赖宋朝的恩赐来改变本民族的生活习惯。他的祖父李继迁，就曾教导后代说，宋朝对党项人有恩，不可以反抗宋朝的统治。李元昊的父亲李德明，也教育儿子，认为战争没有好处，党项族这几十年有衣有食，都是宋朝的恩赐。但是李元昊对此很不赞成，他认为，锦衣玉食不算什么，英雄就该夺取天下。于是，在1028年，李元昊24岁的时候，进攻甘州。以甘州为中心的回鹘政权和占据西凉的吐蕃都是宋朝用来挟制西夏的盟友。为了巩固西夏的统治，李德明采取攻占河西走廊的战略，并让儿子李元昊担当西攻的重任。李元昊采用突然袭击的战术，回鹘可汗还来不及调集兵力，就被攻破甘州，此后，瓜州、沙州相继投降于西夏。因为战功显赫，李元昊在战后被父亲封为太子。按照李德明的意图，李元昊在胜利回师途中，又声东击西，乘势突破了西凉，解决了宋朝对西夏周边的钳制。

这次战斗的胜利，使党项的势力扩展到河西走廊，年轻的太子李元昊赢得了荣誉。四年后，李德明病逝，李元昊以自己太子的身份以及显赫的战功，取得了党项的最高统治权。此时的西夏，控制的领土方圆2万余里，与辽宋形成三足鼎立的局面。李元昊继位后，施行的民族政策与父辈们完全不同，他为了强化民族意识，增强党项族内部的团结，首先抛弃唐、宋王朝赐封给其祖辈的李姓、赵姓，改姓嵬名，他自认祖先为鲜卑拓跋，为了怀念祖先，保持旧俗，李元昊率先剃了光头，并穿耳戴重环饰，以示区别。同时，他强令党项人一律秃发，限期三日，如有不服从者，任何人都能将其处死。于是，党项族人争相秃发。

李元昊继位后第三年，改年号为大庆，同时，将西夏首都兴州升为兴庆府，并在城内大兴土木，扩建宫殿，兴庆府的布局，仿照了唐朝都城长安、宋朝都城东京的建筑特点。李元昊依照中原王朝的礼仪，设立文武百官，对官员和百姓的服饰做了严格的规定，一系列措施施行，进一步推进了党项内部日益增长的封建关系，元昊大庆三年，也就是在李元昊成为太子之后的第十年，在亲信大臣的拥戴下，李元昊正式称帝，国号大夏。

李元昊的成功不仅因为他是个有头脑的政治家，还因为他是一个卓越的军事家。为了争取战争胜利，他采用各种手段，用谋略取胜。在与宋辽三足鼎立的时期，李元昊采取灵活的外交政策，根据实际利益，随机应变。这些都使得西夏尽早摆脱掉了战争造成的困境，还能同时从另两国获得经济利益，可谓是一举数得。西夏建国后，李元昊特别注重吸收汉族知识分子为自己服务。他重视人才，主持创制西夏文字，并大力提倡和推行，这些文化措施对李元昊加强统一，巩固政治起了巨大作用，同时也加强了西夏内部的民族意识，从这一点上来说，李元昊也算是一个成功的教育家了。

不过，再成功的统治者都有犯错误的时候，李元昊和历史上的许多统治者一样，当皇权稳固，战功显赫之后，往往开始纵情声色，不理朝政。这些人有的因此亡国，比如夏桀、商纣，而有的则因此送命，比如李元昊。李元昊46岁时，次子李宁林格的未婚妻被其夺为己有，并立为新皇后，李宁林格十分怨恨，加上野心家没藏讹庞在旁边挑唆，于是，西夏宫廷中上演了一幕儿子杀父亲的悲剧，这次事件，导致李元昊的鼻子不保，第二天，又气又急的李元昊死去，而等着继承皇位的李宁林格因弑父被送上了断头台，李元昊仅一岁的小儿子李谅祚登上皇位，辅佐他的正是亲舅舅没藏讹庞。英明果敢，胆识过人的西夏王，在马上征战的时候，想着从宋辽手中夺取权力，却没想到，最后竟是为他人作嫁衣裳。

知识卡片69

西夏王陵

西夏王陵位于宁夏回族自治区银川市西约30公里的贺兰山东麓，是西夏王朝的皇家陵寝，在方圆53平方公里的陵区内，分布着9座帝陵，253座陪葬陵，是中国现存规模最大、地面遗址最完整的帝王陵园之一。1988年被国务院公布为全国重点文物保护单位，也是国家5A级风景名胜区。被世人称为"中国金字塔"。现在的西夏王陵，已经遭到毁灭性的破坏，但是，尽管外形被毁，其宏伟的规模，严谨的布局，还有残留的陵丘，都显示出西夏王朝特有的时代气息。西夏王陵不仅吸收了秦汉以来，特别是唐宋皇陵的长处，还因为受到佛教建筑的影响，使汉族文化、党项文化、佛教文化有机结合在一起，构成了我国陵园建筑中别具一格的风格。

南宋音乐家

"二十四桥仍在，波心荡、冷月无声。念桥边红药，年年知为谁生！"这是南宋时期，一个叫姜夔的布衣写下的词句。作为一个因为生计而四处奔波的词人、音乐家，姜夔一生未能入仕途，但即便如此，我们还是能从他的作品中发现其忧国忧民的情感流露。

姜夔祖籍饶州德兴县，其父是绍兴三十年的进士，为了应试方便，举家搬到了鄱阳县境内居住。当时，鄱阳县是水陆交通要道，因为宋室南迁，此地人口激增，城市日渐繁荣。姜夔出生于书香门第，幼年时在父亲的教育下，擅长诗词，熟谙音乐，家庭环境的影响以及城市歌舞的熏陶，为姜夔的爱好和学识长进创造了良好的条件。姜夔年少时，父亲去世，他跟随姐姐一起生活，后来经人介绍，向诗词名流萧德藻学习，萧德藻很赏识姜夔，将自己的侄女嫁给他为妻。姜夔是个很清高的人，不愿意追求功名利禄，因此一生都过得很困顿。为了生计需要，姜夔就以诗词、音乐及书法与人交往，接受朋友和知音的资助。

青年时期，姜夔往返于江淮湖杭之间，结识了当时的许多名士如范成大、杨万里、辛弃疾等人。当时，宋词的创作发展到高峰，词家辈出，不过一般词人所作的大多是依照传统词格来填制，有的很拗口，不容易传唱。姜夔精通音律，于是在通用的词调之外，还自创了许多词牌，并自制新调曲谱，吹弹伴和。在自作词曲方面，当时唯有北宋的周邦彦能与姜夔相提并论。姜夔留存于世的词作有80多首，大多是咏物、记游和抒发个人情怀的作品，他的词作感情真挚，语言华美，风格清幽。姜夔对于音乐的贡献，就是留给后人一部有"旁谱"《白石道人歌曲》，其中有他自己的自度曲、古曲以及词乐曲调。这是流传至今唯一一部带有曲谱的宋代歌集，被视为"音乐史上的稀世珍宝"，姜夔在音乐创作工程中，不仅突破了词牌前后两段完全一致的套路，使乐曲法阵更为自由，还在每首"自度曲"前面，写上小序，说明该曲的创作背景，有的甚至介绍了演奏手法。这些有谱的词调是姜夔一生中文艺创作的精髓，为后人留下了演唱的丰厚遗产，并对南宋后期词坛创新和词式上的格律变化产生了很大的影响。

姜夔在吴兴寄居时，还写了拟古乐调，他不仅对古曲音律有研究，连古琴的弹奏也很精通，还能娴熟地运用七声音阶和半音。晚年时，姜夔参考江浙民间风俗歌曲，创作了"越九歌"，又按照七弦琴演奏伴唱，写下了骚体《古怨》琴歌。宋朝时期，民间音乐艺术崛起，人们的音乐生活较为混乱，为了复兴宫廷音乐，公元1197年，姜夔将多年来对音乐的研究和意见写成《大乐议》和《琴瑟考古图》，呈献给朝廷，用来仪正乐典。两年后，他又再次向朝廷呈上《圣宋饶歌十二章》，希望获得朝廷的采纳，但是未能成功。这些音乐理论作品，在姜夔死后十年，才被理宗运用，焦奎的音乐理论作品《大乐议》代表了宋代民间音乐艺术的最高成就，姜夔在音乐上的才识，对古典乐调的领悟，在当时是没有人能超越的，所以，称赞姜夔为南宋最伟大的音乐家实不为过。

姜夔终身布衣，因此生活一直窘迫，靠着朋友的资助度日，但是，他仍旧不愿意屈节以求官禄，只愿清贫自守。晚年的姜夔，饱经颠沛辗转的困顿生活，病卒于临安的旅馆中。姜夔一生贫寒，怀才不遇，但却给我们留下了丰富而宝贵的文学艺术遗产。

知识卡片70

婉约派

　　婉约派为中国宋词流派，它的主要特点是内容侧重儿女风情，结构深细缜密，音律婉转和谐，语言圆润清丽，有一种柔婉之美。婉约派的代表人物主要有李煜、柳永、晏殊、欧阳修、李清照等。明确提出词分婉约和豪放的，一般认为是明朝时期的张綖。词本来就是为了合乐而歌，内容不外乎离愁别绪，闺情绮怨，其实早在五代时期，就形成了以《花间集》和李煜词为代表的香软词风。北宋时的词家，如柳永、晏殊等人，虽然在内容上有所开拓，运笔更加精妙，但仍然没有脱离婉转柔美的风格。因此，明人就用婉约派来概括这一类型的词风。婉约词风长期支配词坛，到南宋时期，姜夔、张炎等大批词家，无不从不同方面受到影响。

幸运的九皇子

　　宋徽宗宣和三年，徽宗的第九个儿子赵构被封为康王，这是一个不怎么被父亲喜欢的儿子，因为他的母亲不被皇帝宠爱。在宋徽宗的后宫里，不缺的就是才貌双全的美女，其中郑、王贵妃，大小刘妃，乔贵妃等都相继得宠，唯有赵构的母亲韦氏，只是因为相好的姐妹乔贵妃有心拉拔，才得以侍了一回寝，在此之后，韦氏难见君颜，可以想见，徽宗对赵构母子，并无多少关心，他的宠妃甚多，不缺韦氏，他的子女也甚多，不缺赵构。

　　在后宫中长大，缺少父亲关爱的赵构，"博学强记，资性朗悟，读书日诵千余言，挽弓至一石五斗，"这是《宋史》中的记载，由史料可以看出，此时的赵构还是一个英武儿郎，另外，赵构的书法也相当精湛，这一优点或许是赵构为了引起父亲注意而努力学习的结果，宋徽宗不是好书法嘛，赵构不能因母得宠，就只能从爱好上下功夫，总有一天，父亲肯定能看重这个与自己有相同爱好的儿子的。赵构被封为康王时 15 岁，这一封号并没有让他懈怠，在赵构心中，康王的封号并不表示父亲已经注意到自己，皇帝的子嗣封王称侯没什么奇怪，因此，他继续苦练武功，勤学书法，争取出人头地，成为与兄弟们不一样的皇子。

　　这个机会终于来了，虽然让赵构苦等了四年，而且来得极其危险，但是，不都说机遇与挑战并存嘛，赵构要去迎接挑战了。靖康元年，金军南下，兵临汴梁，宋朝提出议和，奉上大量金银珠宝，上万头牛马，割让太原、河间、中山三镇，另外，还得遣宰相和亲王前往金朝做人质。宋钦宗选来选去，在亲王的人选上犯了难，臣子嘛，都是别家人，拿朝廷的俸禄，你派他去他不敢不从，可是，派自家兄弟就有点问题了，且不说血脉亲情，就说这些兄弟的母亲，若是知道皇帝派了自己的宝贝儿子去金朝当人质，等于是派去送死，不哭哭啼啼烦死人才怪。再者，自己兄弟有几十个，派这个人家觉得不公平，派那个又说偏心眼，钦宗想了想，还是让兄弟们自己做决定吧，到时候，从争先恐后义薄云天的同胞中忍痛选一个就是了。然而，要命的情况出现了，当钦宗在朝堂上问，谁愿意出使？堂下竟鸦雀无声，钦宗的心立刻就凉了。

赵构的出现在这个时候显得很英雄主义，也显得很悲壮，这可是掉脑袋的活儿啊。只见他从静悄悄的亲王队伍中站出来，对钦宗大声说道，臣弟愿前往，宋钦宗当时别提多感动，说了好些客气话，当然，最后还是说让赵构回去跟母亲告别，第二天得出发了。赵构一回去，就见到母亲狼狈不堪地哭泣着，请求做了徽宗的太上皇收回成命。韦氏的请求实在是情理之中，进宫这数十年，不过一夜恩宠，自己就指望这唯一的儿子过活了，如今儿子要去送死，做母亲的哪里会肯呢。赵构安慰韦氏，说自己是自愿出使，并请母亲放心，能为国尽忠是儿子的心愿。这一席话说得徽宗也很高兴，立刻对韦氏许诺，说封其为贤妃，等等，徽宗对赵构的注意力，恐怕就是这个时候才被吸引过来了一会儿。

第二天，宋钦宗带着文武百官为康王送行，临别前，赵构对哥哥说，如果朝廷要出兵攻打金朝，尽管去，不要管我。一同出使的张邦昌吓得脸色比胡子还白，哭丧着脸跟着赵构去了金国的大营。金国为了给对方下马威，早就命武士带着刀剑，杀气腾腾地站在了道路两旁，张邦昌吓得腿软，但19岁的赵构却气定神闲。他们在金军大营中住了十来天，金军将领完颜宗望悄悄观察这小孩子，越看越犯疑。这孩子胆儿挺大，也不见害怕，待在营帐里看书练武，跟没事儿人一样。完颜宗望细细思量，就在这时候，宋军派人来袭击金营，看样子是来劫人质的，不过没有成功，被金军打得稀里哗啦，连统帅都不见了。虽然劫营没成，但是金人很生气，就拖了张邦昌和赵构来盘问。当时的场面自然严肃得可怕，可是赵构仍旧不慌乱，这让完颜宗望认定，此人肯定不是皇子，南宋的皇帝都那个窝囊样儿，他的儿子还能好到哪儿去？汉人很狡诈，肯定是找了个武将的孩子来冒充亲王，不行，这假的得还回去，坚决要求他们送个真的亲王来。

赵构自己还没解释呢，就被金军当成假冒伪劣给送回去了，这回金军学乖了，他们点名要徽宗的第五个儿子肃王去金营，可怜的肃王，这一去真就再没回来，后来和父兄一起死在了北国。幸运的九皇子赵构，就因为不怕死，反而捡了一条命。

知识卡片71

贤能的吴皇后

　　宋高宗赵构的皇后吴氏，14岁时被选入宫中，侍奉宋高宗。吴氏颇有胆略，在高宗即位之初，为了保护高宗的安全，经常身着戎装跟随高宗左右。金兵南征时，高宗乘船入海，从定海转赴昌国途中，封吴氏为和义郡夫人，回到越州后又加封她为才人。吴氏博览史书，勤习翰墨，后来又被册封为贵妃。韦太后被金朝送还南宋后，吴贵妃尽心侍奉太后，得到太后认可，高宗便于公元1143年正式册立吴贵妃为皇后。高宗逃难时因惊吓过度，失去生育能力，唯一的儿子又已夭折，后宫中的张贤妃和吴皇后各自收养了一个赵姓皇族子弟。张贤妃收养的孩子聪慧好学，吴皇后劝高宗将其立为皇太子。1162年，宋高宗禅位于太子，做了太上皇，吴皇后被尊为孝圣太上皇后。吴皇后的一生，经历了四任君主，在后位上长达55年，是历史上在后位最长的皇后之一。

我也想要当皇帝

　　南宋时期，在南宋与金之间，出现了一个小国家，这个国家甚至不能称为国，它只是金国为了扶植傀儡而衍生出的一个产物，这个傀儡政权有个响当当的名字，叫大齐，后世称为"伪齐政权"。

　　北宋灭亡后，金朝占据中原，宋高宗赵构偏安一隅，不与金朝对抗，但山东等地区的民间抗金斗争却没有停息，各地时不时发生袭击金兵的事件。女真贵族觉得，这些汉人太难治理了，以女真的制度来治理显然不行，干脆就"以汉制汉"好了，让汉人去对付更难缠的汉人。于是，女真贵族们开始在中原地区寻找代理人，用这个傀儡皇帝来代替并协助金朝加强对黄河以南地区的汉人的统治。金朝找到的理想代理人叫刘豫。

刘豫原本是宋朝的官员，家中世代务农，到他这儿光耀门楣中了进士，北宋末年官至河北提刑。这人贪生怕死，金人南侵时，为了避难，弃官逃到外地。后来，被人举荐去担任济南知府，刘豫觉得济南正处在战乱中，离金人太近了，随时都有生命之虞，就向朝廷请求派到安全点的地方去。刘豫的要求没有得到朝廷同意，只得愤愤然去上任。刘豫本就是带着情绪去的，结果上任不到一年，金兵围攻济南，他被金军劝诱，杀死了作战勇猛、力主死守的将领关胜，投降了金朝。刘豫厌倦了逃亡避难的日子，反正他是没有民族气节的，只要能保全性命，给谁做官不是做呢？金朝日益强大，背后有靠山，日子才能过安稳。

刘豫投降后，金军南下去抓赵构，没有成功，就让刘豫做知东平府，担任东西、淮南等路的安抚使，还让刘豫的儿子也做了官，父子俩被委派管理黄河以南的地区。此时金朝正在物色以汉制汉的代理人，不过他们没有考虑刘豫，金军手中不还有个钦宗皇帝嘛，大不了就让他做傀儡呗，顺便还能羞辱畏缩于江南的赵构呢。刘豫虽然贪生怕死，自私自利，但是野心很大，他看出金朝的意图，想借此为自己谋取到更多利益。金人现在不正需要自己嘛，珠宝谗言齐上阵，刘豫的儿子刘麟亲自带着珠宝去活动，想让金朝立刘豫为帝。不久，金朝同意奏请，册立刘豫为帝，国号"大齐"。大齐与金朝以黄河故道为界，南边则与南宋相邻。

被金朝任命的大齐皇帝刘豫，穿着不宋不金的衣冠，向金朝奉表，伪齐政权建立的第二年，就将都城迁到了汴京，实行与南宋王朝基本相同的制度，企图争取民心，同时，刘豫还四处招兵买马，扩充实力。金人立刘豫为伪皇帝的目的，刘豫自己也很清楚，就是要使自己成为金与南宋之间的一道屏障，保证金朝对北方的占领和统治，发动对南宋的战争就成了刘豫生存的保障。于是，伪齐与南宋之间便爆发了数次战斗，对于叛臣刘豫，宋朝恨之入骨，绍兴三年，宋朝进攻伪齐，逼近汴京。刘豫赶紧向金朝求援，金与伪齐的联军反击宋军，占领襄阳。第二年，南宋派岳飞出兵，大败伪齐。作为傀儡皇帝，刘豫其实除了攻宋并没有别的出路，他不过就是金军的一颗棋子罢了。在绍兴四年和绍兴六年，伪齐组织了两次大规模的南侵行动，但都被南宋反击，伪齐军队受到重创。

刘豫的伪齐皇帝做到第八年时，金朝感到伪齐政权并没有起到缓冲宋金矛盾的作用。本来还指望有伪齐在前头顶着，金朝可以在后头休养生息，养精蓄锐呢，没想到这个刘豫那么没本事，扛不住南宋的进攻，还总是向金朝请求出兵。刘豫南攻兵败，加上支持他的完颜宗翰死去，金朝便打算废除刘豫。刘豫有所察觉，故意试探金军态度，却没有得到肯定的答复。不久，金熙宗下定决心废除了大齐，刘豫自然也被废黜，为了防止刘豫反叛，金熙宗对军队进行部署，然后假称要进攻南宋，但大军到达汴京时，突然将刘豫父子抓了起来，然后下诏宣布废除大齐。

想到自己卖力苦干八年，最终成为弃卒，刘豫很是委屈，说自己和儿子尽心竭力，没有辜负金朝，还希望元帅能可怜自己。金将不客气地对刘豫说，当年赵氏皇帝被掳，离开京城时，老百姓大声悲号，现在你被废除，没有一个人可怜你，你怎么不自责呢？刘豫听后无话可说。

又过了几年，刘豫病死，这个贪生怕死的伪齐皇帝，在远离故乡的地方，结束了自己可悲可耻的一生。

知识卡片72

伪齐政权

12世纪初，女真民族在北方强大起来，这个民族于1125年灭掉了辽国，征服了西夏，又进兵中原，在1126年冬天攻破北宋都城汴梁，女真族在我国北方广大土地上建立了金朝。建立初期，女真人感觉自己没有精力去管理广大的中原地区，为了便于统治，让自己得到休养生息的机会，他们决定在中原地区建立一个傀儡政权，阻隔在自己与南宋之间。一开始，金朝建立的傀儡政权为大楚，他们抓了宋朝的降臣张邦昌来当皇帝，可张邦昌虽然胆子小，但是还算爱国，他被迫做了33天皇帝，就将宋哲宗的皇后孟氏请来垂帘听政，后来还把皇位还给南逃的宋高宗赵构。金国人恼羞成怒，三年后，又建立了一个傀儡政权，称为大齐，他们选择了一个主动要求投靠的降臣刘豫为皇帝。刘豫开始在自己的岗位上卖力工作，他的行径为宋人不耻。

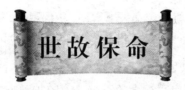

世故保命

南宋时期的名将中，被人们交口称赞的是正直廉洁的岳飞，另一个刚正不阿的韩世忠却极少被人们提起，即便在史书中见到，也只说其勇猛过人，风度潇洒，却鲜有高度赞誉的词语，还有一些史料记载，说韩世忠贪财好色，其实，他不过是为了保全性命，比岳飞多了些世故而已，从个人品格上来讲，韩世忠疾恶如仇，替获罪的岳飞开脱，对抗权倾朝野的秦桧，也是真正的伟丈夫。

南宋名将韩世忠出生在一个贫苦的农民家庭，他年轻时勇气过人，好喝酒，不受约束，能骑未驯服的马驹。18岁时参军，因为风度潇洒，身体魁梧，能挽300斤强弓飞马射箭，勇冠三军。宋钦宗被其父徽宗临危授命后，将韩世忠封为武节大夫，平息山东的乱兵。后担任左武大夫、果州团练使。韩世忠曾在粮尽援绝之时，面对金兵凶猛攻势不肯突围而走，不仅不走，还趁夜率300敢死士卒突袭敌营，金兵主将被刺死，韩部反败为胜，金兵尽退。

康王赵构登基做了皇帝，建立南宋，授予韩世忠光州观察使等职务，韩世忠曾奏请迁都长安，但是被朝臣们反对，后跟随高宗来到扬州，建立了显赫的战功。韩世忠最著名的一场战役发生在黄天荡。当时，韩世忠屯兵焦山寺，与金兵大战48天，他的夫人梁红玉亲自上战场，为将士们击鼓助威。金军将领金兀术无法夺路北归，便向韩世忠求情，韩世忠说，若能放回我朝被掳走的两位君主，归还占领的疆土，我便答应。金兀术没有办法，后来凿渠30里出江口，以小船纵火而遁，宋军的帆船因为无风无法追赶，金兀术才得以狼狈地逃回金朝。这次战役，韩世忠以8000兵力大战10万金兵，闻名于史册。高宗因此拜韩世忠为检校少师，武成、感德军节度使，以及神武左军都统制。

宋金停战期间，韩世忠又先后平定了福建、江西、湖南等地的小股武装，被授予太尉之职。金朝废掉伪齐皇帝刘豫时，韩世忠曾请求出兵北伐，但是秦桧主张和议，韩世忠几次向皇帝上疏，却没有被高宗采纳。北伐成功的话，迎回二帝就成为必然，高宗绝对不愿看到父兄回朝，而后自己交出皇权，因此，不接受力主举兵决战的韩世忠提出的建议。宋金和议后，秦桧收大将兵权，给了韩世忠没有军权的虚职。韩世忠因为数次上疏，说丞相秦桧误国，结果被罢免，高宗封其为福国公，意思很明显，就是现在天下太平，用不着你征战沙场了，给你个爵位，你就养老去吧。自此，这位抗敌多年的名将闭门谢客，再不过问朝政上的事。

作为南宋名将，韩世忠在抗击西夏和金的战争中都立下了汗马功劳，并且在平定各地的叛乱中也作出了重大的贡献，南宋正因为有这样一些骁勇善战的将领，才能支撑数十年。在史料中，有着同等战功的韩世忠，形象却远不及他的好友岳飞，在后人看来，或许是韩世忠的品格不及岳飞，岳飞是一个完美的人，而韩世忠却贪财好色，颇为世故，但是，正因为他的世故，他才得以善终。世故正是韩世忠的保命哲学。

南宋时期，秦桧当道，加上宋高宗身份尴尬，既想出兵金朝，收复失地，又怕徽、钦二帝被迎回，累及自己失去皇权，在这样的情况下，岳飞的直捣黄龙，迎回二帝就成了导致自己死亡的硬伤，韩世忠战功显赫，秦桧也曾有意加害，但奏请的折子却被宋高宗压了下来，其实那个时代，是需要勇将替皇帝保卫国土的，高宗杀掉岳飞只怕也是万般无奈，换成谁，会善待一个整天嚷嚷着要迎回先帝的臣子呢？在宋金和议以后，韩世忠主动解散了韩家军，散尽家财给部将，若说他是贪财好色，为何又将家财赠出呢？只怕是因为，一个爱财爱色的臣子，才更容易让统治者放心吧。

岳飞被诬陷时，韩世忠挺身而出，质问秦桧，他的世故保住了自己，却救不了朋友，除了为岳飞辩解，除了为朋友的死叹息，别无他法，韩世忠有心报国，但无力回天。被解除兵权的韩将军，既不愿同流合污，那么，唯有保全性命归隐山林。

知识卡片73

韩世忠墓

> 宋孝宗即位后，为了顺应民意，不仅平反了岳飞的冤狱，也为韩世忠昭雪，追封其为"蕲王"，谥号"忠武"，赐于苏州灵岩山建墓。韩世忠墓依山势而建立，墓前神道碑连基座高8.35米，碑上刻着宋孝宗亲笔写

的"中心佐命定国元勋之碑"10个大字。碑文有13900多个字，记载着韩世忠的生平事迹。此石碑之高，碑文之长，均为世上罕见，堪称"天下之最"。这块碑因为年代久远，在1939年被飓风吹倒，碎成了十多块。1946年，由当地的僧人筹款，用水泥等胶合支撑，分成两段并列重新树立起来。石碑是碑刻艺术巨制的珍品，有"天下第一名碑"的美誉。石碑未倒之前，对碑文进行了拓片，碑刻全文现在保存在苏州市碑刻博物馆。

多产诗人

陆游是南宋时期著名的爱国诗人，他自幼熟读诗书，写得一手出色的文章。陆游生活的时期，正是南宋与北宋交替的年代。北宋灭亡时，陆游还很年幼，看到满目疮痍的国土，小小年纪的他便生出了对国家和民族的深厚感情。南宋建立后，陆游参加科举，打算进入仕途为国效力，但是，政治上的腐败，使得这个优秀人才最终只能哀叹着"王师北定中原日，家祭无忘告乃翁"的遗言，郁郁而终。

陆游29岁时，去临安应试进士，被主考官取为第一，当时，一同参加考试的还有秦桧的孙子秦埙，因为陆游的文章被考官赏识，秦埙只能屈居第二，这让秦桧很生气。第二年，考生们参加礼部考试，秦桧早早就去给主考官通气，让他们将秦埙定为第一名。可是主考官爱惜人才，考试后，还是秉公办事将陆游定为第一名，秦桧非常生气，直接将陆游从考生中除名，还追究当地考官的责任。从那之后，秦桧就开始打压陆游，不准他参与朝廷的工作，这种打压一直持续了几年，秦桧死后，陆游才得到出仕的机会，出任福州宁德县主簿。宋孝宗即位后，以陆游善词章，熟悉典故，赐进士出身，担任了枢密院编修官等官职。

陆游文采出众，虽出仕为官，却没有得到重用，不过陆游即使是闲职，他在任上时也花费大量精力处理公务，为当地百姓谋取福祉。有一年，陆游所在的地方遭遇旱情，百姓饥困潦倒，陆游在未征得南宋政府同意前，先拨义仓粮到灾区赈灾，救济灾民，然后再向朝廷奏请，这种先斩后奏的方式损害了朝廷利益，不久，他遭

到同僚弹劾，因"擅权"的罪名被罢官还乡。陆游于是在家闲居了六年，之后，被朝廷召回，封其渭南伯，但两年后又将其以"擅权"的罪名革除，还被削去封号。陆游为官时，数次上奏章，谏劝朝廷减轻赋税，他忧国忧民的情怀无处抒发，不久又一次以"嘲讽风月"的罪名将他罢免。从此，陆游开始长期生活在农村。

陆游的一生渴望收复失地、统一祖国，但没有实现。在数次被朝廷弃用，被同僚弹劾陷害之后，只能回归故里，用诗歌来表达自己对祖国的热爱和对民族的忧虑。陆游辛勤创作，为后世留下诗作9000多首，是中国历史上写诗最多的诗人。陆游创作主要分为三个时期，从不同时期的创作成就能看出他的政治待遇。少年时期到46岁进入蜀地之前，这一时期的诗作仅存200首。其实，作为一个有才能的人，应试时能让主考官一眼相中，在青年和中年时期应该是创作高峰，但此时的陆游诗作甚少。第二个时期是陆游进入蜀地以后到64岁罢官之前，前后20年的时间，存诗2400多首。这段时间他仕途坎坷，借诗咏志，作品多了起来。陆游创作的高峰是他辞官回到农村后，存诗近6500首，诗中满是清旷淡远的田园风味，但这种恬淡中又不时流露出苍凉的人生感慨，陆游在这段时间的创作风格逐渐趋向于质朴和沉实。

无论是在什么时期，陆游的诗作中都始终贯穿着炽热的爱国主义热情，特别是在中年入蜀以后，感情表现得尤为突出。当他蛰居在农村时，尽管享受着自由生活，但是心中的政治抱负得不到抒发，民间疾苦无法解决，情绪有时很消极。在陆游80多岁的时候，见到国难当前，自己无力报国，便告诫儿孙，将他们叫到自己床边，念了自己人生中最后一首《示儿诗》：死去元知万事空，但悲不见九州同。王师北定中原日，家祭无忘告乃翁。

知识卡片74

钗头凤

陆游年轻时，娶了与自己情投意合的表妹唐琬为妻，两人生活一年后，唐琬被陆游的母亲逼迫离家，两人被迫分手。陆游29岁时离开故乡去应试，其扎实的学识功底和才华横溢的文思博得了考官的赏识，被推荐为魁首，回到家乡后去绍兴城外的沈园春游，巧遇前妻唐琬及其丈夫，陆游与

唐琬重逢，但无法当面诉说离别之苦，唐琬命下人送来酒菜，向陆游表示关怀，然后黯然离去。陆游看着唐琬的背影，在沈园墙壁上伤心写下《钗头凤》：红酥手，黄藤酒，满城春色宫墙柳。东风恶，欢情薄。一怀愁绪，几年离索。错！错！错！第二年，唐琬来到沈园，见到陆游留下的题词，感慨万千，于是和了一首《答钗头凤》：世情薄，人情恶，雨送黄昏花易落。晓风干，泪痕残。欲笺心事，独语斜栏。难！难！难！人成各，今非昨，病魂常似秋千索。角声寒，夜阑珊。怕人寻问，咽泪装欢。瞒！瞒！瞒！写完这首词不久，唐琬就在当年秋天郁郁而终。

宋瑞才子父母官

　　南宋状元文天祥的一生，与残酷的战争相始终。作为一介布衣，文天祥考中状元，作为一介文人，他于国难当头时投身戎马，作为一名忠臣，投降的宋帝前来劝说，竟不能让他附庸元朝。尽管最终未能让南宋起死回生，但他危难时倾己救国，被捕后慷慨赴死，文天祥的忠肝义胆，大义凛然，让我们看到了苟安江南的南宋王朝中，最后一抹亮色。

　　文天祥的父亲文仪，是一个读书人，一辈子不曾进入官场。文仪嗜书如命，只要手上有书，可以废寝忘食。他学识渊博，无论是天文、地理、医药、占卜都广泛涉猎。文家的经济状况不会太好，文仪常常在天微亮时，就站在屋檐下看书，生怕错过一点看书时间。虽然没有应试中举，但是文仪渊博的学识还是让乡人佩服不已，他编写了《宝藏》三十卷，《随意录》二十卷。文天祥的文辞出众，不得不说是父亲教育的结果，没有文仪的熏陶，哪里会有后来的宋瑞才子呢。

　　文天祥在父亲教育下，与兄弟们一起，从小才识出众，是个很有志向的人。当他21岁时，前往京师临安去参加科举考试，顺利通过了初选。殿试的时候，文天祥因为身体不适，勉强支撑着病体进了考场。殿试的时候患病，这实在是寒门学子的不幸，文天祥此时尽管身体虚弱，却也不想错过这个难得的机会，不过幸运的是，他在进考场大门的时候，被拥挤的人群挤出一身汗，身体竟然舒服了许多。进场后，文天祥见了考题，略加思索，草稿也没有打，提起笔来一挥而就。殿试结束后，宋理宗亲自去集英殿定名次，当时，考官将文天祥的卷子列为第七名，宋理宗翻阅着考卷，将文天祥的卷子提为第一。参与复审的著名学者王应麟在一旁见了文天祥的文章，赞叹道，这份卷子表现了忠君爱国之心，这样的人才定能成为国之栋梁。考生们的试卷是密封的，待考官拆开一看，考生名叫文天祥。理宗见了这文章本就很赏识，再一见考生姓名，就更欢喜了。天祥，天祥，是天降的吉祥，正是宋朝有瑞气的征兆啊。因为宋理宗的这句话，所以后来人们就以宋瑞为文天祥的字。21岁的文天祥，以一介布衣成为皇帝钦点的状元郎，从此踏入仕途，报效国家。

此时的南宋，已经处于岌岌可危的境况，蒙古不时对南宋发动攻击，文天祥虽是一介文人，但满怀抱负，可惜，他这个状元郎在当时并没有受到重视，朝堂上有个叫董宋臣的宠臣，极力主张求和，并建议宋理宗为了躲避战事，干脆效仿高宗逃亡海上。文天祥与其政见不合，得不到理宗重用，可是董宋臣的建议对团结民心十分不利，天下本来就乱，如今仗还没打起来，皇帝就先逃跑了，你让老百姓指望谁呀？尽管知道自己人微言轻，在这种奸臣当道的朝堂上，多说话只会招来祸患，但是为了社稷人民，文天祥还是挺身而出。他数次向宋理宗上书，指出董宋臣迁都逃亡的建议是误国之言，这种祸害国家的奸臣应当斩首，另外，文天祥建议皇帝改革政治、扩充兵力、抗元救国。可惜，对于文天祥的忠心，宋理宗却没有采纳，南宋的朝政更加败坏。

景定元年，文天祥被朝廷委任官职，但是他不愿意赴任，请求朝廷给自己一个闲差去做。这一年，文天祥25岁，他做的差使是仙都观的主管，仙都观可是道教的宫观，一个文采出众的状元郎，不去报效朝廷，却要做个道观的管事，难道受了什么刺激？没错，文天祥就是受了刺激，朝廷权奸当道，他改革的设想无处实现，混迹官场的话，自己又不想同流合污，还不如置身事外，退隐避世算了。文天祥的处世哲学正是"邦有道则仕，邦无道则隐"，要是国家能被治理好，自己就出仕做官，为百姓谋福利，如果国家病入膏肓，皇帝听奸臣的话，那就退隐，将自己置身政治旋涡之外。这个闲职文天祥做了三四年，其实，担任这种官职的文天祥，还有点赌气的份儿，国家存亡都到这个境遇了，我是个有理想有抱负，对国家有用的人才，皇上您却装没看见，不重用我，那种只知逃跑，满嘴谗言的奸臣，您就当个宝。我看到头来，您没了得力的人，还是要来找我的。

　　文天祥等啊等，却等到皇帝重新起用奸臣董宋臣的消息，他气愤不已，立刻向皇帝辞职。既然放着我这忠臣人才不用，那我自己走。皇帝也很有脾气，没准文天祥的辞呈，只是将他贬到地方上去任职。文天祥任职的地方叫瑞州，因为曾遭受蒙古兵的掠夺，房子建筑都被毁了，值钱的东西还有文物古迹等也都被洗劫一空。文天祥到任后，实行惠民政策，安抚百姓，恢复了地方秩序。赌气归赌气，愤怒归愤怒，对南宋老百姓，文天祥还是很尽心的。在文天祥的治理下，瑞州很快恢复经济，快速发展起来。在朝堂上不得志的文状元，成了颇有政绩的父母官。

知识卡片75

文天祥墓

　　文天祥的墓位于江西吉安市青原区。墓园中有一座高大的石坊，上面镌刻着"仁至义尽"四个大字。经过石拱桥后，能看到47米长的石级神道，神道的长度寓意文天祥曾经走过的不平凡的47年人生路程。在神道两旁，翁仲和石兽肃立在两旁。文天祥墓地的所在，是一座虎形山，墓地的建筑独具匠心：不左不右，方位正北，最上端的坟茔呈圆形，往下是菱形的石梯，再往下是狭长直立的石台阶，整个造型，像一柄利剑，不偏不倚刺入虎口之中。这一切都似乎向人们展示着文天祥的浩然正气和不屈的性格。

铜豌豆

　　元朝时期，由于元世祖采取了许多发展生产的措施，社会经济开始繁荣，但这种繁荣似乎只有蒙古的王公贵族们能享受到，处在社会底层的老百姓，在残酷的压迫下，依旧过着穷困的日子。当时，在元大都，出现了一种新的艺术表现形式，就是杂剧。许多有正义感的读书人，将对官府的不满和对黑暗社会的控诉，利用杂剧的形式来表现和揭露。在这些读书人中，有个后来被世人称为"东方莎士比亚"的人，他的名字叫关汉卿。

关汉卿从小就喜欢音乐戏剧，关于他的生平，只能从零星的记载中了解一个大概。根据元代后期戏曲家钟嗣成的记载，关汉卿是大都人，曾经在京城的太医院任过官职，不过，关汉卿似乎对医术不感兴趣，他更喜欢编写剧本。元朝时，演戏的人地位都相当低下，但是关汉卿却和那些演员们关系很好，他不仅编写剧本，有时自己还亲自上台演出角色，因为他对音乐戏剧的研究，关汉卿编出的戏很精彩。对于自己在这方面的成就，关汉卿自己曾骄傲地说："我是个普天下的郎君领袖，盖世界浪子班头。"当时的元大都，许多贵族和老百姓都爱看戏，不过关汉卿编写的剧本并不是为了迎合蒙古贵族，而是帮百姓说话，揭露老百姓的悲惨遭遇。关汉卿有读书人的傲气，也有文人的傲骨，他称自己是个蒸不烂、煮不熟、锤不扁、炒不爆、响当当一粒铜豌豆。这种倔强狂傲，也正是关汉卿对黑暗政府的一种抗争。

关汉卿一生创作了60多个杂剧，现存于世的只有18部，其中最著名的就是《窦娥冤》。此剧是说一个叫窦娥的女子，年幼时失去母亲，父亲为了进京赶考缺少盘缠，就将其卖给蔡婆婆家做童养媳。蔡家的儿子没几年就病死了，留下窦娥和婆婆过活。窦娥家附近有个无赖叫张驴儿，此人看上了窦娥，想据为己有，并想让蔡婆婆嫁给自己的父亲张老儿。蔡婆婆胆小怕事勉强答应，但是窦娥坚决不同意。张驴儿于是想出毒计，在蔡婆婆的汤中下毒，想将其毒死然后霸占窦娥，不想汤被张老儿误食，张驴儿将毒死父亲的罪名栽到窦娥身上，告到楚州衙门。楚州知府是个贪官，收了张驴儿的好处，将窦娥屈打成招。窦娥被押赴刑场时，悲愤地咒骂老天，并向天发出三桩誓愿。窦娥死后，三桩誓愿都得以实现，后来，窦娥的父亲在京城做官，替女儿平冤昭雪，张驴儿和知府都得到了惩罚。这个戏剧反映了在当时的压迫下，老百姓申冤报仇的强烈愿望，一直受到人们的喜爱，王国维曾说，《窦娥冤》列之于世界大悲剧中亦无愧色，这部杂剧也是中国古典悲剧的典范。

关汉卿创作的杂剧都是从民间传说、历史资料和元代的现实生活中汲取的素材，真实地反映着元代人民反对封建阶级压迫与民族压迫的斗争，尽管在作品中有些神话，比如窦娥冤中的六月飞雪，血溅白练，但关汉卿并不写神仙道化

和隐居乐道之类的题材。他的创作态度是十分严肃的，并带着批判现实的战斗精神。在关汉卿的作品中，底层人民的形象十分生动，其中又以备受压迫的女性为甚。童养媳窦娥、妓女赵盼儿、婢女燕燕、寡妇谭记儿，等等，都各有特点，她们大多出身微贱，受到封建统治阶级的凌辱和迫害，不过，关汉卿在对她们悲惨的遭遇进行描写时，也不忘刻画她们正直、善良、聪明、机智的性格，这些女性都有强烈的反抗意志，敢于向黑暗势力展开搏斗，至死不屈。在当时的历史环境下，关汉卿的戏剧作品奏出了鼓舞人民斗争的主旋律。

在元代的黑暗环境中，有一颗铜豌豆，用自己清脆的声响和不屈服的态度，为下层百姓带来了斗争的勇气，让高高在上的统治者，听到了越来越强烈的斗争的声音。

知识卡片76

元曲

元曲原本是所谓的"蕃曲"、"胡乐"，一开始流传于民间，被称为"村坊小调"。元朝灭宋以后，它开始在大都和临安等地流传开来。元代是元曲的鼎盛时期，一般来说，元杂剧和散曲合称为元曲，两者都采用北曲的演唱形式。散曲主要是元代文学主体，元杂剧的成就和影响远远超过了散曲。继唐诗、宋词之后，元曲开始散发自己独特的魅力，一方面，它继承了诗词的清丽婉转，另一方面，元曲作为读书人向黑暗社会抗争的一种方式，放射出极为夺目的战斗光彩。另外，元曲中描写爱情的语句也比历代的诗词来得泼辣、大胆，这些都使得元曲永葆其艺术魅力。元曲的兴起对于我国民族诗歌的发展、文化的繁荣有着深远的影响和卓越的贡献。在当时，不仅成为文人咏志抒怀的工具，还为反映元代社会生活提供了人民群众喜闻乐见的崭新的艺术形式。因其思想内容和艺术成就上的独有特色，它得以和唐诗宋词鼎足并举，成为我国文学史上三座重要的里程碑。

威尼斯商人

元朝在成吉思汗统治时期，建立起了庞大的蒙古汗国，随着政治稳定，经济发展，蒙古贵族统治下的中国成为当时世界上最强大最富庶的国家。许多西方国家的使者、商人等，纷纷慕名前来观光，其中有一位来自威尼斯的客人，叫做马可·波罗。

马可·波罗的父亲和叔叔都是威尼斯商人，他 17 岁时，跟着父亲和叔叔，途经中东，经过四年多的时间，到达了元朝都城上都。在这之前，马可·波罗的父亲和叔叔已经来到过中国，并拜见了元朝统治者，还应大汗忽必烈的要求，带信给罗马教皇，请求教皇派人来传教。忽必烈见到对方带来的教皇的信件和礼物，很是高兴，马可·波罗的父亲趁机向忽必烈介绍了自己的儿子。年轻的马可·波罗非常聪明，他在很短的时间内就学会了汉语和蒙古语，忽必烈对他十分赏识，派他去云南办事，马可·波罗借此机会，巡视了全国各地的许多地方，走遍了中国的山山水水。中国的宽广地域和丰富的物产让马可·波罗很吃惊，他先后去了新疆、甘肃、内蒙古、山西等地，并且出使过越南、缅甸和苏门答腊。马可·波罗每到一个地方，就要详细考察当地的风土人情，在回到大都后，将自己旅途中的所见所闻向忽必烈大汗汇报。

马可·波罗四处游历，不时还被大汗封为某地的官员，去任上管制些时间，对于在中国的生活，马可·波罗十分满意，但是时间久了，他越来越想念家乡，来中国整整 17 年，马可·波罗想到了回国。这样一个优秀的旅行家兼汇报者，忽必烈哪里舍得让他走呢，于是一再挽留。就在马可·波罗找不到回家的理由时，正好伊尔汗国国王的妃子死了，国王派遣使者来大都，向忽必烈请求将一位蒙古公主嫁给自己，忽必烈从皇族少女中挑选了一名叫阔阔真的少女，赐给伊尔汗国国王做王妃。当时，伊尔汗国的使者考虑到走陆路回国非常不方便，知道马可·波罗父子熟悉海路，就请求元世祖让马可·波罗一起护送王妃去伊尔汗国，忽必烈这才答应了马可·波罗离开的请求。

一行人踏上海船，经过印度洋，将阔阔真送到了伊尔汗国，马可·波罗这才和父亲一起，往威尼斯进发，经过三年的辛苦跋涉，终于回到了祖国。这个时候，距离马可·波罗离开威尼斯已有20年的时间，他们的亲戚朋友都以为父子俩死在异国了，见到他们回来，还带着许多奇珍异宝，都很羡慕。马可·波罗的回国，轰动了当时的威尼斯，因为变得特别富有，所以人们还给马可·波罗取了个外号，叫"百万家产的马可"。马可·波罗回家不久，威尼斯和热那亚发生冲突，双方的舰队在地中海打了起来，马可·波罗用自己的钱买了一艘大船，参与到保卫祖国的战斗中，但是，威尼斯最终打了败仗，马可·波罗被关进热那亚的监狱，在这里，他遇到了一个叫鲁思梯谦的作家，对他的旅游经历很感兴趣，就让马可·波罗详细讲述了在旅途中发生的事情，特别详细地描述了中国的著名城市，还有当时中国的富庶和文明。鲁思梯谦将马可·波罗的所见所闻记录下来，编成一本书，这就是著名的《马可·波罗行纪》，书籍出版后，激起了欧洲人对中国文明的向往，因为马可·波罗成了名人，不久就被热那亚释放回家。

在马可·波罗的眼中，他在中国所见的事物都十分美好，工商业是发达的，市集是繁华热闹的，都城是宏伟壮观的，交通是完善方便的，总的来说，就是他所见到的中国繁盛昌明。这样一个世外桃源般铺满黄金和珠宝的沃土，让许多西方人无限神往。马可·波罗的东方之旅已经过去了700多年，但是他的探索精神，在今天依旧震撼着人们的心灵。

知识卡片77

元青花瓷

　　元朝时期，随着国内外贸易的发展需要，中国的瓷业也有了更大的进步。当时，江西景德镇窑成功烧制出青花瓷器。青花瓷的出现和渐渐成熟，产销情况也逐渐兴旺。元代时，以景德镇为代表的青花瓷，因其制作精美而传世极少，因此异常珍贵。元青花的时间大致分为延祐期、至正期和元末期三个阶段，其中又以至正型为最佳。元青花的纹饰最大的特点是构图丰满，层次多而不乱。主题纹饰的题材有人物、动物、植物、诗文等。元青花瓷开辟了由素瓷向彩瓷过渡的新时代，其富丽雄浑、画风豪放，绘画层次繁多，实在是中国陶瓷史的一朵奇葩，因为元青花瓷的盛名，景德镇也因此一跃成为中世纪世界制瓷业的中心。

败将也风流

洪武初年的一天，明太祖朱元璋大宴众将领时，突然问大家，天下奇男子是谁呀？众人回答说，是常遇春啊，常遇春出战时带着不足万人的兵士，能横行无敌，当之无愧的奇男子啊。太祖笑着说，常遇春是人中豪杰，我得到他成为我的臣子，还有个我没得到的将领王保保，他才是真正的奇男子啊。让太祖皇帝夸赞不已的王保保，究竟是个什么样的人呢？

元朝末年，中原地区的人民暴动频繁发生，朝廷发兵去征讨却没有一点成效。后来，元末将领察罕帖木儿组织了保元义军，因为打了几次胜仗，被元朝廷授予官职，后来步步高升，不到十年时间，就担任了陕西行台中丞等职务。此时的察罕帖木儿，在元朝算是较有声望的，不过，一年以后，他被叛军杀害，元朝廷于是让扩廓帖木儿承袭其父亲的兵权，从这个时候，被叫做扩廓帖木儿的王保保开始了为气数将尽的元朝廷效命的艰难历程。

在1361年之前，扩廓帖木儿都被叫做王保保，这是他的真实姓名，其实王保保算不上真正意义上的蒙古人，他的父亲是一个姓王的汉人，母亲是察罕帖木儿的姐姐，是维吾尔人。幼年时，他的名字一直叫王保保。察罕帖木儿没有子嗣，在王保保还是孩童时，就将其收养，舅舅兼养父的察罕帖木儿，既让王保保接受汉人教育，又让他学习蒙古和维吾尔文化，少年时期的王保保，接受着多民族的文化遗产，颇有英雄气质。察罕帖木儿本身汉学修为很高，曾经参加过元朝的科举考试，并中了举人。所以，尽管他的战绩是从战争中获得，但他并不是一个四肢发达头脑简单的莽夫，也因此，养子王保保也是智勇双全。1361年，察

罕帖木儿派王保保送朝廷急需的粮食去京师，王保保受到皇上的接见，并被赐予了蒙古名字扩廓帖木儿，从此，扩廓帖木儿就取代了王保保，成为这个元朝名将的新名字。

察罕帖木儿死后，扩廓帖木儿继承了养父的兵权，在当年十一月就攻下了益都，俘虏了叛将田丰和王士诚等人，为养父报了仇。之后，扩廓帖木儿又协助皇太子铲除权臣孛罗帖木儿，因此被元帝封为河南王。此时的扩廓帖木儿意气风发，但是不久，元廷内部出现纷争，他的官职被削夺。等扩廓帖木儿好不容易从内讧中摆脱出来，再次获取兵权的时候，北伐的明军已经拿下了元大都，扩阔帖木儿与明军站在了对抗的前沿。与扩廓对抗，是朱元璋很不想面对的，他希望对方能被自己招至麾下，因此写了好几封书信给敌人扩廓帖木儿，希望其认清形势，降服于明，扩廓有没有回信不得而知，回了刀枪兵马倒是有据可查的。

当时的元朝，按照朱元璋劝降信里所说，确实已经是大势已去，扩廓帖木儿和明军交手好几次，尽管作战英勇，但是次次失利，后来甚至在吃了败仗后，损失惨重，只带着妻儿数人逃脱。狼狈不堪，屡战屡败的扩廓帖木儿，在这个时候仍旧没有向明军服软，朱元璋为了拉拢他，又想出结亲家的招数，将扩廓留在中原地区的亲妹妹王氏纳为自己的二儿媳，不过，对于亲家公朱元璋，扩廓帖木儿还是没给面子。岭北战役，扩廓帖木儿终于大败明军，这一后果直接影响了明朝的边防政策，自此以后，明朝的边防就由进攻变成防御。直到洪武八年，扩廓帖木儿病死，朱元璋心里的一块大石才落了地。

扩廓帖木儿以其出众的军事才华，在穷途末路之际转战千里，屡挫不垮，后来退守沙漠也不愿意投降，因此赢得了朱元璋的敬重。当朱元璋赞叹扩廓帖木儿为奇男子的事情传开，民间就多了个谚语，叫"尝西边拿得王保保来耶"。一般用来讽刺那些做了一点小事就骄傲的人，意思是，你做这点事算什么，有本事你就去西边把王保保抓来呀！可见，扩廓帖木儿的难以降服是人尽皆知的。

这个元末名将虽然没有被降服，但是在明太祖朱元璋有生之年，还是得到了他的死讯，屡战屡败，但是屡败屡战的人死了，他独力支撑的元朝天下也即将倾倒。在扩廓帖木儿，也就是王保保死后不久，元朝的直接嫡系就在明和瓦剌的联合绞杀中衰败。

知识卡片 78

王保保城

王保保城位于兰州市区黄河北岸的白塔山东侧，因为是王保保下令建的，所以命名为王保保城。《明史》中记载，明朝洪武二年，王保保败退甘肃，在此筑造城墙抵抗明军。王保保城南临黄河，东临大沙沟，西、北依山，居高临下，形势险要。当时，因为黄河上没有桥，要想攻入城内很难。明军驻扎在黄河南，与王保保隔河相持了两年时间。后来，常遇春攻克上都，不久，徐达、李文忠、汤和兵分三路出塞进攻蒙古，元帝妥懽帖睦尔驾崩，其子爱猷识理达腊继位，后逃往和林，并招王保保前去保卫，于是，王保保弃城奔向蒙古，继续效忠君主。

朱重八的艰难成长

中国历史上唯一一位出生于社会最底层的皇帝，就是明朝的开国皇帝——明太祖朱元璋。

1382年，在安徽濠州的钟离村，一对贫穷的夫妻生下了他们最后一个孩子，这个孩子的出生没有为破落的家庭带来任何喜悦，这一家子父辈祖辈都是佃户，靠着在贫瘠的土地上辛劳耕作来换取活命的口粮。朱元璋上头还有五个哥哥姐姐，除了大哥留在父母身边，帮着劳作，其他的孩子不是送人就是早早嫁了出去。相对于地主家吃得脑满肠肥的孩子，朱元璋的童年可谓是悲惨至极，吃喝都得看运气，要是运气不好，老天爷发了脾气，庄稼收成被影响，就只能等着饿肚子，至于精神生活，除了幼年时，做过算命先生的祖父朱初一会在有点力气的时候给他讲讲奇妙故事，就没了别的娱乐，不过，尽管只是一些新奇的故事，还

是让备受苦难折磨的朱元璋得到了慰藉。

朱元璋16岁的时候，一场灭顶之灾降临到他的头上，原本还算人丁兴旺的朱家，三个星期内只剩了四口人。瘟疫、蝗灾以及接踵而至的旱灾，相继夺去了他家人的生命。父亲、母亲、哥哥、侄子，一个个饿死在朱元璋面前，他还来不及为死去的前一个掉下眼泪，第二个就已经奄奄一息。灾难过去后，家中只剩下了大嫂及其幼子，还有一个分居在外的已婚哥哥，在好心邻居的帮助下，朱元璋和哥哥嫂子用几件破衣服包裹了已故者，草草埋葬后，就与幸存的兄嫂分别，各谋出路。在那个时代，生活在社会底层的人能活下来就很不容易，更别说抚养别人家的孩子。16岁的朱元璋得不到救助，便去附近的一个佛教寺院做了小行童。

成为小行童的朱元璋，说得好听是寺里的僧人，说得不好听就是个杂役，寺里打扫、做饭、上香、洗衣、敲钟，大小事情都差使这个新来的行童，朱元璋忙得团团转。即便这样辛苦，还会不时被老和尚斥责，这让朱元璋憋了一肚子气，可是受气也没办法，人家寺里能提供吃喝啊，要是负气出走，指不定哪天就饿死街头呢，所以，朱元璋只得隐忍着怨气，继续敲钟做杂役。

朱元璋做行童不久，寺里的粮食不够和尚们吃了，老百姓自己都没办法过活，自然更没有粮食施舍给寺里。住持只得打发和尚们云游化缘，那个时候化缘，说白了就是做乞丐，讨着吃喝让自己活命。朱元璋那时候才做了50天的行童，整天忙着做杂活，还没学会念经、做佛事，但是形势所逼，没有办法，只好扮成和尚的样子，也离开寺院托钵流浪，当时朱元璋不过17岁，还是个未成年的孩子。少年朱元璋边流浪边乞讨，只要听别人说哪个地方年景好，他就往哪儿走，这样一路从濠州到了合肥，又从合肥去了河南，到了固始、信阳，还经过了汝州、陈州等地，三年后才又回到自己出家的皇觉寺。三年流浪，让朱元璋没有成饿殍，还让他长了见识，积累了社会经验。流浪的生活很艰苦，正是因为这些经历，他的性格更加坚毅、果敢，同时也变得残忍和猜忌。

朱元璋在外流浪的三年，也正是元末农民起义风起云涌的时期，社会上广泛流传着"明王出世，普度众生"的说法，许多农民起义队伍以此进行宣传，召集贫苦百姓，加入到反元的队伍中。朱元璋也接触了这些宣传，他意识到天下即将大乱，于是在回到皇觉寺后，他开始发愤学习，广交朋友，不再将吃饱肚子当作人生的唯一追求，而是准备干出一番大事业来。

元末，白莲教首领韩山童、刘福通发动起义，韩山童被推举为明王，同年，红巾军也在蕲州起义，紧接着，濠州的郭子兴和孙德崖也组织起义队伍进行反元斗争。就在朱元璋思索自己下一步的路子时，他的儿时伙伴汤和给他写了一封信，邀请他参加郭子兴的起义军。恰在此时，朱元璋的师兄告诉他，起义军给你写信劝你反元的事儿，有人已经知道了，正要去告密呢，要想活命，还是赶快跑吧。于是，25岁的朱元璋赶紧放下钵盂，去投奔郭子兴的红巾军，迈出了他伟大历程的第一步。

知识卡片 79

珍珠翡翠白玉汤

相传，朱元璋四处云游乞讨，一次连续三天没有讨到吃食，饿晕在大街上。有个好心的老婆婆将他救起并带回家，老婆婆家也很贫苦，但还是将家里仅有的一块豆腐和一小撮菠菜与剩米饭煮在一起，让朱元璋填饱了肚子。朱元璋问老人家自己吃的是什么，老婆婆苦中作乐，开玩笑说那是"珍珠翡翠白玉汤"。后来，朱元璋投奔红巾军，之后当上皇帝，尝尽天下美食。一天，朱元璋生了病，什么都吃不下，他很怀念当年"珍珠翡翠白玉汤"的味道，就让御厨做给他吃，御厨没见过那道菜，只得将真正的珍珠、翡翠和白玉一起煮，朱元璋吃了觉得不对味，一气之下就杀了御厨。后来，他又从自己家乡招来一位厨师，那个人很聪明，用菠菜代替翠玉，豆腐加馅代替白玉，用鱼骨头汤熬煮。朱元璋一吃，觉得是那么个味儿，于是重赏了厨师。厨师得了赏钱告病回家，之后将这道朱元璋喜欢的菜肴传给了凤阳父老。

要留清白在人间

　　明朝时著名的民族英雄于谦，从小就有远大的理想，他12岁时，写了一首《咏石灰》，借诗言志：千锤万凿出深山，烈火焚烧若等闲。粉身碎骨浑不怕，要留清白在人间。年少时写下的豪言壮语，后来成为英雄于谦一生的写照。

　　于谦少年时就胸怀抱负，他7岁时，有个云游和尚惊异于他的长相，说我见过的人中没有像这个孩子一样的，他日必定能救国救主成为宰相。于谦没有辜负这个话，20岁出头的时候，就考中了进士，五年后，又跟随明宣宗亲征，讨伐谋反的汉王朱高煦。汉王投降时，宣宗让于谦数说汉王的罪行。于谦义正辞严，声色俱厉，说得朱高煦羞愧至极。后来，宣帝任命于谦为御史，让他巡察江西一带。于谦的才能让宣宗很赏识，宣宗找机会历练于谦，希望将来能委以重任。于谦巡察江西，替几百个被冤枉的囚犯昭雪。宣宗见识到于谦的办事能力，亲手写下于谦的名字交给吏部，将其越级提升为兵部右侍郎。

　　于谦入仕的时候，正逢奸臣王振当道，王振贪污受贿，地方官进京办事，都要先给他送上大把的金银，但于谦从来不给其送礼。有人就劝说他，就算不肯送金银，好歹也带点土特产吧，空手去怎么好呀？于谦甩动着自己的两只衣袖说，我只有清风。为此，他后来还写了一首诗，清风两袖朝天去，免得闾阎话短长。意思是我就这样两袖清风地去，正好免了别人说长道短呢。于谦的刚正不阿，对百姓来说是好事，但对王振来说就很触霉头了，人家来拜见我都争先恐后地塞珍宝，你竟然甩着袖子来，还什么两袖清风，不是摆明了跟我对着干吗？王振是个小人，他指使同党诬告于谦，将其关进监牢，并判了死刑。于谦被囚禁的消息传开后，成千上万的人联名向英宗请愿，要求释放于谦。王振一伙考虑到众怒难犯，加之手中没有于谦的把柄，只好将其释放。

　　明英宗宠爱宦官王振，自己吃喝玩乐，将许多政务都交给王振打理，因此，王振本来只是一个太监，却变得权倾朝野，巴结他的人都称他"翁父"。当时，北方的瓦剌部强大起来，瓦剌首领向明朝求亲，但是被王振拒绝，瓦剌也先很生气，一怒之下就带兵进攻大同，守大同的明军被瓦剌打得落花流水，王振得知大同被攻破，心急如焚，他倒不是忧国忧民，而是因为王振的家乡蔚州离大同不远，他担心瓦剌军队侵占蔚州，霸走自己的田产，于是极力怂恿明英宗亲征。在朝堂上，兵部尚书等人认为朝廷没有准备，皇帝不能亲征。但明英宗没什么主见，王振天天吹耳边风，他也就懒得管大臣的劝谏，冒冒失失就去亲征了。这一去，英宗成了俘虏，王振被砸破脑袋送了命。瓦剌开始挟持着英宗，不时骚扰明朝边境。太后和皇后搜罗了金银财宝让人去议和，想把英宗赎回来。钱照收不误，可是英宗始终没见人影。为了安定民心，太后宣布让英宗的弟弟郕王监国，并召集大臣商量对付瓦剌。

太后的提议得到两种不同的回答，大臣徐有贞建议南逃，暂避一下，再作打算。但兵部侍郎于谦主张守城，对抗瓦剌大军。他的观点得到了许多人的支持，于谦担负起守城的重任，加强京城和附近关口的防御兵力，同时，要求郕王宣布王振的罪状，平息民愤。王振被抄家后，人心渐渐安定下来，但是，朝廷内部又出现了一个问题，国家没有皇帝似乎不行。为大局着想，于谦等大臣请太后宣布让郕王做皇帝，是为明代宗，被俘虏的英宗改称太上皇。不久，也先进犯，于谦死守京城，人们被他的勇气感动，各地明军纷纷赶来支援，队伍一下子增加到了20多万人。老百姓也加入战斗，在墙头上配合明军用砖头石块袭击城外的瓦剌军。经过五天激战，瓦剌军死伤惨重。不久，瓦剌也先带着明英宗和残兵败将撤退。在于谦领导下，北京保卫战取得了辉煌的胜利。

也先回到瓦剌，想到英宗并不能给自己带来好处，就将其放了回去。回到北京城的明英宗，过了七年太上皇的生活，后来，明代宗病重，先前主张逃跑的徐有贞以及被于谦责备过的大将石亨跟宦官勾结起来，带兵闯进皇宫，迎英宗复位。夺门之变发生不久，明代宗就病死了。英宗复位后，对于于谦在自己被俘虏时，拥立郕王做皇帝，很是生气，加上徐有贞等人在一旁挑拨，英宗狠心给于谦扣上了一个谋反的罪名，将其杀害在北京。老百姓都知道于谦是冤枉的，为此哀叹不已，一些大臣被于谦的忠义感动，收殓了他的尸体，送回杭州安葬。英宗在派人查抄于谦的家时，被派去的人都很震惊，除了皇帝赐予的蟒袍和剑器，别无他物。于谦死后不久，明英宗就后悔了，他下令追封于谦为光禄大夫等职，但不管怎样封赏，被冤杀的忠臣再也无法为朝廷效力了。

皇帝的封赏，对于谦来说，无论是生前还是死后，都没有任何意义，于谦的使命就是保家卫国，至于那些浮名利禄，在意的人或许看重，可在于谦面前不过一堆粪土。因为皇帝的耿耿于怀，一个忠臣从战场凯旋，却死在自己保卫的君主手中，这就是那个时代的悲哀。

知识卡片80

"意欲"的典故

景泰八年时，明景帝身染重病，卧床不起，武清侯石亨、御史徐有贞和太监曹吉祥勾结，在正月发动政变，迎明英宗复位。石亨带领亲军1000多人，借加强防守的名义，混入皇城，推倒南宫的宫墙，拥护着明英宗登上御辇到东华门外。天亮时，大臣们进宫早朝，就见英宗端坐在宝座上，都大吃一惊。英宗安抚群臣说，景帝病重，大家迎我复位，你们各安其事，各安其位吧。不久，英宗废景帝为郕王，一个多月后，郕王病逝。接下来，石亨、徐有贞等人又捏造了于谦"意欲迎立外藩"的谋逆之罪，将其逮捕入狱，正月二十二日，于谦被押往刑场，百姓得知后，夹道痛哭，据说于谦行刑时，阴云蔽天，天怒人怨。后英宗派人查抄于谦私宅，除了一些书籍，没找到任何值钱的东西，锦衣卫的士兵见此情景，都掉下了眼泪。明宪宗时为于谦平反昭雪，将其故宅改为"忠节祠"，1984年，北京市政公布"忠节祠"为市文物保护单位。

痴情皇帝的姐弟恋

历史上得宠的妃子很多，但多是年轻貌美的人，后宫女子一般年老色弛，就对皇帝没了吸引力。不管年纪多大的皇帝，都喜欢年轻漂亮的小姑娘，但是，有一个人例外，这人就是明宪宗朱见深。宪宗终其一生宠爱自己的妃子万氏，尽管她既不年轻，也非娇弱乖巧之辈，对于长自己 17 岁的万氏，朱见深一辈子死心塌地喜欢着，当万氏 58 岁时病死后，正当盛年的明宪宗思念成疾，不久后也郁郁而终。

明宪宗两岁的时候，其父明英宗因遭遇土木堡之变，被敌军囚禁，英宗的弟弟朱祁钰登基为帝，就在新帝登基后，孙太后将英宗的儿子朱见深立为太子，并希望朱祁钰将来能把皇位传给侄子朱见深，说白了就是让他把从哥哥那儿得到的东西还回去。两岁的太子朱见深，被孙太后派去的宫女万氏悉心照顾着，不久，朱祁钰动起了废太子的脑筋，事实证明，孙太后的政治感觉是很准确的，尽管事先立了朱见深为太子，但是新皇帝下诏，孙太后也无可奈何。五岁的朱见深被废，朱祁钰的儿子朱见济成了太子。当年幼的朱见深被逐出宫门时，祖母也无能为力，身边的宫人们对他很冷淡，就连他的亲生母亲周贵妃，也因为要避开朱祁钰的耳目，看望儿子时总是来去匆匆，在朱见深的心里，唯一可以依赖的，只有照顾自己长大的万氏。

后来，朱见深得以登基成为皇帝，立刻将自己钟爱的万氏纳入后宫，并打算将其立为皇后，可是，因为万氏出身低微，没有得到太后同意，在母亲和大臣的决策下，明宪宗将吴氏立为皇后，万氏只做了后宫中一名小小的妃嫔。明宪宗对这个结果并不满意，万氏也是。尽管只是一名小嫔妃，但是仗着自己深得皇帝宠爱，万氏并未将皇后放在眼里，每次见面都板着脸拿架子，吴皇后很生气，但碍于皇帝的面子，起初还隐忍着，后来实在忍无可忍，就让宫人将万氏拖倒在地，亲自拿杖打了她几下。这可不得了，万氏找到宪宗哭闹不休，并让宪宗看自己身上的伤痕，宪宗又气又恨，不久便以皇后轻佻为由将其废除。两个月后，与吴皇后一道进宫册封的王贤妃被封为皇后，这个王皇后胆小怕事，自知不是万氏的对手，因此处处忍让，做着傀儡皇后。

成化二年，万氏生下了朱见深的第一个儿子，皇帝大喜，立刻晋封其为贵妃，还派了使者四处祷告山川诸神。可惜，万贵妃 36 岁诞下的皇子很短命，不久夭折，万贵妃从此再无身孕。自己没生养，可是夺取皇后之位的野心却从未改变，万贵妃生怕别的妃嫔生下皇子，威胁到自己的地位，因此对有孕的妃嫔大加迫害。对于万贵妃的恶行，明宪宗睁一只眼闭一只眼，宫里的妃嫔碍于万贵妃的权势，怀孕了也只得含泪打掉。几年过去后，到成化五年时，柏贤妃生了一个儿

子，宪宗高兴极了，不仅大肆庆贺，还为孩子取名佑极，并立即立为皇太子。这应该是万贵妃疏忽的结果，要不然，哪有可能让柏贤妃顺利生下孩子？但是，孩子生下来不代表就能养活，皇太子生下来的第二年，突然患了疾病，御医们束手无策，不久，太子夭折，宪宗哭得死去活来，宫人太监们觉得太子病得奇怪，暗暗查访，结果发现是万贵妃派人毒死了太子，但是，没有谁敢去告发。

就这样，又过去了六年，此时万贵妃威行朝野，宠冠六宫，虽然没有皇后的实名，实际却享受着皇后的待遇。万贵妃有一帮内侍，常借宫廷采买为名，替万贵妃搜刮财物，宪宗也不敢多问。有一天，宪宗思念亡子，就叹息着说自己年老却无子嗣，结果，替他梳头的太监张敏告知宪宗，他有一子养于密室，已经6岁了，因为怕招惹祸患，之前才没有告知。宪宗大喜，派张敏去领皇子。这个皇子是一名纪姓女史所生，成化三年时，宪宗偶然见到纪氏，因其聪明伶俐，便在其住处召幸了她。纪氏怀孕后，万贵妃曾派宫女去打探，那个宫女不忍皇嗣又被残害，便谎说纪氏是得了鼓胀病。纪氏生下孩子后，被废的皇后吴氏将孩子接去悉心照顾，加上太监、宫女的隐瞒，才没有遭到万贵妃毒手。明宪宗见了儿子，放声大哭，第二天早朝，将纪氏封为淑妃，又替孩子定名佑樘。臣子们担心皇子被残害，奏请让其母子二人同住，宪宗常去纪氏那里留宿，有时也去别的嫔妃那里，不久，相继有嫔妃为其生下子嗣。万贵妃恨得咬牙切齿，不久，纪氏暴死在宫中，张敏见纪氏被害，知道万贵妃手段残忍，便吞金自杀了。

除掉了纪氏，万贵妃还有个眼中钉，就是宪宗长子朱佑樘，周太后担心孙子安全，就携了孙子同住，并叮嘱其不要吃万贵妃给的东西。朱佑樘的防范让万贵妃很忧心，这孩子从小就提防嫉恨我，长大了还能饶了我去？万贵妃越想越心焦，就怂恿宪宗废太子。宪宗对万贵妃如今是又爱又怕，打算按照万贵妃的意思废掉长子，或许是老天有眼，当时泰山发生地震，大臣们上奏说此兆应在东宫，废太子会惹怒老天爷，宪宗没了办法，朱佑樘得以保住太子之位。费尽心机的万贵妃，见无法动摇太子地位，肝火攻心，不久病死，万贵妃没了，宪宗立刻就像失去了主心骨，他郁郁寡欢，同年也得了重病，追随爱妃而去。

宪宗时期的大臣们很难理解，一个卑微的宫女，竟得以宠绝六宫，不知是宪宗太痴情，还是万氏太有手段。其实，在宪宗最无助的岁月，这个年长他近20岁的万氏如姊如母，守护在他身边，始终如一，不离不弃。宪宗对万氏的爱，夹杂了亲情、爱情和恩情，这份依赖和热爱，旁人岂能了解！

知识卡片 81

《一团和气图》

　　明宪宗曾经画过一幅《一团和气图》，这图案乍看就像一个圆球，上面是个眯眼嬉笑的人，其实仔细看，就会发现画面上不是一个人，而是三个，他们抱成一团，画面上的一张面孔实际上也是由三个面孔组成。这幅画的构思和构图都巧妙有趣，独具匠心。明宪宗画此画的灵感是来源于一则叫做"虎溪三笑"的典故，东晋时，著名的禅宗法师慧远在庐山修行，30 年的时间，他从不下山、进城，送客都不越过虎溪。有一天，儒生陶渊明和道士陆修静远道来访，三人相聚甚欢。后来，慧远送他们下山，到了虎溪听到附近传来老虎的叫声，但是三个人谈得太热烈都没有发觉，直到越过虎溪，才反应过来，三个人相互看看，会心地大笑。此典故是宋人力图调和儒、释、道三教思想的反映。明宪宗通过典故表明自己的观点，认为三家信仰虽然不同，但可以合三为一，忘彼此之是非，霭一团之和气。

母爱大过天

　　明神宗年轻时，宠幸了太后宫中一个王姓宫女，这个女子面目清秀，让前往太后处请安的明神宗动了心思，其实明神宗并非真心喜欢她，因此一夜风流，也没给宫女留下什么赏赐，更没让太后知道此事。但是，几个月后，这个王宫女怀了身孕，被太后知道了，想到自己做宫人时的千般艰难，太后立刻找到明神宗，让他给王氏一个名分，明神宗万般不情愿，封了王氏为恭妃，几个月后，王恭妃生下了神宗的长子朱常洛。

　　当王恭妃育有皇子，却被明神宗冷落时，在后宫的另一处殿堂中，一个郑姓淑嫔正专宠于神宗，并在没有生育皇子前就被神宗册封为德妃，地位远在王恭妃之上。这个郑贵妃就是与明神宗热恋终生，并导致大明帝国身受重创的危机分子。

郑贵妃长得乖巧玲珑，14岁时进宫，16岁时受到皇帝宠爱。郑贵妃进入明神宗的生活后，这位年轻的君王便将长子的生母抛诸脑后，后来还差点为了郑贵妃而废掉太子。郑贵妃是明朝后宫众多佳丽中的一位，她年轻貌美，但真正吸引明神宗的还是她的聪明机警以及通晓诗文等后宫女子少有的才华。郑贵妃是个聪明人，尽管貌美，却没有以色侍君，她深知靠色相并不能永得君宠的道理，于是尽量用自己的青春热情去填补皇帝精神上的空虚。皇帝后宫妃嫔众多，不乏温柔贤淑、貌美如花的女子，但皇帝需要的，其实是心灵上的伴侣，郑贵妃发现了这一点，进而让明神宗看到了她独特的一面。

后宫妃嫔对皇帝都百依百顺，不过，心理上保持着距离和警惕，但郑贵妃却表现得天真烂漫、无所顾忌。她大胆地挑逗和讽刺皇帝，同时又作为伴侣认真倾听神宗的心声。名分上她只是妃嫔，但在精神上，无论是神宗还是郑贵妃自己，都将对方当成了志同道合的知己，精神上的唯一伴侣。皇帝见多了妃嫔的垂首低眉，碰到一个摸他脑袋、看他出糗的天真少女，心灵上的孤单让他立刻被俘虏，并专宠一生。短短三年时间，郑氏由淑嫔升为德妃再升为贵妃，不久，又生下儿子朱常洵。郑贵妃虽然受宠，但是因没有坐上后位，加之朱常洵上头还有个异母哥哥朱常洛，因此，朱常洵要想成为太子机会很渺茫，但是，野心勃勃的郑贵妃极力为儿子争取机会，加上明神宗也不愿立自己不喜欢的女人生的孩子为太子，因此，他纵容郑贵妃的行为，并允诺要让三子朱常洵继承王位。这种有违祖制的承诺，让郑贵妃看到了希望，也为长达几十年的"国本之争"埋下了祸根。

早在朱常洵出生前，首辅申时行就曾建议明神宗早立太子，但是被皇帝借口朱常洛年幼而推脱掉，朱常洛5岁时，王恭妃还未受封，但朱常洵一出生，郑氏就被册封为皇贵妃，大臣们都心存疑惑，认为明神宗是要废长立幼，就在神宗册封郑贵妃的当天，有大臣向皇帝奏了一本，极其尖锐地请求皇帝先册封王恭妃，其实，也就是要求皇帝册立皇长子为太子。神宗极为恼火，在他看来，立长立幼是自己的家事，自己喜欢谁就立谁，要是皇帝连这点自由都没有，还做皇帝干什么！上书的大臣们都被定了罪，那些没敢出声的大臣虽然没吃苦头，但是对皇帝的行为很不满，他们的内心越来越反感，觉得皇帝被个女人勾引，思想被其左右，实在是太出格了。

　　自从册封郑贵妃遭到群臣反对后，明神宗就对临朝听政很厌恶了。朝堂上只有吹毛求疵的大臣，后宫却有情投意合的郑贵妃，明神宗觉得只有在爱妃面前，才能作为一个真正的人真实地存在。于是，皇帝不早朝便成了习惯，大臣们怎能容忍皇帝的这些放荡行为呢，他们发起新一轮攻击，不停上疏干涉皇帝的私生活，结果，礼部尚书被拖到午门外杖责，后来郁愤而死。对于干涉自己的人，反对郑贵妃的人，杖责就成了对付他们的最佳手段。朝堂上的明神宗，用消极加残忍的方式对付反对自己的大臣，后宫中的郑贵妃，得到大臣要求立朱常洛的消息后，加紧行动，虽然感觉大势已去，但还要做最后一搏。她让皇帝将承诺写下手谕，放在锦匣中，用来保证儿子的帝位，可惜没多久，手谕被蠹虫咬得稀巴烂，连写的朱常洵几个字也看不见了，迷信的明神宗认为天意不可违，只得无奈地接受事实。郑贵妃眼泪汪汪也无济于事，最终，朱常洛成为太子，朱常洵则做了福王。

　　按照祖制，被封王的皇子应该去自己的封国，但是郑贵妃宠爱儿子，将其留在皇宫中十多年，后来还是太后出面，才迫使郑贵妃督促福王去封国。福王出发前，郑贵妃提出要为福王建造藩邸，明神宗命朝廷拨款28万巨资为福王修豪宅，又在郑贵妃要求下，划给福王4万顷庄田。此举遭到群臣反对，明神宗不得不将数量减半。这些要求被满足后，郑贵妃大肆搜刮，为儿子准备去洛阳的挥霍。她索要四川盐税和茶税，还有张居正被没收的财产，另外又让朝廷准许福王在洛阳开店卖盐，垄断洛阳的卖盐权。神宗对这些无理要求全数答应，并将历年来税吏、矿吏进献的珠宝，大都交给福王带走。对于这个宝贝儿子，郑贵妃和明神宗宠溺至极。

　　明神宗时期，为立储而进行的争斗进行了15年，许多大臣被贬被杖打，皇帝心力交瘁，郑贵妃也抑郁不乐，整个国家难以安定。明神宗死前，立遗诏封最爱的郑贵妃为皇后，死后与自己同葬定陵玄宫，可是，皇帝驾崩以后，身后事得由继承人来安排，朱常洛当了不到一个月的皇帝就死了，他的儿子继位，这个皇孙很记仇，想到郑氏差点害得自家没有皇帝位子坐，自然不让她进定陵，于是，将亲祖母王贵妃追尊为太后，并将其棺椁从东井迁来，与明神宗和另一位王太后一道，葬进了定陵，至于比明神宗迟死十多年的郑贵妃，因被朝臣们厌恶，又得不到皇孙尊重，儿子又远离自己，最终在凄苦郁闷中死去，独自一人被埋入银泉山下的孤坟中。

　　生同衾死同穴，明神宗对于自己知心的伴侣郑贵妃，曾经也许过这样的承诺

吧，可是人死了便由不得自己，历史总是喜欢开玩笑。于是，生前的信誓旦旦，到死了便都烟消云散。

知识卡片82

金丝蟠龙翼善冠

　　发现于定陵的金丝蟠龙翼善冠，高24厘米，直径17.5厘米，重826克，是用极细的金丝编织而成。冠的下缘内外镶有金口，冠的后上方有两条左右对称的蟠龙，龙张口吐舌，双目圆睁，龙身弯曲盘绕。在两龙之间有一圆形火珠，周围喷射出火焰。此冠的制作工艺登峰造极，达到了炉火纯青的地步。翼善冠分为"前屋"、"后山"和"金折角"三个部分，前屋部分，用518根0.2毫米的细金丝编成"灯笼空儿"花纹，由于当时工匠技艺高超，手工编织的花纹不仅十分均匀，疏密一致，而且没有接头和断丝的地方，整个前屋看上去像薄纱一样轻盈透明。后山和折角也全用金丝编成，形式同前屋一样。后山部分组装了二龙戏珠图案的金饰件，其中龙头龙爪等部位的工艺，都呈半浮雕效果，龙身和龙腿则用了传统的掐丝、垒丝等工艺手法进行制作。龙身的鳞片是用金丝搓拧成的花丝制成，并码焊成形的。不过，冠上看不到任何焊口的痕迹，当时这样绝妙的技艺，到今天仍旧让人们叹为观止。

冲冠一怒

　　明末时，南京秦淮河畔有八位色艺双全的风尘女子，她们能诗会画，并有崇高的民族气节，这八人中，有一位就是后来让吴三桂冲冠一怒为红颜的陈圆圆。陈圆圆是苏州人氏，自幼失去母亲，跟养母改为陈姓，她能歌善舞，享誉江南。崇祯皇帝在位时，外戚周奎给皇帝四处寻美女，以此来替皇帝宽心解忧。那个时候的崇祯，因为战祸连连，到手的大明江山整个就是一烂摊子，他除了拼命工作，连笑的心思都没有，哪有闲工夫宠幸美女，再说，崇祯在作风问题上是比较严谨的，他的后宫中妃嫔很少，但周奎认为，是美女总能让人动心，历史上多少权臣都是通过敬献美女才得的势呀，也不管崇祯皇帝有没有闲情逸致，反正周奎就派了田妃的哥哥田畹下江南去选美。田畹不负所托，在江南找到了名妓陈圆圆、杨宛、顾秦等人，将她们献入后宫。此刻的崇祯帝，为国事忙得焦头烂额，对美女完全没心思，皇帝公务繁忙可田畹有闲空呀，他乐得接收美女，陈圆圆因此进了田府，被田畹占为己有。

不久，李自成的队伍逼近京师，崇祯皇帝命吴三桂镇守山海关，田畹设盛宴为吴三桂饯行，酒席正酣时，陈圆圆带着歌队进厅堂表演，吴三桂遇见陈圆圆惊为天人，他的表情被田畹看在眼中。酒过三巡，警报突起，田畹惊慌地问吴三桂，如果李自成他们的起义军杀进来，您会怎么办啊？言下之意，希望吴三桂能保护他。吴三桂回答，如果能将圆圆赠给我，我定当首先保证君家无恙。这话说得很直白，如果能成全自己抱得美人归，保家卫国就不在话下了。吴三桂要领走陈圆圆，田畹心中多少还是舍不得，才貌双全的圆圆，又何尝不是田畹的心头好呢，这该死的吴三桂，竟然夺人所爱，可是，照吴三桂的意思，不将美人赠英雄，自己的性命可就有些危险了，田畹正犹豫着，还没回话，就见吴三桂带着陈圆圆，拜辞而去。

在吴府的陈圆圆，倒也生活得自在，她与吴三桂相处得不错，感情也越来越深。后来，吴三桂经父亲劝说，将陈圆圆留在京城，自己去任上镇守。吴父的劝说很在理，国难当头，领兵的大将若是沉迷于儿女情长，不但皇帝气恼，连底下的兵士也会军心动摇，试想，自己的头领镇守重要关口时，还不忘与美人温存，这种人带领的队伍，哪有战斗力呀。尽管满心不舍，吴三桂还是将爱妾陈圆圆留在京城家中。这一留导致了一系列历史问题产生。根据史料的记载，闯王李自成攻陷北京后，迅速派手下得力干将刘宗敏去京城搜罗财宝，为了让自己出政绩，刘宗敏采取了严刑拷打等手段，北京城的贵族们人心惶惶。

老百姓等着闯王进京，本来想过上好日子，没想到闯王真来了，日子却越过越凄凉。起义军进了城，这些穷苦人见了财宝就跟见了命似的，一开始，还是有组织地洗劫王公贵族，后来就变成了疯狂地掠夺，不管是王公大臣还是平民百姓，反正看上了就抢，那情景就跟遇到土匪打劫的情况一样。其实，起义军没有组织只是一个方面，还有很重要的一点，他们有个好榜样，闯王还规定这不准那不准呢，一进京就住到皇宫里，把那些姿色上等的宫女都纳为己有了。底下人见了眼红啊，也就跟着有样学样。学得最传神的就是李自成的得力助手刘宗敏，此人直接冲到吴府，抢走了吴三桂的心头好。可怜陈圆圆，年幼就无奈陷入风尘，如今因为貌美，几度转手，吴三桂才离家不久，刘宗敏就来霸占。

本来，李自成是要招降吴三桂的，这个人可是栋梁之才，若能成为自己的麾下之臣，一定如虎添翼。但刘宗敏的贪色坏了李自成的好事，也连累了吴三桂的亲属。当刘宗敏抢走陈圆圆的消息传到吴三桂的耳朵里，吴三桂顿时血往头上涌，大怒道，我手握重兵，竟连一个女人都保护不了！于是二话不说，领清兵入关，并带领清军火速赶到北京城。所谓的冲冠一怒就是这个时候，本来，李自成与明王朝的战斗，还算是汉人内部的阶级矛盾，这满人一来，就变成民族问题了。李自成那个恨呀，你吴三桂投降谁不行，要投降给关外的满人？眼看着清兵的铁骑就要踏破京城，李自成只得弃京外逃，临走时，他不忘给吴三桂上了很残忍的一课，吴府38口人，包括吴三桂的父亲，都被李自成杀害，杀父夺妻之仇让吴三桂与李自成不共戴天。

作为秦淮名妓，堕入风尘的陈圆圆很是不幸，后来吴三桂引清兵入关，她又被当成红颜祸水，其实，这个女子本来与政治无关，只因貌美，只因乱世，便身不由己改变了历史。

知识卡片83

秦淮八艳

  明末清初时期，南京秦淮河畔有八位才艺双全的名妓，被称为"秦淮八艳"。她们的事迹，最早见于余怀的《板桥杂记》，不过，在《板桥杂记》中只记载了顾横波、董小宛、卞玉京、李香君、寇白门、马湘兰等六人。后人加入了柳如是和陈圆圆，世称八艳。这八名女子虽然都长于风月场所，但都有民族气节，相对于当时明朝很多贪生怕死、卖国求荣的大臣，她们的品德显得更为可贵。秦淮八艳虽然是被压迫在社会最底层的妇女，但在国家存亡的危难时刻，却表现出了崇高的民族气节。她们在诗词和绘画方面也都有很高的造诣。秦淮八艳的命运，大多与帝王将相紧连在一起，柳如是、顾横波、寇白门后来从良跟随明末的历史名臣，陈圆圆、董小宛也出现在当时叱咤风云的历史人物的生命中。

儿女情长

顺治皇帝先后册封过两位皇后，都是博尔济吉特氏，由其母孝庄太后和摄政王多尔衮选定，并都是来自孝庄太后的故乡科尔沁草原。第一位博尔济吉特氏由多尔衮做主订婚、聘娶。在顺治皇帝亲政后，将其册封为皇后。这个皇后据说很骄横，也难怪，既是太后的亲戚，又是摄政王亲自去下的聘，自然不会低调。不过这个高调的科尔沁皇后遇到了同样有性格的顺治皇帝，没多久，两人因性格不合，被废除皇后之位，降为静妃。于是，第二位博尔济吉特氏进宫为后，孝庄太后摆明了就是要让娘家姑娘飞黄腾达。第二位皇后比较知趣，性格内敛许多，因此后位无忧，但是顺治对她并无多少感情，顺治真心喜欢的，只有红颜知己董鄂妃，皇帝对董鄂氏可谓一见钟情，至死不渝。

顺治十三年时，董鄂氏被封为贤妃，一个多月以后，顺治又以"敏慧端良，未有出董鄂氏之上者"为理由，晋封她为皇贵妃。这样的升迁速度，在历史上十分罕见。可见顺治对董鄂氏的宠爱程度，在他心里，没有比董鄂氏更贤良聪慧的了。当年年底，19岁的顺治帝为18岁的董鄂氏举行了十分隆重的册妃典礼，并按照册封皇后的大礼颁恩诏大赦天下。在清朝近300年的历史中，因为册立皇妃而大赦天下，这是仅有的一次，董鄂氏虽然只是皇贵妃，享受的特殊礼遇相当于皇后的级别，至于她得到的宠爱，就连皇后也望尘莫及了。

顺治皇帝与董鄂妃情投意合，他们之间浓烈的情感，在后宫中极为少见。帝王后宫佳丽三千，时时刻刻都有美丽年轻的面孔在后宫出现，以期获得帝王恩宠，所以都说君王无情，然而顺治帝对董鄂氏却始终如一。顺治皇帝亲笔所写的《端敬皇后行状》中描述，每次顺治帝看奏折的时候，粗略看看就扔到一边，董鄂氏总会将奏折收好，并提醒皇帝仔细看，不可忽视内容；每次顺治帝让董鄂氏与自己一起阅奏折，董鄂氏都赶忙拜谢，不愿干政；顺治帝下朝后，董鄂氏都会亲自安排饮食、嘘寒问暖；每次顺治帝阅奏折至夜分，董鄂氏都陪伴左右，为其磨墨，侍奉汤茶。他们之间的感情，不仅有平凡夫妻之间的相濡以沫，还有理性的相互促进。董鄂氏从不恃宠而骄，她常劝说顺治，处理政务要服人心，审判案件要慎重，对犯错的太监宫女，她常常为他们说情。

1657年，董鄂妃生下了皇四子，顺治帝欣喜若狂，颁诏天下说皇四子是自己的第一个孩子，对其的待遇如同嫡出，大有册封太子的意思。在顺治心中，这是自己最爱的人生下的孩子，只有这个孩子降生，才让他有做父亲的喜悦和骄傲。只可惜，这个孩子不到三个月即夭折，顺治下令追封其为和硕荣亲王，为孩子修建了高规模的园寝。本来就体弱多病的董鄂氏，因为儿子的夭折，一病不起，22岁时病逝于承乾宫。孩子夭折已经让顺治心痛难过，董鄂氏的离世几乎让他精神崩溃。他万念俱灰，想要弃江山社稷出家为僧，后因众人阻止，才迫使他放弃出家的念头。失去至爱的顺治帝，悲痛欲绝，他用超常的丧礼来表达对爱妃的哀悼，甚至要将几十名太监、宫女殉葬于董鄂妃陵墓中。董鄂妃的梓宫从皇宫奉移到景山观德殿时，抬梓宫的都是满洲八旗的二、三品大臣，这种待遇，在清代的皇帝、皇后的丧事中都从未见过。

董鄂妃死后仅半年，痴情的顺治帝得了当时的不治之症——天花。经过丧子亡妻之痛的顺治帝，身心遭到了极大的伤害，他内心时刻都在思念着自己的爱人，但是长夜孤灯，没有董鄂氏陪伴的日子，永远只有孤寂和凄凉。这一年的正月，宫中下诏，不准民间张灯结彩，不准泼水，等等，希望能以这种方式挽留住顺治帝的年轻生命，但是没有收到成效。在钦定皇三子玄烨即位后，顺治帝口述了遗诏，半夜崩于养心殿，年仅24岁。

康熙二年，顺治帝与康熙生母佟佳氏、孝献皇后董鄂氏合葬于清东陵的孝陵中。没有爱人陪伴的日子，顺治可说是心如死水，那样煎熬的半年终于过去，尽管正当盛年的两人，团聚的方式让人欷歔，但在顺治心中，这不啻为一种幸福。

知识卡片 84

汉人倡议剃头令

清兵入关后，顺治称帝，建立了清王朝。当时，朝堂上的官员有满人也有汉人，满人保持着自己的服饰习惯，汉人也依旧穿着汉服。当时有个山东进士，名叫孙之獬的，为了讨好统治者，就率先剃了头发，改穿满人服饰，赢得了顺治的欢心。但是，改变服饰后出了问题，孙之獬上朝的时候没了适合自己站的地方，若是和满人站一起，自己又是汉人，若是和汉人站一起，自己又穿着满族服装，被大家抗拒。本来想让清帝看重自己，没想到成了四不像，孙之獬恼羞成怒，向顺治上了一个奏本，说现在皇上您平定了天下，万事更新，衣冠发式这些也应更改，不能再依照汉朝旧制。于是，朝廷颁布了"剃头令"，后来剃头令导致一些地方出现民变，孙之獬的家乡在山东淄州，那里就有个姓谢的乡民，聚众反对剃头，因为厌恶孙之獬的汉奸行为，乡民聚集后攻破州县，将孙之獬及其全家杀死。在历史上引发多次事件的剃头问题，竟然是由汉人倡议的，实在是很讽刺。

狐仙的知己

明崇祯年间，在蒲家庄内，一户蒲姓人家的第三个儿子出生了，这个孩子出生的时候，他的父亲梦见一个偏袒着上衣、胸口贴着圆如铜钱的药膏的病瘦和尚进了屋子，虽然这个梦不知道作何解释，但是这个与梦同生的孩子，从小就显示出了他的过人之处，甚有才华。

这第三个孩子被蒲家父母取名为蒲松龄，因为家道中落，没办法为孩子们请老师，蒲松龄及其哥哥弟弟，便都在家中跟随父亲学习。蒲松龄天性聪慧，看过的书籍能过目不忘，得到父亲的钟爱。18岁时，蒲松龄与刘国鼎的二女儿成亲，之后，开始自己求取功名的历程。蒲松龄在初次应试童试的时候，写的文章得到山东学史施闰章的赞赏。他的文章不似一般刻板的八股文，行云流水，酣畅淋漓。施闰章对其赞赏有加，并希望蒲松龄多写此类好文章。施闰章的赏识，让年轻的蒲松龄很欣喜，他踌躇满志参加考试，但在之后，却屡试不第，当时，如施闰章一样只看文章，不讲究规制的人比较少。蒲松龄的文章在施闰章看来，是篇篇佳作，但在别的考官眼中，却是与考试制度不符，这让蒲松龄很茫然。蒲松龄在外求学时，家中兄弟家变分家，但是没有影响他的求学之念，为了节约时间，他接受外甥的建议，去李家假馆解读，可是没过多久，因为分家导致自己家中破败，老屋三间，家徒四壁的情况出现，妻子儿女等着蒲松龄去养活，这样窘迫的境况，让蒲松龄不得不终止借读，去城西王村开始自己私塾老师的生涯。

几年后，蒲松龄的收入渐渐难以维持家中妻子及三个儿女的生计，为了解决生活问题，同时也为了开阔眼界，蒲松龄应聘于江苏宝应县令孙蕙，去县属做幕宾。当时的宝应因为连年水灾，百姓流离失所，孙蕙在此担任职务，处境很困难。蒲松龄到来后帮了他不少大忙，他代孙蕙拟出的文书，大都体现州县官吏的艰辛、灾区的惨状以及百姓的困苦，为孙蕙赢得了一定的声望。从家乡南下到宝应，蒲松龄见到了许多秀丽风光，这激发了他的创作热情，同时，他亲眼目睹的仕途险恶、社会黑暗以及百姓的凄苦，又为他的文学创作提供了更深广的生活感受。做幕宾虽然能维持生计，但是却不能圆蒲松龄的科举梦，于是，他决意辞幕，在离开家乡一年后北归。接下来近十年时间，是蒲松龄最艰难的日子，他满以为凭借自己的才智，会顺利通过科举考试而得以大展宏图，但事与愿违，他数次落榜，壮志难酬。科举无望，人到中年的蒲松龄，身负养家重担，在人生道路上艰难挣扎。

应试数十年，满腹才华却无人欣赏，为了解决生计问题还不得不常常去一些乡绅家里做老师，以换得报酬。蒲松龄的心终于凉了。他对科举不再抱有期望，但生活的困顿和科举的失意没有磨灭他创作的勇气。年轻时就着手创作的《聊斋志异》在这时候又开始继续被书写。写作《聊斋志异》时，蒲松龄在同县的毕家做塾师，毕家有万卷藏书，加上馆东对他很支持，蒲松龄的创作条件好了许多，因此得以将精力投入到搜集素材和构思创作中。《聊斋志异》是一部积极的浪漫主义作品，蒲松龄为了表达自己的理想，解决现实中无法解决的问题，在文中虚构了大量虚无变幻的情节，并且对人物的塑造，也都以花妖狐魅的女性形象为主。这些奇思异想，或许就是蒲松龄对现实生活的一种另类反抗。

在科举道路上落魄一辈子之后，蒲松龄没能成为王侯将相；在写小说的道路上奋斗一辈子之后，他的《聊斋志异》流传至今。当蒲松龄须发皆白，在清冷的窗前感悟着自己的人生，凄凉地离开人世时，他或许没有想到，许多在科举中出人头地的达官贵胄们，没有被世人记住姓名，而他一个屡试不第的科举失败者，却最终名传千古。

知识卡片85

《聊斋志异》

清代的短篇文言小说集《聊斋志异》是蒲松龄的代表作，在他40岁左右时基本完成，此后又不断进行增补和修改。"聊斋"是蒲松龄的书斋名，"志"是记述的意思，"异"是指奇异的故事，这个书名的意思就是在聊斋中记述奇异的故事。《聊斋志异》中的作品大多是通过谈狐说鬼的手法，对当时社会的腐败、黑暗进行有力地批判，在一定程度上揭露了社会矛盾，表达了人民向往幸福、追求美满的生活愿望，不过其中也夹杂了一些封建伦理观念和因果报应的宿命论思想。在文学历史上，《聊斋志异》是一部著名的短篇小说集。全书共有491篇，内容十分广泛，大都是谈狐仙、鬼妖、人兽等，以此来概括当时的社会关系，本书反映了17世纪中国的社会面貌。

英勇的鸭母王

跟随移民潮去台湾的朱一贵，年轻时曾担任过衙役，后来做过佣工，靠种田为生，之后又在鸭母寮以养鸭为业，被人称为"小孟尝"、"鸭母王"。这些都是康熙五十二年时候的事，之后的朱一贵，成了台湾农民起义领导第一人。

康熙五十二年时，朱一贵来到台湾，居住在凤山罗汉门，因为侠义好客，豪放健谈，人们都很喜欢和他交往。朱一贵为人热情，每次有客人来，就宰鸭子煮酒，与客人谈论国事和政治情况时，他时常悲伤感叹，对当前的政治情况表达自己的意见。来到台湾养了近十年鸭子以后，"鸭母王"朱一贵遭遇了很不公平的事件。当时的台湾知府王珍横征暴敛，大肆搜刮民财，老百姓怨声载道。台湾发生地震，海水泛涨，民间谢神唱戏，结果王珍以"无故拜把"为由，监禁了40多人。老百姓上山砍竹子，王珍就以"违禁"为由，抓了200多人，以此勒索钱财。被抓的人交了钱就放走，不交钱就打40板子，还驱逐过海，赶回原籍。许多老百姓本来渡海来台，就是在家乡生活不下去，希望能在台湾开始新生活，若是驱逐回故乡很难生存，可要是交钱，又无力承担。百姓苦不堪言。更过分的是，当时民间的耕牛、糖铺等，都要向官府交钱才能使用。

当时的凤山县，知县出缺，暂时让王珍来治理凤山，他将知县的职务交给儿子，这儿子跟爹一个样，生怕错过了任何搜刮的机会，民众越来越不满，大家一致推举朱一贵做盟主，发动革命。其实，朱一贵对清朝官吏的压迫剥削早就不满了，在大家的支持下，他与友人聚会拜把，决定武装起义，起义旗帜上写了"大元帅朱"、"大明重兴"、"清天夺国"等字样，表示要反清复明，光复故国。因为老百姓备受压迫，朱一贵的起义军很有号召力，很快就聚结了1000多人，当夜就攻占了冈山的清兵营汛，接着又攻下其他几地的营汛，缴获了数件武器。

朱一贵的影响力越来越大，起义军的队伍也迅速壮大，最高峰时，参加起义的人数达到30万。队伍浩浩荡荡，先后攻占凤山县、台湾府等地，到五月时，另一个地方有个叫杜君英的客家人响应了这场革命，与朱一贵的队伍合作，攻取了台湾府城。起义军控制了整个台湾，清朝当局陷于被动局面。在起义队伍中，有许多的响应者都是明郑时期的将校武官，攻下台湾府城以后，朱一贵承袭了明朝的制度，废除了满族的剃发令。大家脱下旗装，将辫子剪断，恢复了明朝时期的服装以及传统汉人的发式。

虽然只是个养鸭为业的劳动人民，但是朱一贵还是颇有领导风范的，在起义过程中，朱一贵的队伍纪律严明，每到一个地方，都安民告示，不准烧杀抢掠。起义胜利后，各路的义军推举朱一贵为中兴王，民间称他"鸭母王"。台湾事变的消息传到清廷，闽浙总督赶赴厦门，调南澳总兵出师讨伐。水师提督也赶到了澎湖，调兵遣将镇压起义军。就在清军派遣队伍镇压之际，在朱一贵的起义军内部，土豪出身的杜君英父子，因为图谋王位不成而作乱，不仅背叛起义军，还带领几万部下出走，使起义军的力量被严重削弱。

两个月后，起义军遭到清廷伏兵的袭击，朱一贵率领部下退到沟尾庄，不久，因叛徒出卖被清军俘获。当年十二月，朱一贵与其他义军首领一道，在北京就义。这支起义队伍中的其他幸存者，或逃或继续抗清，一直到雍正年间，台湾才复归平静。当时率部出走的杜君英父子，投降清军后最终被清军杀死。朱一贵起义是台湾历史上第一次大规模的农民起义。因为地方官员对民众的残酷剥削，导致底层人民揭竿而起，虽然最终起义失败，但是为清廷敲响了警钟，如果台湾社会不能安定和发展，受压迫和剥削的劳动人们，就会进行反抗。

鸭母王朱一贵虽然是一介草莽，但见识、气度都有过人之处，被捕后昂然自立，自称孤家，即便起义失败，但依然有英雄气概。民间对朱一贵进行了神化，说他死后被玉皇大帝封为"台南州城隍绥靖侯"，当然，这只是人们的美好愿望，他们希望这位草莽英雄能够名扬万世。

知识卡片86

台湾的远古痕迹

　　从地质学上来说，距离现在300万至1万年的更新世冰河期期间，台湾曾经数次与亚洲大陆本土相连。在两地相连时，大陆生物以及古代人类可能就这样来到了台湾定居。目前，台湾已知最早的人类，是在台南市左镇区一带挖掘出的原始人类骸骨，被称作左镇人，不过在左镇地区并没有相对应的文化存在。在台湾的原住民的传说中，有一些描述是关于矮黑人的，不过目前没有相关考古证据。台湾在旧石器时代晚期，也就是5000到1万年前，已经开始有人类居住。以现在拥有的证据而言，目前台湾最早的文化是长滨文化，在那里挖出了大量的粗制石器以及一些骨角器。虽然长滨文化和中古南方的文化在某种程度上具有相似性，但是目前的考古学证据还不能确定台湾的旧石器时代文化是哪一种族群的人类留下的。

九龙夺嫡

康熙年间，皇太子胤礽被废，一众阿哥们对太子的位置虎视眈眈。当时，康熙有 12 个成年的儿子，都对储君之位表现出强烈的愿望。当然，不是说所有人都想当皇帝，毕竟人的野心有大有小，能力有弱有强，并且阿哥们各自的背景后台不一样。所以当时真正要争夺皇位的种子选手只有五人。

本来，康熙年间这场九龙夺嫡的战斗没有机会上演，当时的皇太子胤礽因为是皇后所生，当与康熙感情甚好的赫舍里皇后因为难产而死后，康熙对这个嫡子十分疼爱，胤礽一岁时就被立为储君，进行悉心培养。胤礽天资聪颖，不仅书读得好，常常在文武百官面前讲解儒家经典，并且善于骑射，可谓文武双全。康熙对这个儿子十分疼爱和器重，不仅因为是皇后所生，还因为皇太子的表现可圈可点，让他这个父亲十分骄傲。为了培养太子，康熙破格树立皇太子的权威，让他结交名家和外国传教士。青年时期的胤礽为人贤德，谦恭礼让，对治国也表现出了很高的天赋。他曾经代父听政，能力非凡。满朝文武都夸奖说皇太子贤能，就连康熙自己也从不隐藏对太子的好感，他说太子办事周密详尽，不管什么事情都能明白自己的心意，就算自己不在京城，有太子办理政务，都大可放心。

康熙早早就立了太子，这让后宫少了许多纷争，其他妃嫔不再奢望自己的孩子能得到帝位，所以倒也安分。可是早立太子，也不可避免地出现弊病，因为过早地让太子临朝听政、给予他领兵的特权，这就导致太子周围聚集了一群阿谀奉承的人，他们结党营私，成为日后有名的"太子党"，实际上，"太子党"对于太子稳固自己的储君之位并无多少好处，本来储君之位就到手了，还要拉帮结派，皇帝会怎么想呢？会认为皇太子觊觎帝位，会让太子弄巧成拙。同时，康熙对皇太子的格外偏爱，让太子与兄弟们之间的感情也很紧张。无论是不满还是妒忌，都让胤礽和众阿哥间矛盾丛生。

兄弟们很不满，加上康熙的宠爱纵容，一群阿谀奉承的人在旁边拍尽马屁，胤礽的性格也发生了天翻地覆的变化。之前君子气度的皇太子消失不见了，如今只有一个乖戾暴躁，不可一世并且树敌无数的储君胤礽。

康熙第一次废太子后，众阿哥看到了机会，他们终于相信，上苍是公平的，备受呵护与宠爱，生来就是嫡子的胤礽不也有被厌恶的时候？既然嫡子被废，庶子们个个都有了机会，于是，大家摩拳擦掌，蠢蠢欲动，这其中，动静最大有五个人，皇长子胤褆，自认比较有胜算，自古以来长幼有序，既然皇后嫡出的胤礽没了机会，父亲考虑的第一人自然是自己；第二个是三阿哥胤祉，此人素来和二阿哥相好；四阿哥胤禛，对外显得与世无争，不露锋芒；八阿哥胤禩，生母出身低微，但是聪明能干，品行端正，是很有希望做储君的皇子，十四阿哥胤禵，与四阿哥一母同胞，但较亲近八阿哥。其他几位阿哥，有的愿意辅佐兄弟，有的深知皇位无望，只安稳做亲王。这五个人在皇太子被废后，就开始了残酷的争斗。

其实，此刻的康熙，并没有想要改立别的儿子为储君，在他的内心里，还是属意胤礽，之前废除太子或许只是康熙向太子敲响的警钟。他希望儿子能知错就改，成为未来的明君。其实，在废掉太子以后，康熙就后悔了，他找了许多机会复立太子，为了让胤礽警醒，康熙重重处罚了"太子党"的首领索额图。当皇太子胤礽用母亲唤醒了康熙心中存留的父爱，他得以再次登上太子之位，这也让他的兄弟们倍感失望和愤怒。不过，胤礽的欣喜和众阿哥的不满都没有持续太久，胤礽被重立三年后，因为太子的恶行让康熙失望和愤怒，再加上"太子党"的蠢蠢欲动让正当壮年的康熙感觉到威胁，他下定决心再次废掉了皇太子，这一次，胤礽没能再打翻身仗，从此在康熙朝的政治舞台上消失。胤礽的废除，并不因为他的软弱无能，而是因为父亲康熙给了他过多的特权。

胤礽失去最后的机会，皇长子胤褆野心太大，被康熙终生圈禁，皇三子见到兄长的遭遇，急流勇退，不敢再蹚浑水。最后，竞争者只剩下皇四子、皇八子以及皇十四子。皇八子胤禩本来是储君的极佳人选，但是，他错误地理解了父亲康熙的心思，他以为自己贤能，有良臣辅佐，聪明能干，就能得到康熙重用，然而，康熙最恨结党营私，见到皇八子身边一众拥护者，十分反感。特别是第一次废除皇太子时，康熙私底下仍想复立胤礽，可是百官都极力举荐八阿哥，康熙由此种下心结。他曾经说，八阿哥屡结人心，比二阿哥的屡失人心可怕百倍。因为康熙的逻辑思维，皇八子被圈禁，"八爷党"被打击数次。胤禩的失误在于锋芒过露，让父亲反感和警惕。当时的情况下，皇四子胤禛却韬光养晦，虽然能力不错，得到康熙赏识，却表现得恬淡处世，似乎无意争储，这让康熙更加满意。随着时间的推移，康熙对胤禛的好感与日俱增。

康熙晚年时的这场夺嫡事件，是兄弟间残忍血腥的对抗，胜利者踩在自己手足的尸体上，靠智谋、靠胆识、靠运气，一步步走上帝位。其实，皇族的争斗本不用这样残酷，如果康熙在对待立嗣的问题上，能多一些公正，帝王家的皇子们，面对皇帝的宝座，能少一些垂涎，那些养尊处优的皇子们，也就不会失去自由，失去生命。

知识卡片 87

文字狱

清朝时期，文字狱到了空前绝后的地步，并且随着统治的稳固而加深，统治越稳定，文字狱就越登峰造极，到乾隆时，中国的传统文化因此而扭曲变形。顺治帝兴文字狱 7 次，康熙帝兴文字狱 12 次，雍正帝兴文字狱 17 次，乾隆帝兴文字狱 130 多次。清朝文字狱的开端，起于顺治四年，当时，广东有人携带一本记录抗清志士悲壮事迹的史稿《变记》，被南京城门的清兵查获，在严刑拷打一年后，被流放沈阳。第二年，又有坊刻制艺序案，制艺所写的序文不书"顺治"年号，因此大学士刚林就认为是"目无本朝"。之后，清廷规定：自今闱中墨牍必经词臣造订，礼臣校阅，方许刊行，其余房社杂稿概行禁止。施行文字狱，造成了社会恐慌，摧残了人才，许多人的思想被禁锢，从此不敢过问政治，在统治者看来，这种思想统治是成功的，但实际上严重阻碍了社会的进步和发展。

一本书读懂中国史

左宗棠抬棺出战

少年时期的左宗棠，胸怀大志。5岁时，随父亲去省城长沙读书，后来应长沙府试，取得了第二名。三年后，左宗棠进入长沙的城南书院学习，次年又去湖南巡抚吴荣光在长沙设立的湘水校经堂上学。他学习很刻苦，成绩十分优异，当年的考试，左宗棠七次名列第一。

左宗棠自小就博览群书，他不仅攻读儒家经典，对一些涉及中国历史、军事、地理等方面内容的书籍，都视若至宝，这些知识为他后来带兵打仗、施政理财起到了很大的作用，不过，在当时的科举考试中，却没能帮上左宗棠的忙。1932年之后，连续六年，左宗棠三次赴京考试，都没能及第。科场失意，让左宗棠通过"正途"进入社会上层的希望破灭，他的志向似乎很难有机会实现了。虽然左宗棠在仕途上没有进展，但是他结交了许多名流显贵，因为他远大的志向和才干，大家很看好他的前途。当左宗棠在长沙求学的时候，长沙著名的务实派官员贺长龄，就"以国士见待"。贺长龄的弟弟正好是左宗棠的老师，他对自己的弟子十分喜爱，后来还和左宗棠结成儿女亲家。当时，名满天下的林则徐对左宗棠也很器重，两人曾在长沙彻夜长谈，他们对治理国家的根本大计，特别是对西北军政的见解不谋而合。林则徐认定将来西定新疆的功臣，肯定是非左宗棠莫属，他将自己在新疆整理的宝贵资料都交给了左宗棠。在和别人交谈时，林则徐都称左宗棠为"非凡之才"。林则徐在世的时候，数次举荐左宗棠出仕，并且临终前还命次子代写遗书，一再推荐左宗棠。

虽然朋友们极力推荐，大加赏识，但是数次落第的左宗棠，因为自尊心，打算在家务农，不再寻求政治上的发展。但是，在1852年，太平天国大军围攻长沙，危急之际，左宗棠还是经不住老朋友的劝勉，应湖南巡抚张亮基之聘而出山，投入到保卫大清江山的阵营中。其实，以左宗棠满腹经世致用的学问，和他刚正清高的性格，以及林则徐对他的重托，在国家危难之时，他都不可能

204

归隐山林，袖手旁观。左宗棠出仕，湖南巡抚张亮基得到良才大喜过望，将全部军事交予左宗棠。在左宗棠的策划及实施下，太平军围攻长沙三个月，却没能攻下，只得撤围北去。左宗棠的功名就此开始。这一次初露峥嵘，让咸丰皇帝对其给予了极大的关注，许多高官显贵在皇帝面前举荐左宗棠，当时还有言论说：天下不可一日无湖南，湖南不可一日无左宗棠。足见左宗棠在世人心中的地位。当然，人怕出名猪怕壮，一旦有了名，负面新闻也就接踵而至，尽管左宗棠为人清高正直，但是许多嫉恨的人还是对他进行毁谤，这些莫须有的诬陷差点让左宗棠性命不保，好在一干好友都仗义执言，才使得一场轩然大波得以平息。

左宗棠很爱国，他不允许外国侵略者侵占祖国的领土，为收复新疆，左宗棠用了一年多的时间进行战前准备。这是一场艰难的战斗，也是林则徐临终前对左宗棠的重托。收复新疆时，左宗棠已经年近六旬，并且体弱多病，但他依旧耗费心力努力做准备。在选将、制定规则、配备武器、准备粮饷、修建水渠、广设粮运台站等六个方面进行周全规划以后，左宗棠收复新疆的战斗打响。经过一年半的时间，左宗棠率西征军收复了领土，取得了辉煌的胜利。在收复伊犁的问题上，左宗棠多次奏请反对妥协，希望通过武力来夺回被沙俄侵占的领土。左宗棠年近 70 的时候，为了祖国领土的完整，亲自出关部署伊犁战事。1880 年，左宗棠离开肃州起程西行，在他的身后，士兵们抬着一口黑漆棺材，这是左宗棠马革裹尸的抗敌决心。第二年，在圣彼得堡，清廷派大臣签订了《中俄伊犁条约》，虽然这仍是一个不平等条约，但是与之前签订的条约相比，挽回了多处领土，得到了一些权利，在当时的情况下，羸弱的清朝竟让沙俄将吞下去的中国领土又吐出来，这在近代史上是前所未有的事，左宗棠功不可没。伊犁交涉的结果，左宗棠并不满意，但这样的结局对他还算是一点安慰。

在收复伊犁五年后，74 岁的左宗棠离开人世，这个时候的左宗棠，并不是在家享天伦之乐，而是在福州任职。他的死，意味着大清王朝最后的顶梁柱倒下了。没有了左宗棠效忠的清廷，又还能走多远呢？

伊犁州

伊犁州地处祖国西北边陲、新疆西部，西面与哈萨克斯坦接壤，边境线长2000多公里。在历史上，伊犁就是古代丝路的北道要冲，现在则是向西开放的门户，素来有"塞外江南"、"瓜果之乡"的美称。伊犁州在新疆乃至整个西北的地位十分重要，它沃野千里，草原辽阔，森林茂密，植被覆盖率达到67.7%。伊犁是边塞旅游胜地，有悠久的历史文化，有美不胜收的景色，每年都吸引着数万中外游客。伊犁的文化古迹很多，青铜时代的乌孙土墩墓葬群、西辽西域名城阿拉力马力遗址，唐代弓月城遗址，有乾隆御书的格登山记功碑和伊犁将军府、惠远钟鼓楼、林则徐纪念馆等。

上帝的信徒

祖籍广东的洪秀全，原名洪仁坤，出生在广东花县。他的父亲是邻近诸村的保正，家里"薄有田产"，从这里能了解到，幼年时期的洪秀全，家境还是不错的，并且父亲在当地还有一定的社会地位。洪秀全有两个哥哥，但是三兄弟之中，唯有他努力读书追求功名，因而在家中颇被重视。

洪秀全7岁时，被家人送到本地的私塾去读书，14岁不到的年纪就考为童生，这自然是家里的荣耀，当时，他的父亲肯定也觉得脸上有光，更加注重培养少年有为的儿子，至于洪秀全本人，原本就对功名感兴趣，既然年少就较有成绩，当然会再接再厉，可是，命运和他开了个玩笑，接下来的17年中，他再也没有任何好的成绩，也就是说，17年的时间，他都未能考取秀才。因为洪秀全表现出来的聪敏好学，村中父老们都看好他，认为其将来定能考取功名光

宗耀祖，可洪秀全14岁以后的表现，让大家大跌眼镜。洪秀全也因此重病一场，一度昏迷。看来，考试失利对他的打击是很大的。洪秀全上学时，熟读四书五经以及一些古籍，在他数次落榜后，他好几次去当私塾师，教小孩子识字和文化基础知识，当时许多老童生都从事这种不固定的职业，大家对科举都抱着期望，一旦落第，就得为了生计去教书，若是考期临近就会回家苦读，以期中第而后光耀门楣。这种工作属于业余教学，收入只比普通农民稍好一点点，但是地位有所不同。人们对童生还是尊敬的，总觉得是读书人，比农民要有出息。

洪秀全的科举之路很艰辛，他一路上就像着了魔，数年辛苦都白忙，这也是他后来起义的一个原因。想想，在清廷当政的时候，总就考不上，自认为读书颇多的洪秀全，心中的不满自不用说，为什么满腹诗文却考不中呢，肯定不是自己学识的问题，一定是清廷的科举有弊病，他日自己要是能成为主宰，一定要改变这种科举方式。于是，洪秀全一改从前对科举的痴迷，发誓不考清朝试，不穿清朝服，自己来开科取士。虽然这种想法在当时显得很自负，其实也从另一方面说明，落第的洪秀全是很自卑的，对自己参与科举已经不抱任何期望。当他后来成功起义，在进军途中，洪秀全就采取了许多严厉的排孔斥儒的活动，宣称这些孔丘之书教导的都是错误，害人不浅。他排孔时的慷慨激昂和先前为科举几度的心酸奔忙形成强烈的对比，根据当时的记载，洪秀全排孔的手段施行得很坚决，他命人将搜集来的儒家藏书用担子挑着，经过厕所的时候，就将书籍系数扔到厕所中，扔不完的就用火烧，烧不尽的再浇上水，读这些书的人斩首，收藏的人斩首，卖书买书的还是斩首。这种极端行为令人发指，也让人觉得好笑，洪秀全的这些表现，正是他由科举不第而产生严重自卑心理的真实写照。

数年对儒家知识的学习没能让洪秀全由"田舍郎"华丽转身为"登天子堂"的官宦，想到自己科举失利昏迷时曾产生的幻觉与基督徒梁发《劝世良言》一书中所讲内容很相符，洪秀全思来想去，一气之下，干脆抛开儒家教义去信基督。他把家中的孔子牌位换成了上帝的牌位，虽然没读过《圣经》，却开始逢人便宣传他所理解的基督教教义，并称之为"拜上帝教"。"拜上帝教"和主流的基督教在教义上相差甚大，洪秀全自称是耶稣的弟弟，天父的第二个儿子，下到人间来替天行道，这种侠义的旗帜让很多人被吸引，其实，连洪秀全自己都未弄明白基督教教义。

一开始，洪秀全在广东附近传教，未能取得很大成功。后来，他与冯云山转至广西一带去传教。洪秀全不久就回到广东，但留下发展的冯云山却在当地发展了数量众多的信徒。之后，洪秀全去广州一家基督教堂学习了几个月，还要求受洗礼，可是传教士却拒绝了他，因为人家觉得洪秀全对教义的认识根本不够，不过，这个对基督教义了解不够的半吊子，竟打着基督教的旗子发展了一支起义大军。洪秀全在广东学习之后，又回到广西与冯云山会合，并陆续制定拜上帝会的规条以及仪式。因为拜上帝会与地方政府的矛盾日渐加深，不久，洪秀全等人决定反清。会众在召集下陆续来到广西金田团营，1851年1月，洪秀全正式宣布起义。

自称为上帝之子的洪秀全，创立拜上帝教的时候，就主张男女平等，并以此为号召，广泛发动群众特别是农村贫困妇女参加起义，当时，许多妇女积极分子涌现，正因为通过妇女渗入广泛地发动群众，仅仅用了七年多时间，拜上帝会就胜利发动了势成燎原的金田起义，但这些贫苦姐妹们，在跟随天王洪秀全南征北战，帮助其建立起太平天国后，却被洪秀全弃如敝屣，在被掳掠至天王府的众多美女面前，这些贫苦的姐妹显得更加苍老和丑陋，她们被殴打被杀害，用生命来信仰和追随的天王，并没有给她们带来真正的平等和幸福。

知识卡片89

洪秀全故居

洪秀全的故居在广州市花都区官禄村，是洪秀全成长、学习和从事早期起义活动的地方。故居的原建筑在金田起义后被清军焚毁。1961年，广州市文物考古队发掘出房屋墙基，参照客家民居形制进行了重建。建筑为泥砖瓦木结构，一厅五房，六间相连，客家人称这种建筑格式为"五龙过脊"。洪秀全夫妇居住的房间是西端第一间，室内陈设较简陋。1988年，国务院公布洪秀全故居为全国重点文物保护单位，这里也是广东省、广州市的爱国主义教育基地。

野心勃勃的西太后

咸丰二年，在选秀入宫的八旗女子中，有位叶赫那拉氏，她是安徽道员惠征的女儿，因为会唱南方歌曲，叶赫那拉氏很快引起咸丰皇帝注意，并被赐为懿贵人。后来，懿贵人为皇帝生了唯一的儿子，于是迅速晋级，得以升为懿贵妃。这位会讨皇帝欢心的懿贵妃就是历史上著名的西宫太后——慈禧。

叶赫那拉氏进宫时不过是一名贵人，这在美女如云的后宫中，实在算不得什么，不过，她运气很好，加之聪慧机敏，不久博得咸丰皇帝宠爱，因此晋级为懿嫔，四年后，懿嫔生下咸丰皇帝唯一的儿子载淳，母以子贵，进封懿妃，没过多久，又晋封为懿贵妃。此时，叶赫那拉氏在后宫中的地位，仅次于皇后钮祜禄氏。

咸丰帝体弱多病，当时的境况，内忧外患，让他心力交瘁，他逐渐荒于政事，留恋后宫中的莺声燕语，而这个时候，颇有心计又精明能干的叶赫那拉氏就成了咸丰帝的好帮手。自古以来，贤德的后妃都不会左右政事，当年顺治帝让董鄂妃一同阅奏折，都被董鄂妃以女人不干政而婉拒。但是现在，叶赫那拉氏常主动替咸丰代笔批阅奏章，咸丰乐得有人帮忙，空出更多时间去留恋后宫，而叶赫那拉氏在这种情况下，有了许多机会接触政治。1860 年，英法联军攻入北京前，咸丰帝逃往热河，懿贵妃及皇子载淳一同前往。国难当头，皇帝没有指挥臣子们进行抗争，而是一家人心惊胆战往热河跑，不管老百姓死活。一年后，咸丰帝在热河去世，当时的皇子载淳才 6 岁，咸丰帝临终前任命了八位顾命大臣，辅佐幼帝，这些人都是咸丰的亲信，咸丰帝希望自己死后亲信们能继续辅佐新主稳固基业。同时，也给了皇后钮祜禄氏和懿贵妃两枚代表皇权的印章，希望她们互相牵制。咸丰担心孤儿寡母被欺负，也害怕外戚专权败坏朝纲。既然亲信和后妃共同关照幼帝，他总算能放下心了。不过他没想到，自己的贤内助懿贵妃竟然比想象中的要厉害许多。

载淳即位后，叶赫那拉氏与钮祜禄氏并尊为皇太后。当时，顾命大臣企图专权，这让权力欲极强的慈禧很不满，为了与位高权重的顾命大臣们对抗，慈禧联合在京主持的恭亲王奕䜣，利用帝后和咸丰帝的梓宫回京的机会，发动了辛酉政变，设计逮捕八大臣，粉碎了他们的势力。年轻的寡妇慈禧，在政治上表现出了超强的能力，没有了顾命大臣的存在，两宫皇太后开始了垂帘听政的生涯，皇帝的年号也由"祺祥"改为"同治"。这个新年号的出现，也似乎寓意着慈禧接下来还要进行一系列活动。

　　在执政初期，恭亲王奕䜣辅佐新帝，整饬吏治，重用汉臣，依靠曾国藩等汉族武装，又在列强支持下，镇压太平天国等农民起义，使清王朝得到了暂时稳定。为了维护封建专制统治，慈禧主张重用洋务派，发展军用、民用工业，训练海军和陆军以加强政权实力。从客观上来说，慈禧的这些决策对中国近现代的发展起到了一定的积极作用，但是由于她对西方先进知识了解甚少，她也做出了许多错误的决定，阻碍了洋务运动的进行，前期，她重用洋务派进行改革，但当改革损害到她的统治，她又支持顽固派对洋务派进行牵制。

　　同治十一年时，皇帝17岁了，慈禧不得不为他选后，第二年，两宫皇太后撤帘归政，将权力悉数还给同治帝，这些事情，慈安太后是做得心甘情愿的，尽管不是皇帝的生母，但是她与同治感情深厚，甚至在选后的问题上，同治也选择接受慈安太后的安排，这些让同治的生母慈禧非常不满，另外，慈禧的权力欲不允许她将大权交还。因此，在归政之后，她依旧时不时对同治亲政进行干预。为了摆脱母亲的控制，在财政吃紧的情况下，同治下令修缮圆明园供慈禧居住，希望能远离其控制范围。

　　1875年，同治帝病逝，慈禧立自己的侄子兼外甥载湉为帝，改年号为光绪，因为当时的光绪帝年仅4岁，是由亲人抱进宫中交给慈禧继而坐上皇位的，因此，两宫皇太后再次垂帘听政。六年后，慈安太后暴亡，慈禧终于成为名正言顺的大清朝最尊贵的皇太后，她再也不用为了与慈安太后在身份上拉近距离，而将两人分别称为"东宫皇太后"及"西宫皇太后"，没有了慈安太后的存在，年幼的小皇帝还懵懂无知，朝政大权一手在握，从此，慈禧实现了一宫独裁。西太后的野心终于得以实现，清朝的政权实际上都掌握在了叶赫那拉氏的手中。

知 识 卡 片 90

纸糊朝服跪慈禧

　　慈禧搬进颐和园的时候，从中南海坐轿到西直门，然后在高粱河桥畔改乘"翔凤"号，沿长河前往昆明湖。当时，慈禧坐在船上，要求百官沿河两岸跪送，以显示自己的威风。沿途看见的官员们，都穿着整齐的朝服，戴着官帽，小心翼翼地跪在河岸边，恭敬地叩首，但是在这些人中，慈禧看到了一个不和谐的身影。此人家里很窘迫，做不起朝服补褂，便用同颜色的纸糊了一套衣裳穿上身，原本也能糊弄过去，这么多人，谁能看出他的"与众不同"呀，可是都说人倒霉了喝凉水都塞牙，此人命背，这天下了绵绵细雨，雨水落在假朝服上，把那纸衣裳冲刷得红红绿绿，慈禧一眼望过去，就见朝服群中一个纸褂子，很是扫兴，想大发雷霆吧，又怕张扬出去，这人可是朝廷官员，却没钱置办衣裳，嚷嚷出去不是丢朝廷的脸面么，于是只得假装没看见。因为慈禧的脸面，小官员因此拣了一条命，可算是万幸。

瀛台里的渴望

　　1875 年，年仅 4 岁的载湉入宫即帝位。载湉的皇位来得很容易，因为身为太后的慈禧为了垂帘听政，需要找一个儿皇帝，这个孩子既是她的侄子，也是她的亲外甥，无论从血缘，还是年纪来说，载湉都是慈禧心中不二之选，也因此，在慈禧的强烈要求下，这个后来被称为光绪帝的孩子走进了深宫，开始了他悲惨、屈辱的皇帝生涯。

　　载湉进宫后，称慈禧为母后，他进宫当年，就在太和殿正式即位，是为光绪帝，也就是从这一天起，小小的孩子便失去了自由，被慈禧太后抓在手中，或是当作争夺权力的利器，或是当作显示威严的权杖。在慈禧心目中，这个孩子就是自己御案之上的摆设。年幼的孩子总能受到父母的呵护疼爱，但是光绪帝年幼时，宫中没有人亲近他，加之他的帝位来自于慈禧的争取，如果慈禧不关心和爱护，那么宫中便不会有人在意这个所谓的皇帝。据说，光绪帝还很小的时候，他吃饭时，饭菜有几十种，摆满了面前的大桌子，可是这个孩子够不着，于是，便只能吃面前能够得着的食物，即便如此，那些没动过的饭菜也从来不更换，直到腐臭，而小皇帝能吃到的菜肴，也是经过多次加热，反复食用。光绪帝 10 岁以后，虽然贵为天子，可却像一个孤儿，少年时衣食不节，导致他日后身患痼疾，体弱多病，18 岁时，慈禧为光绪帝筹办婚事，光绪帝自己属意的女子都不被慈禧接受，在慈禧的安排下，他不得不将后位封给叶赫那拉氏，作为皇帝，选择妻子都没有任何自由，看着弓腰驼背的瘦弱皇后，想到那些从自己面前黯然离开的佳丽，光绪帝的心里也不会好受。

光绪帝 16 岁时亲政，但朝政大权实际上还是在慈禧手中。无论是政治还是婚姻，都不能自主，这让光绪帝十分苦闷，此时，珍妃的进宫，为他死水一般的生活带来了震动。珍妃貌美端庄，活泼机敏，性格很开朗，她对光绪帝的同情与体贴，让年轻的光绪对未来有了憧憬。珍妃将自己的老师介绍给光绪，老师很有才华，颇有政治见地，对光绪的影响很大。珍妃进宫后，光绪与其一起度过了一生中较为轻松自由的时光。有了憧憬的光绪甚至鼓起勇气，想要在政治上摆脱慈禧的束缚，当然，这是慈禧最不愿意看到的。光绪亲政后的十年，与慈禧开始了长时间的政治和权力斗争，到光绪二十四年时，慈禧明确表示要废掉光绪帝，而此时的光绪不过 28 岁，正是青春壮年。经过一系列的密谋策划，光绪终究还是没能斗过慈禧，不到 30 岁的光绪皇帝，被慈禧太后软禁于瀛台，政治生涯从此结束，只是，他过了十年没有人身自由的囚徒生活，除了皇帝的名号，光绪失去了一个皇帝的所有，包括他的爱人珍妃，也被慈禧囚禁在冷宫中，两人再没了见面的机会。

瀛台四面环水，在北端原本有一座桥，但是当光绪被囚禁于瀛台后，慈禧就命人拆掉了桥板，光绪在瀛台岛上生活，实际上就是在一所稍大的囚牢里，不能上岸，不能与外界接触，连妃嫔都不能相见。送饭的太监们每天架起桥板过来岛上，用饭完毕就立刻抽掉桥板，光绪心情忧郁，但是无可奈何。有一年冬天，水面上结了冰，光绪帝带着小太监偷偷离开瀛台，但是被发现，李莲英立刻命人凿掉冰块，防止光绪上岸。为了离开瀛台，光绪帝数次向慈禧称臣，表明自己会忠于她，但是慈禧没有给他再次亲政的机会。不仅如此，慈禧还打算另立他人为皇帝，光绪帝在瀛台日日担惊受怕，心中无限伤感，但是，他能做的，也只有坐以待毙而已。光绪曾仰天长叹，说自己连汉献帝都不如，可见他的凄凉。

两年后，英法联军入侵北京，慈禧仓皇出逃，临走时下令将珍妃处死。30岁的光绪得知珍妃死讯后，精神彻底崩溃，旧病复发，到了无法康复的地步。精神上和意志上受到的压制和摧残，让光绪的一生，几乎没有过上一天好日子。光绪二十八年，光绪帝被慈禧带回北京，仍旧被囚禁于瀛台。他没有勇气，也没有力量去冲破慈禧给他的束缚，只能一天天心情悲戚着，熬过在瀛台的牢笼岁月。

从年幼被抱进宫中开始，一直到囚禁瀛台壮年而逝，光绪的一生，就是一出屈辱与哀怨写就的悲剧。

知识卡片91

惟仁者寿

清光绪时期，生于巴马的邓诚才在朝廷做官，因为屡建军功，得以荣归故里。回到家乡后，邓诚才用自己的俸禄买了许多植物种子，送给乡亲们种植，以造福百姓。光绪年间，光绪皇帝为百岁高龄的邓诚才亲书"惟仁者寿"四个大字，并让广西提督冯子材亲自送去牌匾。邓诚才感恩朝廷，将巴马可滋泉、火麻等常寿不老的物品进贡给光绪皇帝和慈禧太后。慈禧晚年很注重皮肤的保养，将这些贡品配合御方使用后，效果非常明显，慈禧很高兴，从当年开始，巴马的可滋泉和火麻都成了朝廷贡品。光绪皇帝很孝顺，见慈禧喜欢用这些物品来驻颜，便让宫廷御医常年去广西巴马提取可滋泉水，让慈禧用来美容。

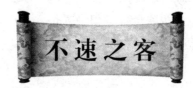

不速之客

　　光绪帝亲政时期，与慈禧为争夺权势进行斗争，光绪任用变法派进行维新政变，但被慈禧势力反扑而失败。当时的各国列强要求慈禧还政于光绪，让慈禧怀恨在心，产生了仇外情绪。当时，甲午战争中国战败，列强在中国强租港湾、划分势力，慈禧听从保守派的建议，借义和团之力排外。"扶清灭洋"的口号响起，义和团民众到处杀害外国人及教徒，并攻进天津的租界，各国公使要求清廷取缔义和团，但没有得到回应。在这样的情况下，1900 年，八国联军攻占了大沽炮台，不久攻陷天津，不到两个月的时间，就占领了北京全城，先前誓言抵抗的慈禧带着光绪帝和亲贵大臣逃往西安。

　　留下来和外国人议和的李鸿章大人，全盘接受了联军提出的《议和大纲》，不久即签署了《辛丑条约》。八国联军军事行动，以清政府与 11 国签订不平等条约而告终，清政府赔偿白银 4 亿 5 千万两，其实加上利息共计 9 亿 8 千万两，是当时中国年总收入的 12 倍。不仅如此，联军占领北京后，还对北京的皇城、衙门、官府等大肆掠夺，造成了中国文物和文化遗产的失窃以及破坏。

　　这一群不速之客，在占领北京城的时候，进行了大肆捕杀，他们经常强指人说是义和团，然后加以杀害。根据记载：城破之日，洋人杀人无数。但闻枪炮轰击声，妇幼呼救声，街上尸体枕藉。侵略军在放火焚烧庄亲王府时，就当场烧死了 1800 人。当时，德国侵略军奉行的命令是，在作战中，只要碰到中国人，不论男女老幼，格杀勿论。法国侵略军路遇中国人，就用枪将人群逼进死胡同，然后连续扫射，不留一个活口。日本侵略者抓捕中国人后，施以各种酷刑，让人痛苦死去。他们在杀人的时候，八国联军还全副武装"监斩"，从各个角度照相，恐吓中国人民。政治上的斗争，与清廷的争斗，直接导致了无辜民众被杀戮。

　　北京被占领后，八国联军的统帅、德军元帅瓦德西特许士兵公开抢劫三

天，以后各国军队又抢劫多日。许多珍贵文物遭到了空前浩劫。皇宫和颐和园里珍藏多年的宝物被抢掠。俄军的指挥官等人把慈禧寝宫用黄金和宝石精制的数十件珍宝洗劫一空。京城的许多寺庙、商店等值钱的财物，都被抢走。明永乐年间由 2100 位学者编纂的《永乐大典》，本来有 22870 卷，因为八国联军的劫掠破坏，到现在只剩下 200 余卷。清乾隆时期编纂的《四库全书》，被八国联军毁掉数万册。翰林院收藏的许多宝贵书籍，也被抢掠糟蹋。许多八国联军经过的城市乡村，都成为一片废墟。八国联军总司令瓦德西供认，"所有中国此次所受毁损及抢劫之损失，其详数将永远不能查出，但为数必极重大无疑"。

从客观的角度上来说，八国联军事件加速了清王朝的灭亡，加强了列强对中国的控制，同时也促进了中国向西方学习的进程。当时，美国向清政府减少了约 1000 万两白银的赔款，用于中国向美国派遣公费留学生，这些举措，都产生了很大的国际影响。

知识卡片92

海兰泡屠杀惨案

义和团运动发生以后，列强各国都乘机对中国出兵，进行大肆掠夺。这个消息传到俄国，沙皇政府认为这是侵略中国的大好机会，因此，积极参加八国联军，同时，还制造了"海兰泡惨案"。海兰泡位于黑龙江左岸、精奇里江右岸两江汇合处，原本是中国的一个村庄，在 1858 年中俄签订《瑷珲条约》后，被沙俄政府强行占领。当时，在海兰泡居住的居民有 4 万人，居住在这里的中国人大多从事商业，侨民人数有 1.5 万左右。俄军对居住在海兰泡的数千名中国人进行残杀，除了不到百名泅水逃生，其余都被杀害。海兰泡大屠杀进行了将近一星期，共夺去 5000 多名中国人的生命。事发十几天后，沉溺在黑龙江底的无数死难者尸体浮上水面，顺流淌去，江水奇腥。

一本书读懂中国史

飞上蓝天的梦想

1883年，冯如出生在距离广东200多公里外的恩平县杏圃村，他的父亲冯业伦是一个朴实的庄稼汉。冯如年少时被父亲送到乡村小学去读书，因为他聪明伶俐，成绩出众，老师们都很喜欢他。在学校备受老师同学喜爱的冯如，课余还制作小手工，这让大家都觉得，将来冯如肯定能成为一个有出息的人。可惜，没过多久，一场厄运降临到这个普通的农家，冯如的四个哥哥因为疾病相继病逝，家里一贫如洗，冯如无奈之下，只好辍学回家帮着父亲务农。

在冯如12岁的时候，他的小舅舅从旧金山回来，舅舅见冯如一家生活困苦，便想把冯如带到美国去谋生。冯如是家里唯一的孩子，他的父母很不舍，但是小小年纪的冯如，听说美国科学进步，为了满足自己的求知欲，学到更多知识，他恳求父母允许自己去美国。孩子的请求最终没法被父母拒绝，就这样，12岁的冯如和舅舅一道踏上了通往美国的航程。旧金山人口众多，工业发达，冯如看着城市里高耸的烟囱，下决心学习工业技术，将来报效祖国。六年以后，冯如离开旧金山，来到纽约学习机器制造专业，他珍惜每一个学习机会，当时生活窘迫，为了购买书籍，冯如不仅从不多的食宿费里省钱，还利用课余时间去打工。生活的压力没有让冯如退却，他刻苦学习，成绩一直名列前茅，后来还获得减免学费的奖励。五年学习结束，冯如具备了广博的机械制造知识，通晓36种机器，并成为当地小有名气的机器制造家。

1904年，日俄战争爆发，1905年，日俄两国订立《朴次茅斯和约》，《和约》规定将辽东半岛南端的旅顺口、大连及附近海域转让给日本，腐败的清政府对此置之不理，远在异国他乡的冯如，为祖国的遭遇痛心不已。为了报效祖国，他决定用自己的一技之长，制造出千百万架飞机，使中国的国防强大起来。认识他的人中，对制造飞机表示质疑，但是冯如很坚定，他要用毕生的精力为祖国研制飞机。为了筹集研制经费，冯如变卖了自己所有的金银玉器，还去找当地华侨募集，经过不懈的努力，冯如筹集到了1000多美金，1907年，他和助手们租了一间厂房，开始了研制工作。半年时间过去了，冯如终于研制出了自己的第一架飞机，虽然不知结果如何，但他还是兴奋得流下了眼泪。1908年的春天，冯如在奥克兰市的麦园进行试飞，随着轰轰的马达声响起，飞机离开了地面，但升至数丈高时，却突然坠落到地上，人们惊呼着冯如的名字跑向飞机，幸好冯如并没有在这次失败的试飞中受伤。他从容地看着走向自己的助手，决定再一次从头开始。这一次的失败没有打垮冯如，然而不幸接踵而至，他们研制飞机的厂房被一场大火化为灰烬，几个月辛苦绘制的图纸资料都被烧得干干净净。就在冯如坚强面对灾难的同时，他接到了父母的家书，父母希望冯如能回家团聚，但是冯如发誓，飞机造不成，他绝不回国。

再次一点一点募集资金，重新购置工具器材，冯如耗费了大量心血，不久，一架全新的飞机诞生，冯如驾机试飞获得成功。从飞机设计到试航成功，仅仅用了一年零两个月的时间，冯如的成就，让人们赞叹不已。1910年，冯如再接再厉，又设计制造了一种性能更好的飞机，他驾驶自己的飞机参见旧金山举办的国际飞行比赛，荣获优等奖，到这个时候，中国人冯如已经成为举世公认的飞机设计师、制造家和飞行家。眼看着冯如的名气越来越大，许多公司纷纷重金聘请冯如，面对金钱的诱惑，冯如坚定地拒绝了。1911年2月，他和三位助手，带着自制的两架飞机以及制造飞机的机器，回到了祖国。一个多月的航行，冯如一行人顺利抵达了香港，他们带回来的飞机和机器被安置在广州郊外。但因为战争爆发，冯如想要进行飞行表演的计划破产，直到1912年，孙中山积极筹建南京机场，发展中国的航空事业，这年2月，中国第一次举行了航空飞行表演，冯如等人驾驶的飞机在中途发生故障，飞机也有所损坏。尽管飞行演习没有获得成功，但是在全国仍引起了积极的反响。

孙中山的支持及民众的关怀让冯如很受鼓舞，他再次投入到飞机的改造与研制中。1912年冯如在广州郊区进行第二次飞行表演，这一次试飞很成功，机场周围观看的人群不时发出欢呼，就在飞行技巧表演结束后，冯如准备着陆时，两个玩耍的孩童跨上了机场跑道，冯如猛拉操纵杆冲上天空，由于他用力过猛，飞机失去平衡，坠落在草地上，冯如在这场灾难中受了重伤，尽管人们赶紧将他送到医院抢救，但是最终伤重不治，29岁的冯如长眠在鲜花之中。

广州各界人民为冯如举行了隆重的追悼会，并尊重他的意愿，将其安葬在黄花岗烈士墓的左侧，让他与开创民国的英雄们一起接受人民的怀念。

知识卡片93

冯如纪念馆

冯如纪念馆位于恩平市北部的鳌峰山顶，馆舍建于 1985 年，整个纪念馆占地面积 1000 多平方米。在纪念馆内，陈列着冯如的航空史料及有关图片，馆前广场中央矗立着高 1.95 米的冯如全身铜像。2000 年 4 月，冯如纪念馆被命名为首批广东省爱国主义教育基地。

皇姑屯的爆炸声

奉系军阀张作霖早年在日俄战争的时候，曾经为日军效劳，之前曾把日本帝国主义当做靠山，不过，他与英美帝国主义也时有往来，并打算摆脱日本人的控制。自己培植的力量羽翼渐丰，就打算脱离控制，这日本政府当然不干，他们要求张作霖"隐退"，可是张作霖也不好惹，他拒绝了日本政府的要求，对日本的态度也表现得十分强硬，于是，不可避免的皇姑屯事件就此上演。

在皇姑屯的爆炸发生之前，日本人已经为张作霖准备了许多炸弹，但是在皇姑屯事件之前，都没能将张作霖置于死地。1916 年，日本的载仁亲王从俄国返回日本时经过奉天，张作霖去奉天车站迎送。他带领部下汤玉麟等乘五辆豪华的俄式马车，大张旗鼓地赶往车站，这时候的张作霖，以为自己与日本交恶并没有太大影响，至少没有想到对方会置自己于死地。张作霖一行送走了贵宾，突然遭到炸弹袭击，但是因为暗杀者没有见过张作霖，将汤玉麟误认为是张作霖，因此炸弹扔在了汤玉麟旁边。汤玉麟等人受了轻伤，张作霖头脑很灵敏，见此情景，立刻跳下马车，与卫兵快速地换了上衣，在周围马队的保护下，飞速奔回将军署。

日本的暗杀行动自然不会一次就罢休，他们纠集日本浪人组成的"满蒙决死

团"在多处等候时机，伺机行动。第一颗炸弹只伤到了汤玉麟的亲卫兵，于是，扔第二颗炸弹的人继续行动。当张作霖的马飞驰到奉天图书馆时，从图书馆门洞里跑出来一个人，将手中的炸弹向张作霖扔去。幸好马跑得快，炸弹只在张作霖身后爆炸，气浪炸飞了他的帽子，但是没有伤到命大的张作霖，而那个暗杀者却被弹片击中要害死去。张作霖赶回将军署，门卫知道出了大事，赶紧在门口架起机关枪，卫队也被紧急召集起来，整个将军署进入戒备状态。事件发生后，前来探听消息的日本人立刻就假惺惺过来慰问，见到张作霖安然无恙，自然失望得很，张作霖受此惊吓，心中难以平静，不过，还是很自信地对部下说，要想打他的主意，没那么容易。

　　尽管不容易，可是日本人不会罢休，他们对张作霖的第一次谋害没有成功，后来又发动了第二次皇姑屯炸车事件。值得说明的是，张作霖并不是在茫然无知的情况下被炸死的，其实，在炸车事件发生之前，他已经心中有数。当时在图书馆被弹片打中的死者，虽然穿着中国老百姓的服装，可是脚形明显是常穿木屐的，将军署的密探们早就证实了此人是日本人。他们将情况报告给张作霖，但是张作霖对这次暗杀采取了不予追究的态度。自己是日本政府一手扶持起来的，东北此时又还是日本人的势力范围，张作霖只得忍气吞声，他借故在公开场合说证据不足，平息了暗杀事件。这无疑让日本人更加嚣张。

　　这次暗杀事件让张作霖知道日本已经和自己彻底翻脸，当日本的傀儡十分危险。接下来的十多年，他尽量和日本保持相对友好的关系，但也对日本一直保持着警惕，并在可能的范围内，抵制日本的无理要求。距离第一次暗杀过去十多年后，张作霖的态度让日本人越来越不满意，于是他们进行更周密的计划，由日本关东军高级参谋为其布下"必死之阵"，在距离沈阳一公里半的皇姑屯火车站附近的桥洞下放置了30袋炸药以及一队冲锋队，摆明了要置张作霖于死地。在这之前，张作霖曾接到部下的密报，说老道口那儿日军近来都不许人通行了，要防备才行，张作霖也为此三次变更了起程时间，但是杀身之祸还是没能避免。

　　张作霖离开北京大元帅府，乘坐由奉天迫击炮厂厂长沙顿驾驶的大型钢板防弹汽车，奔往火车站。张作霖的专车有22节，他乘坐的80号包车在中间，当晚深夜，列车开到山海关车站，第二天清晨5点多，专车钻进了京奉铁路交叉处的三洞桥，此时，日本关东军大尉东宫铁男按下电钮，一声巨响，张作霖的专用车厢炸得只剩下一个底盘，张作霖被炸出三丈多远，咽喉破裂。奉天省长刘尚清闻讯赶到现场组织救护，张作霖被送到沈阳大帅府时已经奄奄一息，四个小时以后死去。临死前，张作霖叮嘱夫人，要张学良赶快回沈阳，以国家为重，好好干。

为了防止日军乘机举动，奉天当局对张作霖的死秘不发丧，并发表通电说张作霖只受了轻微伤，目前精神状况还不错，大帅府里也是灯火辉煌，一如往常。日方天天派人慰问求见，但都被婉言谢绝。虽然心中疑惑，但是见到张作霖的亲属部下个个都神情平静，既不见戴孝，也不见号哭，因此无法下定论。而就在这个时候，张学良正火速赶回奉天。几天后，张学良偷偷潜回沈阳，这才公布了张作霖的死讯。

知识卡片 94

张学良以父忌日为生日

1928 年，张作霖乘坐专列途经皇姑屯时，被日军事先埋下的炸药炸成重伤，不久死去。为了稳定时局，东北地方当局谎称张作霖只受了轻伤，同时，身在兰州的张学良，化装成伙夫，跟随部队秘密赶回沈阳，以阻止秘密调动军队的关东军趁机占领。回到沈阳以后，张学良得知了父亲的死讯，为保国家大业，张学良强忍悲痛，模仿父亲的笔迹签发命令。等到把一切相关事宜都安排好了，东北地方政府才对外宣布张作霖的死讯。从此以后，为了怀念死去的父亲，铭记杀父之仇，张作霖的忌日便成了张学良的"生日"。

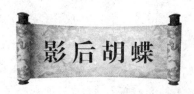
影后胡蝶

胡蝶 1908 年出生在上海，幼年的时候跟随父亲迁居天津、营口、北京等地，16 岁的时候再次回到上海，因为对表演感兴趣，便进入中华电影学校上学，结业后参加了无声片《战功》的拍摄，从此走上荧屏，成为人们熟识的电影明星。

1927年，20岁的胡蝶与男演员林怀云因戏结缘，两人在拍摄《秋扇怨》时相识相恋，不久订婚。之后，胡蝶的演艺事业如日中天，进而成为上海滩头号女明星，而此时的林怀云却在影坛日趋没落，胡蝶为了帮助未婚夫，用自己的积蓄帮助其开百货公司，但是林怀云经营不善，耗尽了资本，他的行事也愈加荒唐起来。就在胡蝶对未婚夫日渐失望的时候，一个为人持重的洋行工作人员潘有声出现在了胡蝶的生活中，潘有声有妻有女，但他真心爱上了胡蝶，并为此抛妻弃女，两人经过艰难的恋爱，终于走到一起，1935年，胡蝶27岁时，与潘有声结婚。两年后，全面抗战爆发，胡蝶与潘有声及家人去香港避难。1941年年底，香港沦陷，胡蝶又举家迁往大后方，在迁移时，她将所有财物交给一个朋友保管。然而，在回到重庆之后，朋友却告知那些物品全被劫走。胡蝶很伤心，但是军统头子戴笠得知了这个消息却喜不自禁。

　　戴笠是个风流的人，早就对胡蝶垂涎三尺，此次胡蝶遭遇财物被劫，他将此作为良机，先对胡蝶百般安慰，后来又信誓旦旦保证破案。当时兵荒马乱，劫匪如麻，就算戴笠再厉害，也破不了这无头的案子。于是，他按照胡蝶提供的物品遗失清单，派人去国外购置，然后谎称已经追回了一部分财物。胡蝶毕竟是见过世面的，知道戴笠的心思，她不得不收下，并对戴笠说了许多感激的话。

　　不久，戴笠送给了潘有声一张特别通行证，让他在滇缅公路上运输货物，能通行无阻。因为长途运输，潘有声行踪不定，戴笠趁机霸占了胡蝶。在与戴笠同居时，尽管胡蝶强颜欢笑，但是内心无时不在思念着丈夫潘有声，她一天到晚闷闷不乐。为了博得胡蝶的欢心，戴笠想方设法满足她的要求。他建立华丽的公馆，作为自己和胡蝶的新居。潘有声从外地工作回来，得知娇妻已被霸占，非常恼火，于是跑去军统局本部，但吃了闭门羹，后来，戴笠的秘书找到潘有声，明确指出他想带回胡蝶根本不可能。潘有声知道鸡蛋碰不过石头，只得独自回了上海。

　　胡蝶在重庆度过了三年多奢华却痛苦的时光，1945年，抗日战争胜利结束。戴笠准备与胡蝶结婚，他让胡蝶先回上海，与潘有声办理离婚手续。而此时的潘有声迫于权势，也同意解除与胡蝶的婚姻关系。胡蝶掉着眼泪，对丈夫述说自己的无奈，就在两人生离死别的节骨眼上，戴笠因为飞机失事摔死于南京近郊。胡蝶得以与丈夫重聚，两人悄悄离开上海去了香港。回到香港后，胡蝶替丈夫出资开公司，但是几年后，潘有声患病，不久过世，公司也亏损严重。失去爱人的胡蝶移居加拿大，最后在加拿大的寓所病逝。在胡蝶生命的最后一刻，她留下了一句话："蝴蝶要飞走了。"。

胡蝶的演艺生涯延续了近半个世纪，但是她最辉煌的时期是在三四十年代。在30年代初，她主演了中国第一部有声电影《歌女红牡丹》。在影片中，胡蝶饰演过许多不同类型的角色，慈母、女教师、演员、舞女、工厂女工，等等，因为她的气质富丽华贵、雅致脱俗，表演也十分娇美风雅，一度被观众评为"电影皇后"。是三四十年代中国最优秀的演员之一。

在旧时上海滩的大荧幕上，胡蝶并不是唯一的明星，与她同时代的还有阮玲玉等，从外形上来看，阮玲玉甚至比胡蝶更甚一筹。但是，阮玲玉因为流言，以决绝的方式表达所遭遇的难堪与委屈，在电影事业的盛年戛然而别，而胡蝶则能忍受着命运的残酷与捉弄，面对进退维谷的窘境和险境，始终带着含蓄的笑意，坚强地走过人生。

知识卡片 95

有声电影

1926年，世界上第一部有声短片《唐璜》在美国上映，在全世界范围内引起了很大的争论。但是，很多电影艺术家对使用电影有声技术表示强烈地反对。在中国，对于电影有声化，赞成和反对的人之间也爆发了激烈的争论。反对的人提出了很充分的理由，他们认为我国的方言不太统一，在挑选演员时还要同时考虑他们是否有好的嗓音，而不像从前仅仅只要求演技，另外，有声电影在投资上会有更高的要求。这些要求，都不可能在短时间内达到。由经营影院起家的联华公司因为无法在短期内更换自家影院的放映设备，选择坚持拍摄无声片；天一公司由于其在南洋的影院早就采用了有声设备，加上主事人邵氏兄弟大胆机敏，公司果断地全力投入有声片拍摄；还有一些老成的电影公司则两者并重，暗地里加紧有声电影的试验。1931年，由明星公司拍摄的中国第一部蜡盘发声的有声片《歌女红牡丹》在上海公映，立刻轰动海内外，它是中国第一部有声电影，它的出现，结束了中国无声电影的历史。半年后，华光影片公司的《雨过天青》

和天一公司的《歌场春色》也相继上映。一年的时间，中国电影人完成了有声片的试摄工作，尽管之后有声电影与无声电影的竞争还存在了很长一段时间，但这毕竟还是一个不错的开始。

冷血细菌战

人类历史上第一次细菌战也是迄今为止最大伤亡的细菌战发生在 1345 年的冬天，当蒙古军队进攻黑海港口城市卡法时，他们用抛石机将患鼠疫而死的人的尸体抛进城内。这场战斗使鼠疫在欧洲猖獗了三个世纪，夺去了 2500 万余人的生命。

在进攻卡法的时候，因为城池久攻不下，恼羞成怒的鞑靼人便将患鼠疫死亡的人的尸体丢进城中泄愤，这一方式导致的直接后果，就是卡法的居民基本上都死亡了，有少数人逃离家乡，但是，疫情并没有随之消失。1347 年，黑死病肆虐的铁蹄踏过了康斯坦丁堡，1348 年，西班牙、希腊、意大利等都爆发了黑死病，1352 年，黑死病袭击了莫斯科，当时的莫斯科大公和东正教的教主都患病相继死去，在疫情面前，没有人能逃避死亡。

第一次世界大战时，德国使用了细菌武器，战后，在瑞士日内瓦签订的《关于禁用毒气或类似毒品及细菌方法作战议定书》，明确规定禁止使用细菌武器，但是，仍旧有国家在研究和使用它，并用它来进行灭绝人性的残杀。"二战"期间，日本成立细菌战部队，专门进行细菌武器的研制、试验，并在中国战场上进行细菌战。侵华日军的细菌战部队建于 1930 年，在 1933 年的时候，日军在黑龙江省五常县建立了细菌战剂工人体实验室和靶场，在哈尔滨设立了防疫给水部和本部。1936 年，日本天皇命令在哈尔滨南部的平房镇和长春南郊的孟家屯各建了一个大规模细菌研究基地，前者叫防疫给水部，也就是臭名昭著的 731 部队，后者则是第 100 牲畜及农作物细菌部队，开展了细菌战的全面研究。第二年日本陆军省成立的登户研究所，专门从事暗中进行间谍性阴谋破坏和杀人活动，这也正是细菌战部队的性质所在。1938年，细菌战部队开始在战场上活动。

日本细菌战部队的实验室里，一群没有人性的白衣人，用活人进行灭绝人性的细菌试验，然后大量生产鼠疫、炭疽、霍乱等细菌，并且研制了两种生物炸弹，瓷壳气雾弹和钢壳榴霰弹，弹体内都装了大量的细菌菌液。这些高科技生物武器，被用来进攻中国军队，屠杀中国人民。

1940年的7月，日本731部队和"荣"字1644部队派出飞机来到宁波投撒毒菌，浙江是日军进行细菌战的重点地区，此次活动，日军731部队持续了五个月，在浙江地区投下了带菌毒物，使浙江地区流行鼠疫。1941年春天，731部队又在湖南常德投下带有鼠疫菌的毒物，鼠疫在常德地区流行，导致几千人丧生。在敌后抗日根据地，日军也积极进行细菌投毒活动。根据不完全统计，八年抗战中，敌后根据地因为日军进行细菌战而得传染病的人数达到1200万之多。

知识卡片96

瘟疫之村

英格兰德比郡的小村亚姆，有一个特别的名字叫"瘟疫之村"，这个称呼并非耻辱，而是一种荣耀。1665年，亚姆村的一个裁缝意外收到了一包从伦敦寄来的包裹，四天后他不幸死去，过了半个月，村里又有五人死亡，人们寻找原因，才发现在衣料中混入了带着鼠疫病菌的跳蚤。为了不祸害其他地区，村民们自发进行了隔离，不让外人进入，村里的人也不再出去。因为切断了传染源，瘟疫渐渐得到控制，不过，亚姆村的村民们为此做出了巨大的牺牲，在瘟疫肆虐长达一年多的时间中，全村350多人有260多人死于瘟疫。

哭泣的呼兰河

1941 年，战火纷飞的香港，在一间临时医院里，呼兰河边长大的萧红寂寞地离开了人世。作为民国四大才女中命运最悲苦的一位，萧红的一生都在极端苦难与坎坷中度过，但是，她从未向命运低头，面对苦难，她一次次挣扎、抗争，以柔弱多病的身躯面对世俗。

萧红 1911 年出生在呼兰县城的一个封建地主家庭，她的父亲早年毕业于黑龙江省立优级师范学堂，因为长期担任官吏，具有浓厚的封建统治思想，对萧红很冷漠，在萧红 8 岁时，她的母亲病故，不久，父亲续弦，继母对孩子并不友善，萧红便和疼爱她的祖父住在一起，受到祖父的影响，萧红从小就打下了较好的文学基础，上学时她的作文就很突出，曾多次获奖。少年时期，萧红参加学生运动，进行反帝爱国的示威游行活动。还在萧红上小学的时候，她的父亲就将其包办许配给了呼兰县驻军帮统的儿子汪恩甲，萧红为此进行了一年的抗争，父亲被迫妥协。萧红 16 岁时，考进哈尔滨市东省特别区立第一女中，在学生们组织反对日本的游行中，她一直站在斗争的最前面。1929 年，萧红的祖父去世，此时的萧红，对家庭已经没有了感情和留恋。在初中毕业后，她不顾家庭反对，在表哥的帮助下去北平的女师附中读书，由于没有家庭的支持，生活陷入困境。等到放寒假时，萧红返回呼兰，被父亲软禁家中，经过近一年的抗争，萧红最终逃离家乡，却在走投无路的情况下与已经解除婚约的汪恩甲同居，半年后，萧红怀孕，在临产期将近的时候，汪恩甲弃萧红而去。

困居旅馆的萧红，处境艰难，她写信向《国际协报》的副刊编辑裴馨园求助，裴馨园与一些文学青年来看望萧红，并派萧军到旅馆给萧红送书刊，就是在这样的情况下，萧红与萧军互生爱慕。在萧红临近分娩时，萧军趁夜救出萧红，使得萧红暂时摆脱困境。不久，萧红生下孩子，将其送给别人抚养。出院后，她与萧军开始一起生活。没有固定收入的两人，靠着萧军当家庭教师和借债勉强度日，但即便生活困苦，两人却能患难与共，感情十分融洽。在萧军的支持下，萧红开始写作，并发表了许多散文和短篇小说，踏上文学征程。后来，两人为了逃避日本特务的迫害，去了青岛。萧军在《青岛晨报》担任编辑，工作之余创作长篇小说，萧红则一面创作，一面操持家务。在青岛生活的时候，两人与上海的鲁迅先生取得联系，在创作上得到了鲁迅的指导与鼓励。近半年的时候，萧军完成了《八月的乡村》，萧红完成了自己的第一部中篇小说《生死场》，鲁迅先生亲自为《生死场》作序，当萧军与萧红在青岛的生活再次陷入困境时，他们选择去上海，投身到更加艰辛复杂的文学事业中。

来到上海的两人，得到鲁迅的热情接待，鲁迅利用自己在上海的关系，积极推荐出版他们的作品。《生死场》出版后，受到广大读者的喜爱，萧红因此成为30年代中国文坛知名的女作家。之后，她又创作了自己后期的代表作《呼兰河传》，用一种回忆性的温馨浪漫的语调，展开了故乡呼兰河城充满诗情画意的风土人情。从《生死场》到《呼兰河传》，孕育并造就了萧红式的独特的小说文体。此时的萧红，生活稳定，又得到恩师鲁迅的鼓励，文学创作进行得比较顺利，但不久之后，她与萧军的感情出现裂痕，直接影响她的写作，在痛苦与烦恼中，她独身一人去了日本，打算用暂时的离别来弥补感情上的伤痕。近一年以后，萧红再次回到北平，接着来到上海，因为与萧军的感情有所恢复，两人一同去山西，然后又到了西安，在这里，萧军和萧红正式分手，此时，萧红正怀着萧军的孩子。几个月后，萧红与东北籍青年作家端木蕻良在武汉结婚，后来又辗转去了重庆，不久，在江津生下孩子，这个象征着她与萧军缘分的孩子，出生不久就夭折了。1940年，萧红跟随端木蕻良离开重庆去了香港。

在香港的萧红，完成了长篇小说《呼兰河传》，这部作品的完成，标志着萧红文学创作已进入成熟时期，可是，好作品没有为萧红带来好运气，1941年，萧红经过检查，发现自己患上了严重的肺结核，在医院遭受冷遇后，她回到香港的家中养病。1941年年底，太平洋战争爆发，第二年1月，日军占领香港，病情加重的萧红被送到医院后，又被误诊而错动了喉管手术，这场医疗事故导致萧红不能饮食，身体十分虚弱。不久，在寂寞和凄苦中，萧红离开了人世。

她生于北国的呼兰河城，却亡于南国的香港，一生进行了无数次抗争，却还是经历了许多的苦难与坎坷。萧红临终之前留下了最后一段文字：半生尽遭白眼冷遇，身先死，不甘，不甘！这也正是她一生的浓缩！

知识卡片97

《生死场》

《生死场》是萧红的传世名篇，创作于1934年9月，是鲁迅所编"奴隶丛书"之一。该书对人性、人的生存这一古老的问题进行了透彻而深邃的诠释。这种对人生的生存死亡的思索，超出了同时代的绝大部分作家。不过，它在艺术表现上也存在着不足之处，有人称它为文本的断裂。鲁迅在为《生死场》作的序中，称它是"北方人民对于生的坚强，对于死的挣扎"的一幅力透纸背的图画。

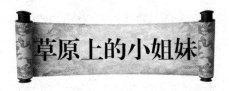

草原上的小姐妹

在内蒙古自治区乌兰察布草原上，有一对蒙古族小姐妹龙梅和玉荣。1964年，11岁的龙梅和不满9岁的玉荣利用假日自告奋勇为生产队放羊。临近中午时分，从低垂的云层里洒下了一串串鹅毛大雪，狂风裹挟着雪花，两个小姐妹顿时明白，暴风雪来了。是赶快到安全的地方，还是继续去拢羊群呢，年幼的姐妹俩看着四处乱跑的羊，做出了艰难的决定。

面对怒吼的狂风，姐姐龙梅让妹妹回去找爸爸来帮忙，自己则留在风雪中拦挡四处乱窜的羊儿，看到姐姐没有帮手，玉荣顾不得回去搬救兵，返回羊群中，帮助姐姐一起拦阻。她们俩跟着羊群，拦阻一阵，又跟上跑一阵，也不知过了多少时间，经过与暴风雪搏斗的第一回合，两姐妹总算将羊群拢在了一起。可是，这时候，问题出现了，因为突如其来的暴风雪，再加上跟着羊群在风雪中跑了很长一段路，她们无法辨识方向。狂风和寒冷不断袭来，到晚上的时候，情况更加凶险。孩子们凭借着积雪的映光识别自己的羊群，羊儿依旧在风雪的呼啸中朝东南方狂奔，两姐妹生怕失散，不时高喊着对方的名字，在风雪中彼此关照。就这样，两个人为了羊群奋斗了20多个小时，从前一天中午一直到第二天天亮，终于，玉荣昏倒在雪地上奄奄一息，龙梅仍撑着跟在羊群后面，但是情况并不比妹妹好多少，就在姐妹俩陷入绝境时，牧民哈斯朝禄父子俩及时赶到并发现她们，寻找她们的公社书记等人也赶来，姐妹俩和羊群都安全脱险，这一场狂暴的风雪，仅仅冻死了公社的三只羊。如果两姐妹没有聚拢羊群，将它们往安全的地方赶，那么损失的就可能是这一整个羊群了。

当年的《人民日报》以"最鲜艳的花朵"为题，报道了姐妹俩的感人事迹，她们被誉为"草原英雄小姐妹"。姐妹俩被找到后进行了救治，由于冻伤严重，龙梅失去了左脚蹬趾，玉荣的右腿膝关节以下和左脚踝关节以下做了截肢手术，出院后，在政府的关怀下，小姐妹俩回到家乡读书。几年后，16岁的姐姐龙梅光荣入伍，后来又进入包头市医专、内蒙古蒙文专科学校学习，1988年任河东区政协主席。妹妹玉荣担任了内蒙古残联副理事长。姐妹俩曾当选为全国人大第四、五届代表。玉荣还获得了全国扶残助残先进个人、自强模范称号。2008年，姐妹俩光荣地成为北京奥运会火炬手，2009年，两人被评为100位新中国成立以来感动中国人物。几十年来，龙梅和玉荣成为媒体关注的焦点，在热情接待每一位来访者时，她们表现出了普通蒙古族妇女的赤诚与宽容。

玉荣说，当时一只羊的价格是两块钱，羊群里有384只羊，死掉了3只，损失了6块钱，但是为这6块钱，自己落下了终身残疾，精神不能用金钱来衡量。如今的孩子们，很难理解当时小姐妹俩的想法，这其实是一种精神、一种信仰，值得我们去学习、去尊重。

知识卡片98

乌兰察布草原的蒙古族婚礼

乌兰察布草原蒙古族的传统婚礼有着浓郁的民族特色。通常，男子到结婚年龄后，由父母看中某家的姑娘，然后请长者或喇嘛看双方生辰属相是否相配，如果合适就会请媒人选吉日带着礼品和哈达去女方家求婚。女方家长若是收下礼品，求婚就算议成了。订亲是婚礼中重要的仪式，男方通常要带上全羊、白酒、哈达、月饼等礼品去女方家登门拜访，商谈彩礼。彩礼主要是牲畜或银元，一般视男方家的经济情况而定。彩礼议定后就举办订婚喜宴，下请帖，确定伴郎伴娘，请喇嘛诵喜庆经，女方为嫁姑娘准备嫁妆和礼品。迎亲时人数要提前商量妥当，应为奇数，一般五至九名、新郎穿着民族新装、挎箭袋，携带着给新娘制作的蒙古袍、坎肩、靴子等。这些喜庆形式都充分表现着这蒙古族的民族风情。

西柏林的红高粱

20 世纪 50 年代，张艺谋出生在一个普通的工人家庭，因为父辈几人都是有"历史问题"的人，因此家中后代受到牵连，被人们歧视。1968 年，张艺谋初中毕业以后去陕西农村插队，后来到棉纺厂做了一名工人。谁也没想到，这个在棉纺厂辛勤工作的小伙子，竟然和艺术有着不解之缘。

在工厂的时候，张艺谋迷上了摄影，他常在业余时间去拍些照片，因为精心构思过，所以照片都很漂亮，渐渐地，张艺谋在工厂的名气就大了起来。在工厂工作七年后，一个懂艺术的人与张艺谋结识，对方告诉他，可以去电影学院的摄影系试试。中国恢复高校招生后，张艺谋在《人民日报》上看到电影学院的招考启事，便带着作品去了北京。虽然当时的张艺谋已经 27 岁，超过了入学年龄，但是当时任文化部部长的黄镇惜才识才，破格录用了这名大龄学生。1982 年毕业后，他被分配到广西电影制片厂当摄影师，从此开始电影生涯。1984 年，张艺谋参加《一个和八个》的拍摄，开始受到电影界的注意。同年，他又在陈凯歌导演的《黄土地》中担任摄影，获得第五届中国电影"金鸡奖"的最佳摄影奖，并因此跨入了一流摄影师的行列。几年后的《大阅兵》使张艺谋的摄影在社会上引起了强烈反响，虽然做着摄影工作，但在演艺方面，张艺谋也很有天分，1987 年的一部《老井》，张艺谋担任男主角，非演员出身的他不仅过了一把演员瘾，还获得了金鸡奖最佳男主角奖和百花奖最佳男演员奖。从此，张艺谋开始了自己电影创作的三部曲，从优秀的摄影师到优秀演员，再到优秀导演。

对于大多数观众来说，熟悉张艺谋这个名字还是在看了他导演的影片《红高粱》之后，这部片子，让中国观众见到了从未见过的浓烈色彩和豪放风格。尽管在电影界内外，人们对这部片子褒贬不一，争论激烈，但是，张艺谋对电影语言的出色运用以及他在这部片子中塑造的与众不同的银幕形象还是得到了国内外同行的交口称赞。1988年，《红高粱》不仅获得了中国的"金鸡"、"百花"两项大奖，还在第38届西柏林国际电影节上征服众多评委，获得了最佳影片"金熊奖"。这个奖项的获得，标志着中国影片开始真正走向世界。当时的张艺谋和《红高粱》，成了当年最热门的话题。

《红高粱》是一个具有神话意味的传说，整部影片都在一种神秘的色彩中歌颂着人性和蓬勃旺盛的生命力。对生命的礼赞让它获得了国际荣誉，这也是中国电影迄今为止在国际上获得的最高荣誉。作为中国"第五代"电影人的顶尖人物，张艺谋用直觉把握的形式天才地表达社会心理愿望，展示着中华大众的心态，拨动着中国百姓的心弦。

知识卡片99

柏林国际电影节

柏林国际电影节，原名西柏林国际电影节，是欧洲第一流的国际电影节之一，20世纪50年代初由阿尔弗莱德·鲍尔发起策划，得到了当时的联邦德国政府和电影界的支持和帮助，第一届电影节是在1951年6月底至7月初在西柏林举行的。从80年代开始，每年都有30至40个国家和地区参加，放映影片200至300部。电影节每年举行一次，在1978年的时候，为了和法国的夏纳国际电影节竞争，将时间提前到每年的2月底至3月初举行，为期两周。因为柏林市的市徽为熊，柏林影展的大奖便称为金熊奖。